세상의 모든 전략은
삼국지에서 탄생했다

세상의 모든 전략은 삼국지에서 탄생했다

삼국지는 어떻게 당신의 무기가 될까?

• 임용한 지음 •

교보문고

들어가는 글

　국방홍보원에서 운영하는 국방TV의 〈토크멘터리 전쟁史〉를 진행하고 있을 때였다. 제작진이 작은 프로그램 하나를 새로 기획 중인데 도와줄 수 없겠느냐고 부탁했다. 〈토크멘터리 전쟁史〉를 3년 가까이 진행해 오면서 이미 체력이 한계에 달했던 상황이라 곤란하다고 말했다. 하지만 낮은 제작비 때문에 고충을 겪는 제작팀을 곁에서 보는 것이 힘들었고 인정에 못 이겨 끝내 수락했다. 이때 찾아낸 아이템이 삼국지였다.

　어린 시절부터 삼국지를 좋아했던 나는 오래전부터 소설 《삼국지연의》가 아닌 역사이자 정사 《삼국지》를 한번 다뤄보고 싶다고 생각했다. 20여 년 전 《전쟁과 역사》 시리즈를 집필할 때부터였던 것 같다. 그러나 막연하게 품고 있던 아이디어 중 하나였을 뿐 실행에 옮기지는 않고 있었다. 수년 전 기회가 찾아왔지만 아쉽게도 시작하기 직전에 무산되고 말았다.

그 뒤로 삼국지를 잊고 살다가 국방홍보원의 부탁으로 급작스럽게 삼국지에 뛰어들게 되었다. 다만 〈토크멘터리 전쟁史〉에 적지 않은 시간과 체력을 쏟아붓고 있었기에 가볍게 다루기로 했다. 이렇게 시작한 삼국지가 예상외로 큰 인기를 끌었다. 덕분에 그 뒤로 방송과 유튜브에서 삼국지를 다뤘고, 신문에 연재도 하게 되었다. 이렇게 된 이상 삼국지를 책으로 정리해야겠다는 결심이 들었다.

이 책의 핵심은 정사 《삼국지》와 소설 《삼국지연의》의 비교가 아니다. 삼국지에 관한 글은 서기 3세기부터 쓰였고 평생 읽어도 시간이 모자랄 만큼 삼국지를 다루는 글은 넘쳐난다. 내가 아쉬웠던 것은 소설의 영향력이 너무 큰 탓에 정사의 교훈을 다루는 글이 적다는 것이다. 실제 역사와 소설의 내용을 비교하는 해석이나 주석은 수없이 많다. 하지만 대부분 사실 비교에 그친다. 역사적 사실로서 삼국지를 조명하는 글도 오랜 시간 쌓여 왔지만 중세의 시각에서 서술하고 있다. 때문에 현대에 와서는 그 의미가 단절되는 경향이 있다.

역사가 진수가 쓴 정사 《삼국지》는 작가 나관중이 쓴 소설 《삼국지연의》와 정반대의 시각으로 삼국지를 조명한다. 소설과 역사서는 집필 목적이 다르다. 굳이 양분하자면 소설은 재미를 추구하기 위해, 역사서는 교훈을 전달하기 위해 썼다고 말할 수 있겠다. 하지만 인간에게 이성과 감정이 대립하지 않고 서로 보완하며 살아가는 요소이듯, 역사와 소설도 함께 공존해 왔다. 《삼국지》와 《삼국지연의》는 각자 다른 시각을 가졌지만 서로에게 자양분이 되었고 소설도 이제는 역사가 되었다.

왜 삼국지일까?

"삼국지를 읽지 않은 사람과는 친구가 되지 말고, 삼국지를 세 번 이상 읽은 사람과는 싸우지 마라."

이 말은 동아시아 최고의 고전으로 꼽히는 삼국지가 수많은 영웅과 간웅들의 전쟁과 음모, 지략을 통해 지혜와 교훈을 주는 삶의 지침서임을 증명하는 것이다.

삼국시대의 역사를 정리한 책은 3세기에 역사가 진수가 쓴 《삼국지》다. 흔히 정사로 불리는 진수의 책은 소설과 다르다. 촉한 시대에 태어나 실제로 삼국시대라는 난세를 살았던 그는 뚜렷한 주관을 가지고 역사를 정리했다. 진수의 《삼국지》는 이야기의 골격이 단조롭고 교훈은 직선적이다. 이처럼 그의 글은 뻣뻣했지만 그와 동시대를 산 사람과 후대의 역사가와 작가들은 《삼국지》 속 등장인물에 다양한 숨결을 불어넣었다. 2천 년에 가까운 세월 동안 수많은 작가와 역사가, 그리고 대중의 손을 거쳐 우리가 알고 있는 삼국지가 탄생한 것이다.

진수가 《삼국지》를 쓴 지 약 200년이 지난 송나라 초기에 역사가 배송지는 삼국지에 관한 기록을 모아 정사의 주석으로 정리했다. 이때 배송지가 참조한 책만 수백 권에 이를 정도로 삼국지는 이미 엄청난 사랑을 받으며 잠재력을 나타내고 있었다. 배송지의 주석에 더해진 인물들의 캐릭터와 흥미로운 에피소드는 소설 《삼국지연의》의 원본이 되었다. 진수의 정사가 소설의 뼈라면 배송지의 주석은 살과 피라고 할 수 있다.

이제 남은 것은 스토리에 감동과 생명을 부여하는 영혼이다. 이는 이야기꾼과 대중이 담당해 주었다. 13세기 원나라에서는 대중극이나 희곡이 하나의 장르로 활약하기 시작했다. 문맹률이 높고 책이 비쌌던 시대였기에 이야기꾼들이 도시와 마을을 돌며 삼국지의 장면들을 풀어놓으며 인기를 끌었다. 이 과정에서 사람들이 좋아하는 장면과 인물이 검증되었고 이야기는 더욱 풍성해지고 다양해졌다. 나관중은 14세기 명나라 때 삼국지에 관한 여러 이야기를 정리해 소설《삼국지연의》를 펴냈다.

소설의 절대적인 매력은 촉·위·오 세 나라의 삼각관계에서 나온다. 두 나라의 대결이었다면 결코 역동적인 변화를 만들어내지 못했을 것이다. 나관중은 이 매력 요소를 극대화하기 위해 매우 중요한 작업을 했는데 세 나라의 절묘한 균형을 세운 것이다. 삼국 간의 외형적인 전력 차이는 건드리지 않으면서(그것이 일차적인 긴장 요소이므로) 무형의 요소에는 변화를 줘 극적인 상황을 유발했다. 비유하자면 다윗과 골리앗의 대결에서 긴장감을 극대화하기 위해 체격 차이를 강조하고 골리앗을 중무장하는 것이다. 이때 다윗에게는 갑옷조차 입히지 않는다. 대신 다윗에게는 지혜와 날렵함을 부여한다.

소설은 위나라의 인재가 가진 재능은 축소하고 촉나라의 인재가 가진 재능은 부풀렸다. 실제로 위나라는 영토가 넓고 전쟁도 많이 해서 기록이 많다. 그만큼 인물들의 에피소드도 풍성하다. 반면 촉나라의 장수들은 수도 적고 기록도 별로 없다. 나관중은 위나라 장수와 모사들의 재능과 무용담을 빼거나 촉나라 장수들에게 대신 붙여주었다. 촉나라는 기록이 희소하니 역사적 사실에 구애받지 않고 창작이 가능했다. 그중에서도 유비의 모사인 제갈량에게는 위나라뿐 아니라 오나라, 심지어는 촉나라 동료의 재능까지도 긁어모아 나누어주었다.

여기에 이야기꾼들이 오랜 시간 거리에서 대중의 마음을 샅샅이 훑으며 발견한 그들의 욕구도 고스란히 반영했다. 힘없는 백성부터 지방의 유지, 지식인, 과거 낙방생, 서민과 고통받는 하류층까지 그들 마음속에 있는 한을 자극했다. 황족이지만 가난한 돗자리 장수 출신인 유비, 몰락 지식인의 최종 생계 수단인 서당 훈장이었던 관우, 개백정에 술집 주인인 장비, 환관의 핏줄이라며 무시당하는 조조 등 가난, 신분, 차별 등에 관한 한을 드러냈다. 대중은 자신의 한과 욕망을 대변하는 이야기를 읽으며 카타르시스를 느꼈다.

《삼국지연의》는 유가의 이상에 맞지 않는 지극히 현실적이고 이해타산적인 시대를 그리면서도 유비라는 캐릭터를 통해 도덕적인 타협과 이상향으로 귀결한다. 그리고 우리와 똑같이 부족하고, 격정적이며, 실수와 오류를 거듭하는 영웅들의 일생과 죽음을 통해 역동적인 성장 드라마를 보여준다. 이 모든 것이 수백 년의 세월 동안 변치 않는 인기를 유지하며 한 사람의 일생에서 몇 번씩 읽고 또 읽히는 베스트셀러가 된 삼국지의 영원한 매력이 아닐까.

이처럼 삼국지에는 두 개의 역사가 있다. 서기 3세기 중국에서 실제로 벌어졌던 사건을 기록한 정사 《삼국지》와 2천 년 가까이 사람들 사이에 전해지면서 대중이 느끼고, 보고 싶어 했던 로망을 담은 소설 《삼국지연의》다. 삼국시대를 정리하는 역사가라면 정사만 필요할 것이다. 하지만 삼국지가 주는 교훈과 인생의 지혜, 세상에 대한 통찰을 위해서는 정사와 소설 모두 큰 의미를 지닌다.

이 책 《세상의 모든 전략은 삼국지에서 탄생했다》에서는 현대적인 관점에서 역사와 소설을 다루고 각각의 내용이 우리에게 전하는 메시지와 교훈을 찾아보려 한다. 이 같은 시도는 아마도 최초일 것이다. 가장 처음이라는 것은 언제나 두렵고 오류와 비판을 피할 수 없는 작업이다. 그래도 나는 남들이 하지 않는 일을 하는 것이 즐겁다. 새로운 시도의 어려움을 이해하고 지지해 주는 사람들이 늘어나는 것도 나에게는 고마운 즐거움이다. 부족함과 실험적인 시도에도 이 책이 나올 수 있도록 도와주고 응원해 준 모든 이들에게 감사를 건넨다.

임용한

2부 삼국지 영웅들의 전략

3부 삼국지에서 찾는 삶의 지혜

戰略三國志

1부

정사 삼국지 vs 소설 삼국지

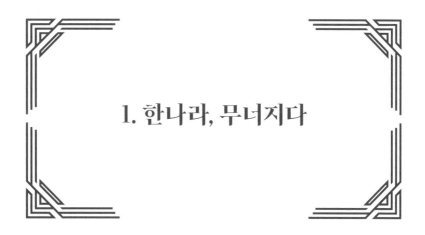

1. 한나라, 무너지다

후한 시대의 탄생과 십상시

서기 2세기, 후한의 수도 낙양에서 기묘한 권력 투쟁이 벌어지고 있었다. 외척(황제 어머니 쪽의 친척)과 환관의 대결이다. 한나라는 탄생했을 때부터 황제와 외척이 권력을 나눠서 장악했다. 시간이 흐를수록 외척이 점점 세지면서 정권이 위태로워졌고, 결국 외척 왕망王莽이 한나라를 무너뜨리고 신나라를 세웠다. 다행히도 왕망은 세상 물정 모르는 이상주의자였고 광무제光武帝가 왕망을 멸망시키고 한왕조를 부활시켰다. 이때부터를 후한이라고 한다.

외척 때문에 망했으니 후한에서 외척을 멀리했을 것 같지만 그렇지 않았다. 변하지 않는 역사의 법칙은 모든 것을 망각하는 데는 한 세대면 족하다는 것이다. 게다가 전한의 황제들이 외척의 위험을 몰라서 외척을 키운 것은 아니다. 아들과도 나눌 수 없다는 게 권력이라지만 홀로 나라를 통치할 수는 없다. 누군가의 도움을 받아야 하는데 아무리 계산기를 두드려 봐도 가장 가까운 운명 공동체는 외가와 처가밖에 없다. 그러니 황제는 다시 외척을 등용할 수밖에 없다.

하지만 왕망을 통해 외척도 얼마든지 배신할 수 있다는 깨달음을 얻은 후한 황제들은 외척을 견제할 세력을 키웠다. 이들이 환관이다. 이후 외척과 환관은 피 흘리며 싸웠다. 정의가 아닌 엄청난 부와 권력을 차지하기 위한 인정사정없는 투쟁이었다. 권력 싸움에서 세력을 키우려면 관료를 많이 거느려야 한다. 이들 관료는 대부분 부패하고 무능했다. 그래야 쉽게 매수할 수 있기 때문이다. 권력 투쟁이 심해질수록 나라는 부패하고 가혹한 수탈로 백성의 삶이 고달파지는 이유가 여기에 있다.

157년, 후한 11대 황제였던 환제桓帝는 환관 5명과 결탁해 외척 양기粱冀를 살해했다. 이때부터 환관이 외척의 위에 올라섰다. 황제는 이미 한차례 한나라 왕조를 몰아낸 적이 있는 외척보다 환관 세력을 안심하고 믿은 것 같다. 하지만 권력을 장악한 환관은 외척 대신 나라를 무너뜨리기 시작했다. 부패는 상상을 초월했고 인맥에 의한 관료 등용은 선을 넘었다. 한나라는 추천제로 관료를 등용했다. 이 제도의 장점을 살리려면 권력자가 책임감과 공생 의식을 가져야 한다. 환관들은 이것이 부족했다.

상황이 이렇게 흘러가자 위기감을 느낀 양심적인 관료들이 단결해 환관의 부정부패를 비난하고 나섰다. 관료 집단은 환관을 추종하는 세력과 환관에 저항하는 세력으로 나뉘었다. 전자를 더러운 집단이라 해 '탁류파'라고 했으며, 후자를 깨끗한 집단이라고 해 '청류파'라고 했다.

맑은 물이 탁한 물을 이기는 법은 없다. 166년에 환관들은 청류파를 숙청하고 그들이 관직에 진출할 수 없다는 금고령을 내렸다. 이를 '당고의 화'라고 한다.

168년에 환제가 사망했다. 아들이 없던 까닭에 5촌 조카인 동태후의 아들이 후한의 12대 황제인 영제靈帝로 즉위했다. 정치에 관심이 없던 영제는 환락에 빠져 살았다. 하지만 영제가 정치를 몰랐던 것은 아니었다. 정치를 오직 자신의 쾌락을 위해 사용했을 뿐이다. 그는 환관을 부렸고 이미 약해진 외척을 한 번 더 제압했다. 황후를 내쫓고 백정 집안에 기녀 출신인 하씨를 황후로 삼았다. 외척을 대장군으로 임명하는 전통에 따라 개백정이던 황후의 오빠 하진何進이 대장군이 되었다.

황후와 대장군은 대단한 지위지만 관직의 높낮이만으로 권력이 보장되지는 않는다. 한나라 조정은 혈연과 지연으로 얽힌 대귀족이 장악하고 있었다. 밑바닥 출신인 하씨 가문은 환관에게 손을 내밀었고 환관들은 기꺼이 손을 잡았다. 이때 환관 세력은 한 번 더 커졌다. 어느새 환관 세력은 집단 지도체제로 운영되었다. 황제가 아버지라고 불렀던 장양張楊을 필두로 조충趙忠, 건석蹇碩, 단규段珪, 후람侯覽, 조절曹節, 하운夏惲, 정광程曠, 봉서封諝, 곽승郭勝 등 10명을 십상시라고 했다.

권력은 선을 넘기 전까지는 조심하려 한다. 하지만 선을 넘은 권력에는 한계가 없다. 수습을 해야 할 때 십상시는 당고의 화보다 더 가혹하게 청류파를 탄압했다. 부당한 탄압이 지속되고 정치가 문란해지자 지방에서도 반발이 일어났다. 지방에는 호족이라고 불리는 대가문이 자치적인 권력을 가지고 있었다. 정부와 관리가 부패하자 그들은 슬슬 권력을 강화했다. 일부는 사병을 양성하고 사법권까지 행사했다. 지방으로 숨어든 청류파 지식인들은 이들을 부추기며 영향력을 강화했다.

민중의 불만은 커지고, 중앙 통제는 약화되었고, 반독립 세력이 커졌다. 그런데도 황제는 쾌락에, 환관과 관리들은 탐욕에 빠져들 뿐이었다. 180년경이 되자 "곧 나라가 망할 것 같다"라고 말하는 사람이 늘었다. 그러나 경고를 귀담아듣는 사람은 없었다. 청년 순욱荀彧은 고향 영천에서 난리를 예언했지만 단 한 가문만이 그의 말을 듣고 피난했다.

아무리 시간이 흐르고 역사의 교훈이 반복되어도 사람은 보이지 않는 일은 믿지 않는다. 이는 역사의 미스터리이자 인간의 미스터리다. 사건이 터지고 나면 비로소 사람들은 후회하고 역사가는 호통을 친다. 역사는 같은 일을 반복한다. 화산 폭발처럼 모든 격변 앞에서 전조증상이 발생하는데도 그러하다.

황건적의 난이 벌어지기 전에 이미 전국에서 지역 단위로 적지 않은 봉기와 반란이 발생했다. 다만 왕조를 끝장내겠다는 전국적인 규모의 반란이 일어나지 않았을 뿐이었다. 반란의 징조가 차고 넘치는 상황에서 첫 테이프를 끊은 인물은 장각張角과 황건당이었다.

황건적의 난

한나라 북쪽의 하북성 거록군에 장각, 장보張寶, 장량張梁이라는 3형제가 살았다. 그중 수재라 불리던 장각은 과거에 낙방하자 실의에 빠져 산에 들어가 약초를 캐며 살았다. 어느 날 그는 남화노선南華, 즉 남화의 나이 든 신선이라 불리는 한 노인을 만났다. 남화노선은 중국 고대의 현인인 장자莊子의 별명이다. 눈은 푸르고 용모는 아이 같았다.

남화노선은 장각을 동굴로 데리고 가《태평요술太平要術(또는 태평청령서太平淸領書)》이라는 세 권의 책을 주었다. 하늘의 계시를 적은 이 책을 익힌 장각은 바람과 비를 부르는 능력을 얻었다.

180년, 전국에 전염병이 창궐하고 나라가 혼란에 빠졌다. 장각이 환자에게 부적을 태운 물을 먹이자 그들의 병이 씻은 듯이 나았다. 이후 태평도인이라 불린 장각을 따르는 사람이 늘어났다. 그러자 장각은 제자 500명을 사방으로 보내 부적으로 병을 고치고 주문을 외우게 했다. 전국에서 장각을 추종하는 신도가 순식간에 늘어나자 그는 군사 조직을 모방해 태평도라는 교단을 꾸렸다. 신도를 36방으로 편성하고 방주를 장군이라고 불렀다. 큰 방은 약 1만 명, 작은 방은 6~7천 명 정도였다. 그러고는 이런 말을 퍼트렸다.

"푸른 하늘은 이미 죽고 누런 하늘이 서리라."

푸른색은 한나라를 상징하는 색이다. 진나라의 항우項羽를 대파한 유방劉邦은 푸른 뱀을 베고 한나라를 세웠다고 한다. 중국의 운세관이라 할 수 있는 오행 사상에 따르면 파란색 다음은 황색이다. 푸른 하늘이 죽고 누런 하늘이 선다는 것은 한나라가 망하고 새 왕조가 들어선다는 의미다.

여기까지의 내용은 중국의 역사가 진수陳壽가 삼국시대의 역사적 사실을 기록한 정사《삼국지》가 아닌 소설가 나관중羅貫中이 쓴 장편소설《삼국지연의》속 내용이다. 태평도가 도교에 기반했고 36방을 조직한 것은 사실이다. 하지만 정확한 교리와 장각의 실제 성장 배경은 소설과 달리 비밀에 싸여 있다. 그저 태평도가 병자에게 부적을 태운 물을 마

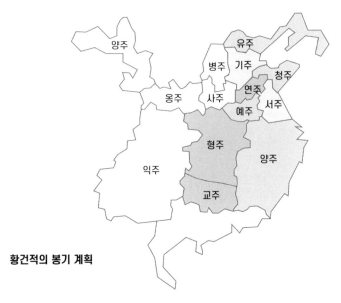

황건적의 봉기 계획

시게 하고 죄를 회개하게 했다고만 알려져 있다.

사실 장각이 과거에 낙방한 뒤 산에서 남화노선을 만난다는 설정은 '옛날 옛적 호랑이 담배 피던 시절'에 견줄 수 있다. 담배는 16세기 말에나 들어온 물건으로, 옛날 옛적이라고 표현하는 것은 말이 되지 않는 설정이다. 과거제도 역시 장각이 죽고 한참 뒤인 수당시대(6세기 후반 이후)에 시작했다. 게다가 과거에 낙방한 사람이 지금의 고시 폐인과 같은 사회문제가 되는 것은 명청시대(14세기)나 되어서다.

비록 장각은 과거를 치르지는 않았으나 권력에 대한 욕심만은 분명한 인물이었다. 태평도가 누런 하늘을 선전하자 많은 사람이 환호하며 그의 휘하로 몰렸다. 한나라가 망할 것이라는 징조를 믿어서가 아니라 믿고 싶은 마음이 강했기 때문일 것이다. 백성의 불타는 열망을 확인한 장각은 그들과 함께 봉기하기로 했다. 누런 하늘의 표식으로 머리에 황색 두건을 두른 사람들을 '황건적'이라고 불렀다.

2. 영웅 집결

용기를 빼놓고 전략을 논하지 말라

한나라 조정은 썩고 부패했다. 권력은 환관인 십상시 무리가 잡고 있었고 지방 호족, 사족과 같은 지배층부터 평민, 하층민까지 전국적으로 반감이 형성되어 있었다. 누군가가 깃발을 흔들기만 하면 푸른 하늘이든 누런 하늘이든 호응하는 사람이 구름처럼 몰려들 것이다. 이런 상황에 장각은 탄탄하고 비밀을 엄수하는 충성스러운 조직과 병력까지 갖추었으니 혁명을 일으키지 않을 수 없었다. 그가 결정해야 할 것이라고는 첫 봉기를 어디서 어떻게 시작하느냐는 것뿐이었다.

황건적의 수뇌부는 멋지고 대담한 계획을 세웠다. 후한은 13개의 주로 이루어진 나라다. 장각은 교단을 이용해 청주, 유주, 서주, 기주, 형주, 양주, 연주, 예주 등 8개 주의 주요 도시에서 일제히 봉기해 관아를 장악하기로 했다. 나라의 3분의 2를 동시에 차지하겠다는 음모였다. 약속의 날, 8개 주의 주요 도시에서 관아 주변으로 사람들이 슬슬 모여들었다. 장사꾼, 지나가는 사람, 깃발을 든 포교사나 점쟁이, 어디선가 관복을 입고 병사 몇몇을 거느린 관리도 호기롭게 나타난다. 덕분에 주막마다 손님이 가득하고 시가 한쪽에서 열린 놀이판은 평소보다 관객이 많다. 하늘에서 내려다보면 곳곳에 수상한 무리가 잔뜩 모인 것이 한눈에 들어올 것이다.

황건적이 이런 계획을 세운 이유는 진짜 군대를 조직하려면 시간이 필요하기 때문이다. 장각이 군사 조직을 본떠 36방을 만들었지만 군대는 아니다. 구성원 중에는 노약자도 섞여 있다. 이들을 진짜 군대로 만들려면 젊은이와 병력을 추려내고 훈련도 시켜야 한다. 그러는 사이 황건적의 계획은 들통나고 말 것이다. 게다가 최정에 병력만으로는 전국을 상대할 수 없다.

대신 나라 곳곳에 포진해 있는 태평도의 신도들을 이용해 동시다발로 지방 관아를 장악한다면 손쉽게 전국을 손에 넣을 수 있다. 관아를 점거하면 기회를 노리던 지방 호족과 야심가, 불량배들이 호응할 것이다. 행정망이 마비되었으니 조정이 전국에 동원령을 발동할 수도 없다. 군대를 모아 토벌군을 파견하는 데는 상당한 시간이 걸릴 것이고, 민중 반란을 혐오하는 귀족과 토호 세력, 사족은 황건적을 내쫓고 싶겠지만 서로 단절되어 있으니 단독으로 저항하지는 못할 것이다. 그러면 그곳의 무기고를 접수하고 정식으로 군대를 조직하면 된다. 도시와 도시, 주와 주를 연결하면 천공·지공·인공 장군이 지휘하는 3군을 편제할 수 있다.

　본래 반란은 광범위할수록, 복잡할수록 반드시 누설되는 법이다. 그런데 신비주의를 바탕으로 하는 종교 조직의 힘은 놀라웠다. 수십 개 지역에서 봉기를 준비했음에도 비밀은 새어 나가지 않았다. 이쯤 되자 장각에게 더 멋진 생각이 떠올랐다. 힘들게 여러 곳에서 봉기하지 말고 수도 낙양에서 봉기해서 국가의 머리를 장악하는 것이다. 그러면 모든 일을 한 번에 쉽게 끝낼 수 있다. 이 생각은 거부할 수 없는 유혹으로 변했다.

　장각은 십상시 중 한 명인 봉서封諝에게 마원의馬元義라는 방주를 보내 뇌물을 주었다. 이제 봉서를 자기편으로 끌어들였다고 생각한 장각은 그에게 당주唐周라는 부하를 보내 후한 왕조를 무너뜨리기 위해 낙양을 습격할 계획을 알리고 함께 거사를 치르자는 약속을 받아오라고 했다. 그런데 봉서가 단칼에 거절했다. 얼굴도 모르는 사람이 나타나 함께 반란을 꾀하자고 하면 과연 누가 그 말을 따르겠는가? 어쩌면 장각이 봉서에게 보낸 뇌물을 중간에서 가로챘을 수도 있고, 봉서가 장각의 편이 되었다는 말조차 허위 보고였을지도 모른다.

　당주는 이 사기극이 끝날 시간이 되었음을 깨닫고 낙양에 도착하자마자 관아로 달려가 장각의 음모를 고발했다. 이를 들은 대장군 하진何進은 즉시 마원의를 잡아들여 죽이고 봉서를 체포했다. 하지만 지나치게 서두른 탓에 장각과 전국 조직에는 손도 대지 못했다. 음모가 탄로 난 장각은 184년 3월 5일에 서둘러 거사를 진행했다. 비록 계획은 어긋났으나 무려 7개 주, 28개 군에서 봉기가 성공했다.

　그러나 늙은 사자도 쓰러지기 전까지는 사자다. 무능한 후한 조정은 장각의 봉기를 차단하지는 못했으나 아직 유능한 인물이 남아 있었다. 황제는 황보숭皇甫嵩과 주준朱儁을 장군으로 임명하고 낙향한 노식盧植을 불러들였다. 동시에 환관들의 횡포에 저항하다가 지방으로 추방되었던 관료들과 청류파에 내렸던 금고령(관직에 등용하지 않는 것)을 해제했다. 지방의 명망가와 호족이 장각에게 가세하거나 새로운 반란이 발생하는 것을 막기 위해서는 이들을 빨리 회유하고 손을 잡아야 했다.

이 조치는 성공적이었다. 대다수의 지방관과 호족들은 아무리 십상시에 불만이 많았다고 해도 신뢰하기 힘든 교주나 폭력적인 야심가, 민중 반란에 가담하기보다 정부 편에 서서 공을 세우고 권력과 포상을 획득하는 방식을 택했다.

난세에 잠자는 사자들이 깨어나다

태풍이나 해일이 오면 해수면의 부유물이나 바닷속에 잠들어 있던 쓰레기가 밀려 나오고 물속에 산소가 공급되면서 정화 작용이 일어난다. 장각에게 비와 바람을 부르는 능력은 없었지만 그는 반란이라는 태풍으로 후한 사회를 뒤집어 놓았다. 그가 일으킨 황건적의 난을 계기로 삼국지의 주요 인물이 모습을 드러낸 것이다.

후한의 13개 주 중 하나인 유주의 탁군 깊숙한 곳에는 탁현(현재의 베이징 남쪽)이라는 유씨 집성촌이 있었다. 이 마을에는 유비劉備라는 청년이 살았다. 소설 《삼국지연의》는 그가 한나라 6대 황제 경제景帝의 아들인 중산정왕 유승劉勝의 후손이라는 내용으로 시작한다. 그러나 역사적 사실은 소설과 다르다. 유비는 황실 족보에서는 꽤 멀리 떨어져 있어 황족으로 대우받지는 못했다. 그럼에도 유비는 한나라 황실의 유씨 가문으로 자신을 적극 선전했다.

소설은 유비의 모습을 무척 큰 키에 두 손은 무릎까지 내려올 만큼 길고, 두 귀 또한 어깨에 닿을 만큼 크다고 묘사한다. 과거 고우영 화백이 이 기록을 토대로 유비를 그리자 외계인에 가까운 모습이 나왔을 정도다. 당시 이러한 용모는 불교와 도교에서 전해져 온 '제왕이 될 상'을 의미한다. 정사에는 유비의 용모에 대한 이 같은 기록이 없다. 유비에 관한 정사와 소설의 차이는 또 있다. 일찍이 아버지를 여의고 돗자리와 짚신을 팔며 친척의 도움으로 학문을 배웠다는 내용에 관한 것이다.

> 유비는 어려서 아버지를 여의고 어머니와 함께 짚신과 자리를 엮어 생계를 삼았다. (중략) 유원기는 늘 유비에게 (노식 학당의) 학비를 대주고 (함께 유학한) 아들 유덕연과 똑같이 대했다.
> —《삼국지》〈촉서〉 선주전

> 어려서 아버지를 잃은 유비는 홀어머니에 대한 효성이 지극했다. 그는 집안이 가난하여 짚신을 삼고 돗자리를 만들어 팔아 생계를 유지했다. (중략) 유비의 집안이 가난한 것을 본 유원기는 늘 그의 살림을 보태주었다. 15살이 되자 어머니가 정현과 노식의 밑에서 가르침을 받게 하고 공손찬과 어울려 벗이 되었다.
> —《삼국지연의》

소설은 돗자리 장수를 했다는 내용 앞에 '가난'이라는 단어를 추가했다. 나관중이 소설을 쓴 명청시대는 빈농과 소작농이 유례없이 증가한 시기다. 당시 사람들은 소설을 보며 돗자리와 짚신을 만드는 가난한 빈농의 소년을 떠올렸을 것이다. 또한 유원기가 유비의 생활비와 학비를 보태주었다는 내용은 마치 공부할 돈도 없을 만큼 어렵게 사는 것처럼 보인다. 그러나 유비는 유씨 집성촌의 대표적 가문의 사람으로 비록 아버지는 일찍 사망하며 그 지위는 사라졌을지 몰라도 빈농은 아니었다. 소설은 유비가 정현鄭玄과 노식의 제자였다고 하지만 실제는 노식에게서만 가르침을 받았다. 한나라의 대표적 유학자 노식의 제자라 함은 단순히 학교에 다니는 것이 아니다. 그의 인맥에 들어가 추천을 받아 관리가 될 수 있는 자리로, 상당한 비용이 든다. 그런데도 소설은 교묘하게 유비의 집안이 가난한 것처럼 표현했다.

유비의 가정형편에 관해서는 정사에 더 명확한 기록이 남아 있다. 유비가 개와 말, 아름다운 옷과 음악을 좋아했다는 내용이다. 이 시기 개와 말은 반려동물이 아니라 사냥감으로, 사냥을 즐긴 것이다. 아름다운 옷과 음악은 유흥에 돈을 썼다는 뜻이다. 조선 초기 말을 소유한 사람의 재산은 최소 노비 5~6인과 토지 5~6결이었다. 이는 상위 2% 수준의 재산이다. 한나라와 조선의 사정이 다르고 시대적 차이가 있다고 해도 유비가 가난하지 않았다는 사실은 확실히 알 수 있다. 이처럼 가난한 돗자리 장수 유비의 전설을 풀어낸 소설은 실제와 차이가 있다.

소설에서는 이 시기의 유비를 외로운 인물로 그려낸다. 황건적을 토벌하는 의병을 모집한다는 벽보를 보던 중에 호랑이 수염을 한 장비張飛와 큰 키에 긴 수염, 그리고 대추처럼 붉은 얼굴의 관우關羽를 만난다.

뜻이 통한 그들은 도원에서 의형제를 맺는다. 다음날 이들은 의병을 모았지만 말도, 군자금도 없었다. 이때 장세평張世平과 소쌍蘇雙이라는 상인이 탁현을 지나던 중 이들에게 말 50필과 금은 500냥, 제련된 철을 지원해 주었다. 이들의 기부로 유비는 쌍검을, 관우는 청룡언월도를, 장비는 장팔사모를 제작하고 500명의 의병을 모았다.

정사에 의하면 유비가 의병을 거느리고 황건적의 난에 참전한 것은 맞다. 관우, 장비도 이때 만난 듯하다. 하지만 그게 진실의 전부다. 장세평과 소쌍의 기부 역시 사실이지만 황건적의 난이 일어나기 전이었다. 소설의 외로운 분위기와 달리 실제의 유비는 노식 문하에서 배우며 젊은 사람들을 잘 통솔했다. 그는 공부보다는 놀기를 좋아하는 성품이었지만 아랫사람에게 권위를 내세우지 않고 젊은이들의 기를 살려주는 리더로서 사람을 끌어들이는 능력이 있었다. 황건적의 난이 일어나기 전에 이미 탁현에서 청년 무리를 거느린 실력자인 유비에게 두 상인이 거금을 투자했다. 유비가 독자적인 세력을 키우도록 후원한 것이다. 그러던 중 황건적의 난이 터지자 유비는 자신을 따르는 무리를 이용해 의병을 모았고, 관우와 장비가 합세했다. 소설 속 도원결의도 사실이 아니다. 하지만 관우를 장비가 형으로 모셨다는 정사의 기록으로 미루어 볼 때 세 사람이 형제처럼 지낸 것은 분명하다.

관우는 하동군 해현 사람이다. 야담에는 그곳에서 못되게 구는 권력가를 죽이고 탁현으로 도주했다고 한다. 소설에서 묘사한 붉은 얼굴, 9척의 키, 2척의 수염 등 카리스마 넘치는 관우의 외모는 창작이다. 외모뿐 아니라 다양한 에피소드까지, 관우는 소설에서 가장 강화된 캐릭터라 할 수 있다. 그는 대단한 용사였고 제갈량諸葛亮이 미염공美髥公(수염이 아름다운 남자)이라는 별명을 붙여주기도 했다. 하지만 수염의 모양을 묘사한 내용은 정사 어디에도 없다. 관우를 상징하는 청룡언월도 역시 만들어낸 이야기다.

소설은 정사에서 설명이 부족한 부분을 놓치지 않았다. 수염은 세심한 관리를 필요로 하기에 멋진 수염을 기르려면 자신에 대한 애착과 자긍심이 필요하다. 뛰어난 무장이면서 카리스마 넘치고 통솔력이 남다른 관우의 수염을 강조한 것은 강한 자부심과 과시욕을 보여주는 탁월한 장치다. 관우가 소설에서 지나치게 부풀려졌다고 생각하는 사람도 있지만 내버려 두기에는 그의 바탕이 너무도 훌륭하다. 가지가 쭉쭉 뻗어 균형 잡힌 크리스마스트리를 멋지게 장식하고 싶은 욕망을 고스란히 보여준 캐릭터라 하겠다. 이처럼 허구에 가까운 내용임에도 관우의 성격이나 용모가 많은 사람의 뇌리에 깊이 새겨진 것은 나관중이 본래의 이미지를 훼손하지 않으면서 빼어난 이야기를 창조한 덕분이다. 소설 속 관우는 진한 화장과 다양한 액세서리를 걸친 모습이지만 성형 미인은 아니다. 관우가 가진 본래의 성품과 훌륭하게 일치하기 때문이다.

3형제 중 막내인 장비는 개성 강한 유비와 관우 사이에서 균형을 맞추기 위해 엄청난 가공을 겪었다. 소설 속 장비는 관우와 정반대의 캐릭터로 성급하고 무식하며, 힘만 넘치는 터프가이의 대명사다. 유비를 만나기 전 술을 팔고 돼지를 잡던 장비의 이미지는 한고조 유방의 명장으로, 개백정 출신인 번쾌樊噲에서 따온 듯하다. 장비는 소설에서 단순 무식하면서 직선적 성격으로 사랑받는 캐릭터지만 그의 진짜 모습은 탁현에서 명망 있는 지방 가문 출신일 가능성이 있다. 장비의 부인이 위나라 장군 하후패夏候覇의 사촌이기 때문이다. 소설에서 장비는 백정이자 술장수인데 당시 시대상으로는 그가 명문가인 하후 집안과 결혼할 수 없었다. 나관중은 이를 납득시키기 위해 장비가 하후 성씨의 여성을 납치해 결혼했다는 이야기를 만들어 넣었다.

유비는 장비와 평생 의리를 지켰다. 촉나라를 장악한 뒤 장비의 두 딸은 유비의 며느리가 되기도 했다. 그러나 장비에 관한 기록은 매우 적다. 삼국지의 3대 전투 중 하나인 적벽대전 이전의 활약상은 전무할 정도다. 이는 활약하지 못해서가 아니라 유비가 고생하던 시절의 기록이 너무 없기 때문이다.

정사에서 장비는 관우와 쌍벽을 이루는 웅장함과 위풍과 용맹을 갖춘 모습이다. 문무를 겸비한 관우는 차갑고 절제된 위엄을 발휘하는 인물이다. 사대부에게는 오만하되 병사들에게는 친절했다. 반대로 장비는 투박하다. 배운 사람은 존중하고 아랫사람은 거칠게 다루었다. 소설은 여기에서 힌트를 얻어 장비에게 학벌 콤플렉스가 있는 밑바닥 출신의 맹장이라는 캐릭터를 붙여주었을 것이다.

소설 속 유비의 활약은 의병 모집 직후부터 펼쳐진다. 정원지程遠志가 이끄는 5만 명의 황건적이 탁현에 쳐들어온다. 유비는 이에 자신의 의병 500여 명으로 맞선다. 관우는 정원지를 죽이고 장비는 부장수 등무鄧茂를 단칼에 해치웠다. 이후 유비는 관우와 장비의 도움을 받아 여러 지역에서 황건적을 격파한다. 영천에서 영민한 청년 장수 조조曹操를 만난 유비는 스승 노식을 찾아가지만 그는 모함을 받아 압송되는 중이었다. 낙담한 유비는 탁현으로 돌아가다가 우연히 장각군과 조우하고, 장각에게 패해 죽을 뻔한 동탁董卓을 구한다. 그런데 유비의 무리가 하찮은 의병부대임을 알게 된 동탁은 생명의 은인에게 감사는커녕 무시하고 떠났다. 유비는 동탁은 잊고 다시 주준의 부대에 참전한다. 여기서 손견孫堅을 만나 맹활약하면서 장보를 격파한다.

장각이 죽고 황건적의 난이 끝나자 유비는 주준을 따라 조정으로 갔다. 그러나 조조, 손견과 달리 연줄이 없는 유비는 아무런 포상도 받지 못하다가 충신 장균張鈞의 상소 덕분에 간신히 안희현의 현령이 된다.

이처럼 소설은 시작부터 독자의 심금을 울린다. 유비가 걷는 가시밭길은 백 없는 사람이 겪는 모든 고난을 보여준다. 어린 시절 읽었던 삼국지는 한나라의 부정부패가 눈에 들어왔다면, 세월이 지나 읽는 삼국지는 우리 인생의 축소판 같다. 손에 닿지 않을 것 같은 영웅들의 이야기이자 나의 이야기이기도 한 것이다. 이것이 삼국지가 천 년이 넘는 세월 동안 사랑받는 비결일 것이다.

후한의 역사를 다루는 《후한서》에 따르면 동탁이 장각을 공격했다가패한 것은 사실이다. 하지만 유비가 동탁을 구하고 무시당하는 것은 허구다. 실제는 유비가 장군 추정鄒靖의 지휘 아래 황건적과 싸웠다는 기록만 있을 뿐, 어디에서 어떤 활약을 했다는 내용은 전혀 없다. 난이 끝나고 유비가 받은 벼슬도 안희현의 현령이 아니라 지금의 경찰서장과 같은 현위였다. 나관중은 소설에서 유비가 불쌍하게 떠돌면서도 주요 전투에 모두 참전한다는 설정을 넣어서 없는 자의 고난과 황건적의 난의상황을 설명하는 두 마리 토끼를 모두 잡았다.

그에 반해 조조는 시작부터 유비와는 급이 달랐다. 기도위로 임명된조조는 영천의 황건적을 토벌하고, 제남에서 10여 개의 군현을 총괄하는 직책을 맡았다. 이후 태수로 임명되었지만 낙양을 두고 지방으로 가기 싫었는지 부임하지 않다가 낙양을 지키는 수도군단이라 할 수 있는

금군의 8교위 중 하나인 전군교위가 되었다.

황보숭, 주준, 노식은 장각의 근거지인 현재의 하북성과 하남성을 나눠서 공략했다. 얼마 후 이들은 차례로 황건적을 격파했다. 이때 주준은 아직 중앙에서는 활약한 적 없는 지방 출신의 장수 한 명을 발굴해 휘하에 두었다. 오군 출신인 손견이다. 《손자병법》의 저자 손무孫武의 후예라는 설이 생길 만큼 손견은 뛰어난 지략과 용기를 보여주었다.

황건적의 난이 일어나기 전, 손견은 의병을 모아 강남 지역에 출몰하는 도적을 소탕했다. 이 공으로 손견은 지방관이 되었고, 주준이 불렀을 때는 서주 하비의 승으로 재직 중이었다. 손견은 멋진 사나이였고 좋은 부하들을 두었다. 고향에서 처음 의병을 모집할 때 용사들은 그를 떠나지 않고 따랐다. 훗날 오나라의 명장이 되는 황개黃蓋, 정보程普, 한당韓當이 그들이다. 주준이 손견을 좌군사마로 임명하자 그는 정예 병사 1천 명을 모집해 출정했다. 손견은 선두에서 싸우며 보이는 대로 적을 격파했다. 완성에서는 앞장서서 성벽을 타고 올라갔다. 이런 식으로 싸우고도 죽지 않은 것은 유능하고 충성스러운 장병들이 목숨을 걸고 손견의 옆에서 함께 싸웠기 때문이다. 주준은 연승을 거두었고 손견의 공적을 자세히 적어 보고했다. 조정에서는 손견을 별부사마로 임명했다. 이때부터 손견은 강족의 반란 진압에 투입되는 등 중앙 무대에서 활약을 시작한다.

황보숭과 주준의 활약으로 황건적의 기세가 꺾였다. 노식은 하남성 남부에 있는 광종현으로 진군해 장각을 포위했다. 운 좋게도 장각은 황건적의 종말을 보지 못하고 병사했다. 이제 남은 인물은 그의 동생 장량과 장보로, 두 사람은 184년 10월과 11월에 차례로 처형당했다. 조정은 12월에 황건적의 난의 종식을 선포했다.

기세와 달리 황건적의 난은 1년을 버티지 못했다. 하지만 삼국지 시대를 여는 데 결정적인 역할을 했다. 황건적을 물리쳤으나 계속되는 반란으로 한나라의 행정망은 절단됐고 치안은 무너졌다. 중앙 정부에 불만을 품고 독자적으로 세력을 키우던 지방 호족에게는 좋은 기회였다. 이들은 난세와 혼란의 시대에 백성의 보호자가 되어 군을 모집하고 정식으로 군벌화한다. 태수나 지방관이 도주하면 그 자리를 차지하고 중앙 정부에서 추인받았다. 또는 관군에 지원해 활약함으로써 지방관이 되거나 중앙 관료로 진출했다. 188년 정부는 혼란을 진정하기 위해 민정권과 군권을 통합해 태수에게 위임했다. 일종의 계엄 체제였으나 이는 태수마저 군벌화하는 데 도움을 주었다. 삼국지 초반의 주요 등장인물이 태수인 것은 우연이 아니다.

이 과정에서 놀라운 세대교체가 이루어진다. 전쟁의 유일한 장점은 낡고 오래된 사회와 권력자에게 뇌물을 바치고 출세하는 고인물 사회를 능력자와 야심가가 지배하는 사회로 한순간에 바꾸어 놓는 것이다. 온실에서 자란 금수저들이 퇴장하고 황보숭, 주준 같이 제법 능력 있어 보이는 관료들도 격풍을 이기지 못했다. 삼국지 영웅호걸전의 매력은 유리천장이 깨져버린 공간에서 벌어지는 진검승부라는 점이다.

그런데 주요 등장인물인 원소袁紹나 조조는 명문가이자 권력가 출신의 금수저가 아닌가? 이들에게는 핸디캡이 있다. 원소는 어머니가 여종 출신이었고, 조조의 아버지는 환관의 양자였다. 두 사람은 절실한 노력으로 결점을 극복하고 삼국지에 뛰어들었다. 우리가 삼국지에서 주목해야 할 것은 다른 사람이 저어주는 배를 타고 계곡을 건너는 사람이 아니라, 거친 파도에 뛰어드는 사람이다. 명문가 또는 어느 정도 기반을 갖춘 가문의 출신이어도 출세의 관행을 깨뜨리고 무한경쟁에 참여한다면 이야기는 달라진다. 순욱과 제갈량 역시 주어진 배경이 가져다줄 작은 성공에 만족하지 않고 새로운 면류관을 향해 나아간 사람이었다. 난세에 이들이 등장하는 장대한 리턴매치가 바로 삼국지다.

원소, 동탁을 부르다

황건적은 무너졌지만 그들의 후예들은 곳곳에서 봉기했고 도적까지 날뛰었다. 그러자 이들을 막기 위해 호족들이 무장을 키우기 시작했다. 정부는 치안 회복을 위해 지방관에게 군사권을 추가로 부여했다. 그 결과 도적 무리와 호족, 지방관이 각자 독립적으로 무장 세력을 갖추면서 더 큰 혼란에 빠졌다. 무능하고 무책임한 정부는 사태를 수습하기는커녕 오히려 권력투쟁에 빠져들었다.

하태후의 오빠인 하진과 십상시 중 한 사람인 환관 건석蹇碩이 대립하기 시작한 것이다. 하진은 대장군이었으나 그의 병력은 변변치 않았다. 이때 수도를 방어하는 근위부대인 서원군을 창설하며 강력한 후원군을 얻었다. 다만 하진에게 부대를 고스란히 넘길 수는 없었으므로 건석이 최고 책임자인 상군교위를 맡았다.

환관들이 내세운 권력의 핵심은 원소였다. 그는 4대째 재상을 배출한 명문가 출신이지만 그 뒤에는 환관들이 있었다. 한마디로 궁정정치를 활발히 하는 대표적인 탁류파 집안이었다. 탁류는 청류의 반대말로 환관에게 협력하는 관료를 의미한다.

원소는 원씨 가문의 후계자였지만 그의 어머니는 여종 출신이었다. 때문에 자기 능력으로 일어서야 한다고 생각했다. 게다가 세상은 바뀌고 있었다. 십상시의 권력이 조금씩 균열하기 시작한 것이다. 이 시기 원소는 어머니가 사망하자 고향에 돌아가 삼년상을 치렀다. 그런데 먼저 세상을 떠난 아버지에게도 죄송하다며 삼년상을 또 치렀다. 삼년상이 드물던 시절이라 그의 이야기가 널리 퍼졌다. 정파에 결탁하지 않고 도덕을 중시하는 청류파는 탁류파에 이런 젊은이가 있다는 사실에 놀랐다. 게다가 권력도 막강한 집안이니 사귀어서 나쁠 게 없었다. 사방에서 원소를 찾는 사람들이 줄을 이었다.

이 소식을 들은 환관 건석은 "저 아이가 왜 저러는지 모르겠다"라고 중얼거렸다. 집안 어른이 찾아와 건석의 말을 전했지만 원소는 들은 척도 하지 않았다. 십상시는 원소가 괘씸했지만 그들의 권력은 예전 같지 않았다. 배가 흔들리면 쥐들이 가장 먼저 달아나듯이 환관 세력도 이미 황제파, 태후파, 대신파로 분열했다. 건석의 불길함은 생각보다 빨리 현실이 되었다. 189년에 영제가 사망했다. 향락에 빠져 살던 그는 배가 가라앉으려 하자 먼저 탈출해 하늘나라로 갔다. 남은 자들에게는 지옥이 펼쳐졌다. 후계자를 정하지 않은 이기적인 황제 때문에 나라와 조정, 황실은 전쟁터가 되었다.

영제에겐 두 아들이 있었다. 첫째 유변劉辯은 하황후가 낳은 아들이다. 둘째 유협劉協은 왕미인王美人이라고 불리는 후궁이 낳은 아이였다. 하황후가 왕미인을 독살하자 며느리 하황후를 싫어했던 영제의 어머니 동태후는 유협을 데려다가 길렀다. 황위 계승권을 두고 동태후와 하황후가 대립했다. 영제는 죽을 때 유협을 환관 건석에게 맡겼다. 건석은 하진을 제거하고 유협을 황제로 세우려고 했으나 환관 곽승郭勝과 조충曹沖이 하진 편에 붙어서 건석의 음모를 누설했다. 이미 환관들도 분열한 것이다. 하진은 원소의 도움을 받아 건석을 죽이고 하황후의 아들 유변을 황제(소제)로 즉위시켰다.

이 사건으로 하진과 원소는 건석의 병력을 모두 흡수했다. 원소는 이참에 환관을 싹 갈아엎자고 말했다. 하지만 그동안 환관들의 신세를 많이 진 하태후가 망설였다. 하진 역시 백정 집안인 자신을 존중하지 않는 청류파와 명문가를 생각하면 환관을 몰살한다는 것은 자신의 기반을 스스로 깨트리는 것이라 생각했다. 원소는 대단한 망명가였지만 자신이 총대를 메기가 두려웠다. 행여 자신이 반역으로 낙인찍히면 지방 군벌이나 반군에게 토벌의 명분을 줄 수 있기 때문이었다. 그때 수도에 강력한 군단이 주둔한다면 괜찮을지도 모르겠단 생각이 스쳤다. 그는 변방의 군벌 중 병주(산서성)에 머물고 있던 동탁을 골랐다.

여기서 원소의 치명적 단점이 드러난다. 그는 생각이 너무 많고 쓸데없이 계략을 좋아했다. 목표는 대범하나 수단은 산만했다. 정사에는 이 시기 조조의 행동에 관한 기록이 전혀 없으나 원소와 절친한 그라면 틀림없이 말렸을 것이다. 나관중도 같은 생각을 했는지 소설에 하진과 원소가 동탁을 끌어들이려는 것을 본 조조가 하진을 찾아가 왜 일을 크게 벌이느냐고 진언하는 장면을 넣었다. 그러자 하진은 "네놈이 환관의 후예라 환관의 편을 든다"라며 조조를 면박하고 쫓아낸다.

이 장면에 '출신', '집안'이라는 소재를 이용한 것은 그만큼 많은 사람이 여기에 많은 아픔과 한을 품고 살았음을 보여준다. 그리고 독자들은 그 한을 아는 유비에게 매료되었고, 완벽하게 이용할 줄 아는 조조를 부러워했다.

동탁이 수도로 향하자 놀란 환관들은 하진을 궁으로 유인해 살해한다. 하진의 부하들과 원소, 원술袁術 형제는 하진이 살해됐다는 소식을 듣고 황궁으로 향한다. 칼을 뽑은 원소는 닥치는 대로 환관들을 살육했고 궁에 불을 질렀다. 원술 역시 활약했고 2천여 명의 환관이 목숨을 잃었다. 이날만큼은 원소가 화끈한 결단력을 보였는데 이는 귀족적 자존심이 바탕한 욱하는 성격 탓이었다. 십상시를 처단한 원소는 그제야 동탁을 부른 것을 후회했다. 하지만 이미 근교에 도달한 동탁의 입경을 취소하기에는 너무 늦었다.

소설 속 동탁은 둔하고 어리석은 인물이지만 사실과 다르다. 그는 서북 변방에서 평생 기병 부대를 거느리고 살아온 인물이다. 낙양으로 오라는 통지를 받은 동탁은 일생일대의 기회를 잡았음을 직감했고 보급병 없이 최소한의 부대를 이끌고 최대한 빨리 낙양으로 달려왔다. 기병답게 현장을 보고 대책을 찾는다는 자세로 무작정 달려서 빠르게 이동한 것이다. 덕분에 동탁은 원술이 황궁에 불을 질렀을 무렵 이미 낙양 근교에 도달했다. 대화재를 목격한 동탁은 즉시 화마에 뛰어들었다. 대담하게 기회를 잡는 능력은 동탁이 원소보다 훨씬 나았다. 이처럼 재빠른 동탁의 모습은 소설 독자들에게는 낯설지도 모르겠다.

동탁이 거느린 선발대는 3~4천 명에 불과했지만, 그는 즉시 수도인 낙양에 입성했다. 서문을 통과한 동탁은 어떤 피난민 무리와 조우했다. 알고 보니 황제인 소제와 그의 이복동생 진류왕 유협(왕미인의 아들)이었다. 환관이 주살될 때 환관 단규段珪를 비롯한 수십 명이 황제를 데리고 북망산 방향으로 달아났다. 노식과 사도 왕윤王允의 부하 민공閔貢은 이들을 추격해 여러 명을 살해하고 황제와 진류왕을 구했다. 그런데 하필 궁으로 돌아오는 길에 동탁과 마주쳤던 것이다.

결국 황제를 구한 공은 동탁이 가로챘고, 죽은 하진의 군대도 모조리 넘겨받았다. 하진의 병력을 흡수하기 전에 원소는 충분히 동탁을 제거할 수 있었다. 기도위 포숙鮑叔이 원소에게 강력히 건의했지만, 이성을 되찾은 원소는 또 망설였다. 이때 동탁은 자신의 열악한 군세를 감추기 위해 부하 기병을 몰래 내보냈다가 성문으로 들어오게 하는 계략을 써서 후속 부대가 속속 입성하고 있는 것처럼 속였다.

한나라의 수도인 낙양과 황제는 동탁의 손아귀에 들어갔다. 하지만 일시적일 뿐이다. 합법적인 최고 권력자가 되는 방법은 세 가지다. 자신이 황제가 되거나, 황제의 외척이 되거나, 황제를 세운 공신이 되는 것이다. 동탁이 선택할 수 있는 방법은 세 번째였다. 그는 소제를 폐위시켜 홍농왕으로 만들고 진류왕 유협을 헌제로 즉위시켰다.

《후한서》는 야밤에 북망산에서 동탁군과 만난 소제가 놀라서 말도 제대로 못 했고 진류왕은 침착하게 대응했다고 기록했다. 이 모습을 본 동탁은 황제를 진류왕으로 교체하기로 마음먹었다고 한다. 이 외에 진류왕의 후원자인 동태후가 자신과 같은 동씨라서 마음이 끌렸다는 설도 있다. 이 이야기는 소설에도 그대로 들어갔다. 사실 동탁의 입장에선 정권을 장악하려면 똑똑한 황제는 불편할 것이다. 따라서 이 내용은 동탁 측에서 뿌린 선전이거나 후대의 추측으로 만들어졌음이 분명하다.

동탁은 중국의 변방인 지금의 감숙성의 농서 지역 출신이다. 이곳은 중앙아시아 유목민과의 접경지대로 여러 무장을 배출했다. 동탁은 어렸을 때부터 유목민인 강족과 사귀며 기마술과 궁술을 배웠다. 그는 힘은 세지 않았지만 화살통 두 개를 차고 양쪽으로 화살을 날리는 실력자였다. 소설은 그를 육중한 거구로 묘사하지만 이런 일화로 추정해 보면 체구가 큰 편은 아니었으며 날쌘 편이었던 것 같다. 화끈한 약탈과 화통한 분배를 보여준 동탁은 강족 우두머리들과 친분을 맺었고 상당한 지지를 받았다. 따라서 그가 거느린 군대 역시 강족과의 혼성군이었을 가능성이 크다. 기병 부대를 이끌며 치고, 쓸고, 빠지는 능력과 순발력이 좋았던 동탁이지만 중원에 호출되면 좀처럼 성과를 내지 못했다.

그러던 중 186년 양주에서 한수韓遂가 강족과 결탁해 반란을 일으켰다. 이 반란은 황건적의 난 못지않게 후한 사회에 충격을 던진 큰 사건이었다. 강족은 섬서성을 치안 부재 상태로 만들고 장안 지역까지 접근했다. 조정은 장온張溫과 손건, 동탁을 파견했다. 그런데 동탁은 상관인 장온도 무시하고 미적거리는 태도를 보였다. 화가 난 손견은 장온에게 동탁을 없애자고 했으나 장온은 도리어 손견을 전출시켜 버렸다. 동탁의 행동은 아마도 염불보다 잿밥에 관심이 있거나 고의적인 태업이었을 것이다. 강족과 좋은 관계를 맺고 있던 동탁은 강족이 장안을 함락하게 내버려 둘 수 없었지만 그들을 섬멸해 원수를 질 수도 없었다. 소설은 이를 구실 삼아 동탁을 무능한 장군으로 몰아세웠다.

원소가 이 사건을 몰랐을 리 없는데 동탁을 수도로 부른 이유는 명확히 밝혀지지 않았다. 부족할 것 없이 자라 모험심과 투지가 부족했던 원소는 조력자로 다루기 쉬운 사람을 찾았다. 성취욕이 강한 사람은 고분고분하지 않기 때문이다. 따라서 능력은 있되 자신에게 충성할 사람을 원하다 보니 자연스레 결함이 있는 사람을 선택하는 경향이 있었다.

문제가 있으면 다른 곳에 갈 수 없고 그러면 자신에게 충성하리라 생각한 것이다. 원소는 동탁을 충분한 보수만 던져 주면 되는 욕심 많은 용병대장 정도로 생각한 듯하다. 게다가 이민족 출신 용병은 이방인에 대한 거부감 때문에 감히 권력 욕심을 내지 못할 것으로 판단했다.

그런데 동탁은 수도에 입성하자마자 우연히 황제를 구하며 잭팟을 터트렸다. 그는 여세를 몰아 원소 밑으로 머리를 숙이기는커녕 오히려 원소를 아래로 두었다. 권력을 쥔 동탁의 행동은 문화인들의 상식을 뛰어넘었다. 공주를 겁탈하고 이민족을 약탈하듯 백성을 대했다. 황실의 재산을 털고 낙양의 부호와 주민의 재산도 털었다. 관료들은 말문이 막혔다. 낙양에 왔으면 낙양인이 돼야 하는데 동탁은 유목민들의 약탈 전쟁을 재현하고 있었다.

"무지한 악당, 폭군 동탁이 낙양을 지배하게 된다."

정사 《삼국지》는 동탁의 악행만 기록했다. 하지만 이렇게만 말하면 동탁은 억울하다. 《후한서》는 동탁이 시도한 변화의 노력도 기록해 두었다.

처음 동탁은 낙양 정가와 정치에 대한 자신의 무지함을 인정하고 명망가 출신의 주비周毖와 오경伍瓊을 등용했다. 또한 민심을 얻고 화합을 이루기 위해 당고의 화(환관 세력이 사대부 세력을 탄압하고 숙청한 사건)로 쫓겨난 인물을 등용하고 죽은 이의 원한을 풀어주었다. 황건적의 난으로 엉망이 된 지방 통치를 회복하기 위해 화북 주요 지역의 태수를 모두 새로 임명할 때는 전적으로 주비와 오경의 추천을 따랐다. 동탁은 자신의 사람을 심지 않았으며 무관 인사에만 부하들을 등용했을 뿐이다. 더 이상 나쁠 게 없던 혼란한 상황에 동탁의 행동은 혁신 정치라 할 수 있다. 그러나 이는 잘못된 선택이었다.

사실 많은 리더가 동탁과 같은 실수를 곧잘 한다. 한 기업이 자기혁신의 기회를 놓치고 다른 기업에 인수되거나, 기업을 이끄는 리더가 바뀌면 그동안 계획만 세우고 실행하지 못했던 혁신을 시도한다. 그러나 새로운 기업에는 새로운 혁신이 필요하다. 상황이 바뀌었기 때문이다. 과거의 혁신은 이제 해결책이 될 수 없다. 이 법칙은 권력에도 적용된다. 새로운 권력자는 이전 권력자가 개혁의 타이밍을 놓쳤을 때 등장한다. 그리고 이들은 그동안 실행하지 못한 개혁안을 내놓으면서 지난 권력자이자 폭군은 민중에게 독을 풀었고, 자신은 약을 풀었다고 생각한다. 하지만 지난 정권에서 하지 못했던 것을 해냈다고 그것이 약이 되는 것은 아니다. 배탈이 난 환자에게 감기약을 주는 것은 어리석은 행동이지만, 배탈이 복막염까지 진행된 환자에게 뒤늦게 소화제를 처방하는 것도 어리석기는 마찬가지다. 개혁은 미리 앞서서 대책을 세우는 것이지 뒷수습이 아니다. 동탁의 개혁은 뒷수습에 불과했다.

한편 죽 쒀서 남 준 꼴이 된 원소는 분노를 참기 힘들었다. 하지만 동탁은 원소를 함부로 대하지 않았고 그에게 진류왕을 새로운 황제로 세우는 일을 논의했다. 속만 끓이던 원소는 자신의 숙부와 의논하겠다는 말을 남기고 기주로 달아났다. 이에 동탁이 분노하자 주비와 오경은 전국에 원씨 가문의 인맥이 엄청나니 괜히 건드리지 말자며 얼렀다. 그리고 원소를 발해군의 태수로 임명하자는 의견을 냈다. 동탁은 이를 받아들였다.

3. 군웅할거

조조, 깃발을 들다

왕이 나라의 모든 권력을 독점한 전제 왕조에서 황제의 구원자처럼 빛나는 명분은 없다. 따라서 동탁은 절대 권력을 갖기 위해 황제를 추대하고 '황제의 옹립자'라는 방패를 얻기로 했다. 189년 동탁은 소제를 폐위해 홍농왕으로 삼고, 진류왕을 헌제로 세웠다. 그러나 이는 '황제의 옹립자'라는 허명과 '황제를 내쫓은 자'라는 악명을 동시에 선사했다. 물론 동탁도 이 정도는 예상했다. 하지만 그 악명이 어떤 파장을 가져올지 예측하는 데는 실패했다. 동탁은 그동안 자신이 펼친 혁신 정치로 인심을 얻었다고 생각한 듯하다.

제3세계에서 끝없이 일어나는 군부 쿠데타에는 공식이 있다. 대통령을 몰아내고 '국가재건위원회' 같은 그럴듯한 권력 기관을 만들어 전임자의 비리 척결, 친인척 축출, 재산 압류와 분배 등 국민이 기대하게 만드는 혁신 정치를 시작한다. 그다음에 선거를 치르고 새로운 대통령이 된다. 후한말에는 선거제도와 대통령이 없었으니 동탁은 재건위 대신 새 황제를 세워야 했다. 이때 두 가지 사실을 간과했다. 사실상 이민족이나 다름없고 이민족 군대를 거느린 동탁에 대한 한족의 거부감이 큰 것과 전국의 자사와 태수가 군을 거느린 야심가들로 채워져 있다는 것이다.

게다가 수많은 봉기 집단이 무장한 채 곳곳에 흩어져 있었다. 강족, 저족, 산월족 같은 변두리의 이민족도 이미 봉기 중이었다. 동탁이 아니라 소제와 원소가 혁신 정치를 펼쳤다고 해도 나라가 진정될지 알 수 없는 상황이었다. 그런데 동탁은 멋대로 황제를 교체했을 뿐 아니라 자기 군대와 변방 이민족의 풍속을 제어하지 못해 그들이 수도와 주변 지역을 약탈하고, 주민을 잔인하게 학살하게 만드는 실수까지 저지른 것이다. 불만 세력은 동탁의 잔혹함과 폭정을 전국에 퍼트렸다. 소문이 퍼지는 속도와 위력은 무섭도록 빠르고 파괴적이었다.

"무자비한 동탁이 황제를 내쫓았다."

"소제도 곧 살해할 게 뻔하다."

"헌제도 결국 살해하고 자신이 황제가 될 것이다."

"동탁은 사람을 삶아 죽이는 걸 구경하면서 만찬을 한다고 한다. 그가 황제가 되면 지옥이 열릴 거야."

정사 《삼국지》와 《후한서》 속 기록도 이 같은 소문이 전국으로 퍼졌음을 보여준다.

동탁은 자신의 지지 세력을 늘리기 위해 부지런히 움직였다. 그는 젊고 야심만만하며 유능한 인재를 내 사람으로 만들고 싶어 했다. 이 기준에 딱 맞는 인재가 한 명 있었으니, 서원 8교위 중 한 사람인 조조다. 동탁은 재능이 뛰어난 조조를 높게 평가했다. 환관 조등曹騰의 후예이니 화합 정치의 상징이 될 수 있고 하진과 원소에게 멸망한 환관 세력을 다시 끌어들이기에도 그만이었다. 이런 자를 구제해 준다면 충성을 바칠 것이다. 동탁은 조조를 태수급인 효기교위로 임명하고 측근으로 삼으려 했다.

소설에서 조조는 난세의 간웅답게 동탁의 신임을 역으로 이용한다. 사도 왕윤에게서 보검인 칠성검을 빌려 동탁 암살을 시도한 것이다. 이는 매우 엉성한 설정이다. 과연 조조가 잘 드는 단검이 없어서 칠성검을 빌렸을까? 나관중은 우리의 섣부른 추측을 무너뜨리는 복선을 내보인다. 칠성검을 품은 조조는 낮잠을 자는 동탁에게 접근했지만 마침 동탁이 깨어나는 바람에 실패한다. 동탁이 칼을 든 조조의 모습을 추궁하자 조조는 명검을 얻어 동탁에게 바치러 왔다고 둘러대고는 바로 낙양을 탈출한다. 나관중은 동탁이 보검을 받은 대가로 준마(빠르게 잘 달리는 말)를 선물한다는 설정까지 넣었다. 조조는 기뻐하며 "한번 달려 보겠습니다"라고 말하고 그대로 줄행랑친다. 어린 시절 소설을 읽으며 이 장면을 참 좋아했는데 정사《삼국지》를 연구하며 그 마음이 바뀌고 말았다. 역사라는 학문이 삼국지를 향한 로망을 여러 번 깨뜨린 셈이다.

조조가 낙양을 탈출한 것은 사실이다. 하지만 그 이유는 소설과 다르다. 동탁의 암살 미수가 아니라 관직 제안을 거절했기 때문이다. 이는 동탁에 대한 반항이다. 관리는 황제의 허락 없이 낙양을 떠날 수 없으므로 조조는 변장을 하고 도주했다. 소설보다 극적 긴장감은 덜하지만 이는 조조의 운명과 삼국지의 역사를 바꾸는 일생일대의 결단이었다.

지금 나라는 곳곳에서 사병을 조직하고 있는 반독립 상태다. 그런데 왜 반란이 일어나지 않을까? 그들을 하나로 묶을 명분이 없기 때문이다. 그래서 자사나 태수들도 자신의 지역을 완전히 장악하지 못하고 있었다. 군사를 일으키려면 지역 호족과 사대부, 유지들의 지원과 황제를 폐위한 동탁을 내쫓고 정의를 회복하려는 것일 뿐, 자신이 딴마음이 있는 게 아니라는 것을 보여주는 확실한 대의명분이 있어야 한다. 그래야 전국의 지방 관리를 단합할 수 있다. 원소와 그의 책략가도 이런 생각을 했다. 하지만 깃발을 들지는 않았다. 모두 예상은 하면서도 눈치만보고 있을 때 조조가 동탁의 관직 제안을 거절하고 낙양을 탈출했다. 조조는 감나무 아래서 감이 떨어지기를 기다릴 마음이 없었다. 감나무를 기어 올라가 감을 따는 사람이 되기로 했다.

조조가 사라지자 동탁은 수배령을 내렸다. 조조는 멀리 가지 못하고 정주시 부근의 중모현에서 체포되었다. 그러고는 현청으로 압송되었는데 현의 관리가 조조의 정체를 알아보았다. 그는 현령을 설득해 조조를 풀어주었다. 소설은 여기서 진궁陳宮을 등장시킨다. 조조를 풀어준 현령이 진궁이다. 그는 현령직을 버리고 조조를 구출해 함께 달아난다. 도중에 조조는 부친의 친구인 여백사呂伯奢의 집을 찾아 신세를 진다. 여백사는 마침 집에 좋은 술이 없다고 술을 구하러 외출한다. 잠시 후 조조의 예민한 신경과 의심이 발동하는데, 방 밖에서 수상한 소리와 움직임이 포착된다. 조조는 자신을 붙잡으려는 시도라고 판단하고 칼을 들고뛰쳐나가 여백사의 가족과 하인을 살해했다. 알고 보니 그들이 잡으려고 했던 것은 자신이 아니라 돼지였다. 황급히 도주하던 조조는 도중에 술을 들고 집으로 오는 여백사를 만난다. 조조는 증거 인멸을 위해 그마저 살해한다. 진궁은 조조의 잔혹한 성격을 보고 조조를 버리고 떠난다. 이때 조조는 그를 상징하는 유명한 말을 남겼다.

"내가 천하를 배반하는 한이 있더라도 천하가 나를 배반하게 할 수는 없다."

이 한마디는 조조를 삼국지 최고의 빌런이자 매력적인 악당으로 만들었다.

그런데 여백사 사건은 정사에 없다. 이를 기록한 책은 왕침王沈의 《위서》, 곽반郭頒의 《세어》, 손성孫盛의 《잡기》 등으로 내용도 조금씩 다르다. 《위서》는 여백사의 아들들이 조조를 잡으려 해서 정당방위로 살해했다고 말한다. 《세어》와 《잡기》에서는 소설과 같이 조조의 오해로 살해한 것이라 기록했다. 조조의 한마디는 《잡기》에 등장한다. 여백사 사건이 실제인지, 그렇다면 진실은 무엇인지 판단하기는 어렵다. 다만 진수가 정사 《삼국지》를 집필하던 시기에 이미 매력적인 악당 조조의 이미지가 만들어지고 있던 것은 확실해 보인다.

정사에 따르면 진류에 도착한 조조는 조씨 집안과 하후씨 집안의 협조를 얻어 반란을 준비한다. 이 무렵인 190년 초에 동탁은 이유李儒를 보내 홍농왕(소제)을 살해했다. 이유는 홍농왕에게 독약을 바치며 말했다.

"이 약을 드시면 병환이 나을 겁니다."

눈치챈 홍농왕은 아프지 않다고 말했지만 끝까지 거부할 힘이 없었다. 결국 왕은 아내 당희唐姬와 궁인들을 모아 이별연을 벌였다. 왕은 마지막으로 당희에게 춤을 추게 했고 당희는 춤과 함께 이별의 노래를 불렀다.

"하늘이 무너지고 땅이 꺼지는구나."

노래가 끝나자 홍농왕은 독배를 마셨다.

소제가 살해되자 조조는 기다렸다는 듯이 봉기했다. 예상대로 전국의 태수들이 일제히 봉기했다. 사실 조조가 최초로 봉기했는지는 확실하지 않다. 다른 경로로 격문이 돌았다는 기록도 있다. 다만 조조가 최초로 봉기한 무리에 속했으며 낙양을 탈출할 때부터 이 사태를 예측하고 준비해 온 것은 분명하다.

조조의 발빠른 봉기는 그가 왜 삼국지의 주인공이 될 수밖에 없는지를 보여준다. 역사는 미래의 변화를 예측해 징조가 드러나기 전에 준비하고 그 일이 실제로 벌어졌을 때 앞장서서 뛰어드는 사람의 몫이다. 당시 조조의 병력은 5천 명이 되지 않았고 믿을 만한 정예 병력은 더욱 적었다. 국경의 정예 기병으로 구성한 동탁군의 전투력에는 상대조차 되지 않았다. 조조군이 하나의 군현을 장악하면 다행일 수준이었다.

그러나 조조는 먼저 깃발을 올렸다. 조조의 봉기는 제대로 된 파란을 일으켰고 그의 명성도 단숨에 높아졌다. 중국에서는 '관동 연합군'이라고도 하고, 소설에서는 '18로 제후'라 말하는 반군 세력은 원소를 맹주로 추대했다. 조조는 분무장군이 된다.

반란에 참가한 태수들은 대부분 주밀과 오경이 임명한 지방관이었다. 동탁은 반란이 일어나자 인사 책임자였던 주밀과 오경을 살해했다. 처음부터 두 사람이 동탁의 신뢰를 이용해 이들을 지방관으로 임명하고 반란을 유도했다는 설이 있지만, 두 사람 모두 낙양에 있다가 동탁에게 살해된 것을 보면 그럴 가능성은 적다고 생각된다. 게다가 반군들은 구심점이 없었다. 제각각 서로의 친분, 이해관계, 계산에 따라 모인 여러 집단이었다. 즉 원소는 연합군의 우두머리가 되었지만 여러 개의 공 위에 앉아 있는 격이었다.

소설에서는 18로 제후가 봉기하자 동탁이 여포呂布와 화웅華雄을 파견한다. 연합군의 선봉은 손견이 맡았다. 손견은 초반에 우세한 전투를 벌였지만 손견이 공적을 세우는 것이 싫었던 원술이 군량을 끊었다. 굶주린 연합군은 허무하게 패하고, 추격해 온 화웅에게 손견마저 살해당할 위기에 놓인다. 그러자 손견 휘하의 무장 조무祖茂가 손견으로 변장해 적을 유인하고 대신 전사한다. 손견이 패배하자 18로 제후의 다른 장수들은 화웅의 상대조차 되지 못한다. 이때 공손찬公孫瓚의 부대에 속해 있던 관우가 나섰다. 관우는 조조가 건네는 술을 다녀와서 마시겠다고 말하고는 싸움터로 나갔다. 단숨에 화웅의 목을 베고 돌아온 관우가 그제야 술잔을 집어 드니 술잔이 아직 따뜻했다. 늑대를 제거했으나 아직 호랑이가 남았다. 여포는 남은 장수들은 무자비하게 처리했다. 이번에는 장비가 출전해 여포와 80합(칼이나 창으로 싸울 때, 서로 공격하거나 방어하는 회수를 세는 단위)을 겨뤘다. 장비가 지치자 관우와 유비가 차례로 합세해 3 대 1의 대결을 벌였다. 그러자 천하의 여포도 견디지 못하고 도망쳤다. 이 대결로 관우와 장비는 18로 제후의 영웅이 되고, 여포는 삼국지 최고의 전사로 등극한다.

여포가 패전하자 전의를 잃은 동탁은 낙양을 버리고 장안으로 천도한다. 손견이 다시 선봉이 되어 낙양에 입성하지만 도시는 폐허가 된 뒤였다. 낙양을 점령한 제후들은 더 이상 움직이려 하지 않았다. 화가 난 조조는 홀로 동탁을 추격하지만 숨어 있던 여포에게 습격받아 대패하고 말았다. 조조의 사촌 조홍曹洪은 부상으로 죽을 뻔한 조조에게 말을 주어 달아나게 했다. 이때 조홍은 이런 말을 한다.

"저는 이 세상에 없어도 될 몸이지만, 장군께서는 없어서는 안 될 분입니다."

소설은 허구와 사실을 교묘하게 뒤섞고 사건의 순서를 바꿔 놓았다. 중심 스토리는 최강 악당 여포의 등장과 그에 맞서는 정의의 용사들이다. 하지만 실제 역사에서 유비 형제는 동탁 토벌전에 등장하지 않는다. 당시 그들에 관한 명확한 기록이 없어 이 전쟁에 참전했는지도 알 수 없다.

정사 《삼국지》에서 동탁은 연합군이 봉기하자마자 장안으로 철수했다. 낙양은 개방된 지역으로 방어가 어렵지만 장안은 엄청난 길이의 협곡을 통과해야 했기 때문이다. 반동탁 연합군은 장안은커녕 낙양에서 동쪽으로 100km가량 떨어진 지점에서 진군을 멈췄고 원소는 정저우 근처 하내현에 자리 잡았다. 의외로 맹장 손견을 거느린 원술군이 가장 적극적으로 행동했다. 황제가 되고 싶은 야심을 숨기지 않았던 원술은 낙양으로 들어가는 남쪽 경로를 공략했다. 유유자적한 원소와 달리 조조는 과감한 공격을 주장했지만 아무도 호응하지 않았다. 옛 친구 장막張邈이 지원해 준 약간의 병력을 거느린 조조는 황하를 따라 호로관으로 향했다. 낙양이 방어가 어렵다지만 낙양 동쪽에서 남쪽으로 반원을 그리는 산지가 있다. 이 산지와 황하 사이에 좁은 협로가 있다. 이곳을 막는 곳이 호로관이다.

동탁은 장안으로 피신했지만 낙양을 호락호락하게 넘겨줄 마음은 없었다. 동탁은 서영徐榮을 불러들였다. 서영은 동탁의 부하 중 가장 유능

군웅할거 시대의 세력들

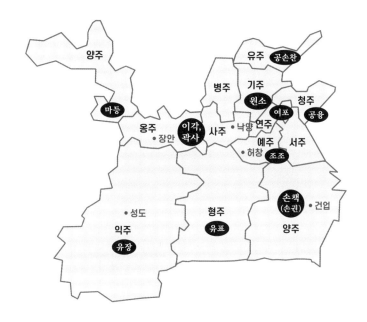

한 장수였다. 소설에서 서영은 산기슭에 매복해 있다가 조조를 공격했고, 조조를 추격하던 중 하후돈夏侯惇에게 살해된다. 하지만 실제로는 평지에서 조조를 습격했다. 조조는 허무하게 무너지지 않았고 온종일 맞서 싸웠다. 서영군이 우세를 점하며 조금씩 밀고 나왔고, 조조가 탄 말이 화살에 맞았다. 그러자 조홍이 즉시 조조를 자기 말에 태우며 앞서 이야기한 명대사를 남겼다. 그러나 조조도 물러서지 않고 밤까지 버텼고 어둠이 덮치자 병력을 이끌고 철수했다. 그러는 사이 원술군의 손견이 낙양의 남쪽에 모습을 드러냈다. 동탁은 재빨리 서영을 남쪽으로 보냈고 손견을 격파했다. 소설과 달리 손견의 목숨을 위협한 장수는 화웅이 아닌 서영이었다. 이때 조무가 손견으로 위장해 간신히 목숨을 건졌다.

다음 해인 192년에 손견이 다시 진격했다. 이때 서영이 갑자기 자취를 감췄고, 동탁은 그를 대체할 장수로 호진胡軫과 자신의 경호원이었던 여포를 투입했다. 이는 여포의 첫 출전이었다. 천하의 맹장도 데뷔전에서는 경험 부족을 드러냈다. 호진과 뜻이 맞지 않았던 여포는 병사를 장악하지 못했다. 덕분에 손견은 이들을 물리치고 화웅을 죽일 수 있었다. 상황이 뜻대로 돌아가지 않자 동탁이 직접 방어에 나섰지만 손견은 동탁군마저 물리치고 폐허가 된 낙양에 입성했다. 동탁은 영리했다. 그가 낙양을 버리자 태수들도 동탁을 버렸다. 그 결과 황제는 동탁의 인질이 되었고, 나라는 무정부 상태나 다름없었다. 이 모습을 본 태수들은 동탁과 전쟁을 벌일 때가 아니라 영지로 돌아가 세력을 키울 때임을 깨닫고 서둘러 낙양으로 돌아왔다.

여기까지가 삼국지 주인공들의 성장 편이다. 여포는 첫 전장에서 싸워 보지도 못한 채 달아났고, 조조는 전략적 두뇌와 기민한 행동력을 보여줬지만 성급했고 상황에 대처하는 속도도 떨어졌다. 이때 서영이 조조가 앞으로 얼마나 무서운 인물이 될지 알았더라면 절대 추격을 포기하지 않았을 것이다.

소설 속 삼국지의 주인공들은 마치 하늘에서 떨어진 용사처럼 등장한다. 하지만 아무리 위대한 영웅도 경험과 실패가 없다면 성장하지 못한다. 영웅이란 잘못된 판단을 하지 않는 사람이 아니라 실패를 인정하고 교정하는 사람이다. 보통 사람은 자신의 실패에 좌절하고 남 탓을 하는 데 급급하지만 영웅은 실패를 통해 한 차원 더 높이 성장한다.

조조, 날개를 달다

동탁과의 토벌전에서 간신히 모은 병력을 잃은 조조. 하지만 그는 좌절하지 않았다. 192년 4월, 동탁이 사도 왕윤의 꼬임에 넘어간 여포에게 살해된다. 왕윤의 양녀 초선貂蟬이 미인계로 여포를 유혹했다고 알려졌지만 이는 지어낸 이야기다. 동탁에 대한 불만과 불안을 품은 여포 개인의 야심이 배신의 원인이었던 것 같다. 그러나 여포가 왕윤과 손잡은 것은 실수였다. 여포의 정치적 입지는 동탁과 다를 바 없었고, 왕윤은 융통성 없는 꼬장꼬장한 관료에 불과했다. 오히려 동탁 수하였던 모사 가후賈詡가 상황을 정확하게 판단했다. 그는 도주하려던 이각李催과 곽사郭汜를 설득해 여포와 왕윤을 공격하게 했다. 여포는 도망쳤고 왕윤은 이각에게 잡혀 살해되었다.

장안에서 사변이 벌어지는 동안 하북성에서는 요동태수 공손찬, 발해태수 원소, 유주태수 유우劉虞, 기주자사 한복韓馥이 세력 다툼을 벌이고 있었다. 원소는 한복과 함께 유우를 황제로 옹립하려 여러 번 수를 썼지만 유우가 도무지 응하지 않았다. 제안을 받아들여 봤자 원소를 두 번째 동탁으로 만들어 주는 것에 불과했기 때문이다. 그럼에도 포기하지 않은 원소는 교모橋瑁를 살해한 뒤 한복에게 공손찬의 위협에서 구해주겠다는 말로 속이고 기주를 차지했다. 그러자 이번에는 공손찬이 원소의 발목을 잡았다. 그는 유비와 전해田楷를 보내 원소를 공격했다.

한편 청주에서는 황건적의 후예인 청주적이 봉기했다. 군대라기보다는 거대 난민 집단이 연주를 침공한 것이었다. 연주자사 유대劉岱는 청주적에게 패해 목숨을 잃었다. 연주 사람들은 원소에게 도움을 청하려

했으나 포신鮑信의 반대에 부딪혔다. 과거 원소와 동탁을 제거할 계획을 세웠던 포신은 우유부단한 원소를 신임하지 않았다. 그보다는 서원 8교위에서 함께 교위로 근무한 도전적인 조조가 적임자라고 생각했다. 포신은 낙양에서 패하고 겨우 1천여 명의 병력을 거느리고 있던 조조를 연주로 초빙했다. 비록 동탁과의 대결에서 거듭 좌절을 겪었지만 그의 도전정신이 보상받은 것이다. 소설 속 조조는 유비와는 비교도 되지 않을 만큼 꽃길만 걷지만 실제는 달랐다. 이 시기 조조의 병력은 원소의 명령으로 전해를 따라나선 유비의 세력보다 나을 게 없었다.

포신은 조조군을 이끌고 청주적과 격돌했다. 조조군이 승리했으나 포신은 전사했다. 이 승리로 조조는 100만 백성을 얻고 30만 청주적 중 정예 군사를 모았다. 이들이 훗날 조조의 주력군으로 명성을 떨치는 청주병이다. 조조는 황화 남쪽의 견고한 요새인 견성을 근거지로 삼고 연주의 지배권을 얻었다. 이 사실을 알게 된 원소의 마음이 좋을 리 없었다. 엎친 데 덮친 격으로 원소의 출신을 무시하던 이복동생 원술이 공손찬과 동맹을 맺었다.

원소는 북쪽에서는 공손찬과 장연張燕, 남쪽에는 원술과 전해, 유비의 공격을 받았다. 남북으로 포위된 원소는 연주의 조조에게 도움을 요청했다. 조조는 즉시 동맹에 응하고 원술을 멀리 쫓아버렸다. 그 사이 원소는 이각, 곽사의 난을 피해 도망쳐온 어포를 데리고 장연을 쳐서 몰아냈다.

이 시기에 원소는 그럭저럭 성과를 거두는 것 같아도 절호의 기회를 헛되이 보내는 중이었다. 오환과 선비족 기병을 거느린 백마장군 공손찬은 다루기 힘든 상대였고, 그 기동력과 돌파력 때문에 절대 등을 보여서는 안 되는 상대였다. 유우는 자신을 황제로 만들어 주겠다는 말에도 원소를 원수 보듯 했고 동생은 적과 손을 잡았다. 기껏 발탁한 여포는 싸움은 제법이지만 무법자 집단을 거느리고 자기 지역까지 약탈을 일삼 았다. 원소가 자객을 보내자, 여포는 자객을 해치우고 도주했다.

원소는 이렇게 한탄했을지도 모르겠다. "나는 왜 이렇게 불운한가?" "하늘은 왜 나를 돕지 않는가?" 그의 말은 틀렸다. 까마귀와 딱따구리 는 큰 나무를 쪼아댄다. 이를 불운이라고 해서는 안 된다. 원소는 모험 을 할 줄 몰랐다. 너무 많은 것을 고려하고, 쉽고 확실하게 이기려고 했 다. 그러니 바람 잘 날 없을 수밖에. 조조는 원소의 100분의 1의 병력을 가지고 연주를 장악했다. 원소가 자신의 자원에 조조의 투지를 더해서 활용했다면 유우는 일찌감치 항복하고, 공손찬과 원술도 그에게 복종 했을 것이다.

사실 최악의 불행은 2년 사이 원소의 성향과 약점이 완전히 노출된 것이다. 이는 철저히 자신의 탓이었다. 이때부터 조조는 원소의 성향을 마음껏 이용하며 세력을 키웠다. 순욱荀彧, 순유荀攸, 곽가郭嘉, 정욱程昱, 그리고 훗날의 가후까지 모두 원소의 영지에 살거나 가까이 있었지만, 원소를 버리고 조조에게 귀순했다. 소설에서는 진류 출신인 맹장 전위典 韋도 이때 하후돈의 추천을 받아 조조의 측근이 된다. 사실 전위典韋가 하후돈 휘하에 있던 것은 맞지만 조조의 측근이 된 시기는 분명하지 않 다. 이들이 없는 조조의 성공을 생각할 수 있을까? 10만 대군을 거느리 고 승부를 피하는 자와 1천 명으로 승부를 거는 자의 운명이 여기서 갈 라진다.

4. 서주 공방전

조조의 서주 침공과 유비의 등장

연주를 차지하고 세력이 강성해진 조조는 산동성에 있던 아버지 조숭曹嵩을 모셔 온다. 서주자사 도겸陶謙은 조조를 흠모하던 인물로, 그는 조숭을 융숭히 대접하고 경호했다. 그러나 도겸의 부하이자 황건적이었던 장개張闓가 조숭을 살해하고 재물을 약탈해 도주한다. 사람들은 이 사건이 조조가 여백사 일가를 살해한 데 대한 인과응보라고 말한다. 《세어》는 조숭이 목숨을 잃는 장면을 다음과 같이 묘사한다.

> "조숭은 태산의 화현에 살고 있었는데 조조가 태산태수 응소를 보내 연주로 모셔 오게 했다. 도겸이 이를 알고 몰래 기병 수십

명을 파견해서 매복시켰다. 도겸의 기병이 먼저 조숭의 동생 조덕을 문 앞에서 죽였다. 조숭은 뒷담을 뚫고 달아나려고 먼저 첩을 내보냈지만 첩이 뚱뚱해서 나가지 못했다. 도망치지 못한 조숭과 첩은 살해당한다."

분노한 조조는 서주를 공격하고, 서주 백성을 모조리 죽이라는 명령을 내린다. 도겸은 조조에게 사과하고 저항도 해보았지만 조조의 분노와 군세를 당할 수 없었다. 도겸은 부하 미축麋竺의 건의대로 북해태수 공융孔融과 청주자사 전해에게 구원을 요청한다. 하필 이때 공융은 황건적 잔당인 관해管亥의 공격을 받아 곤경에 처해 있었다. 공융은 태사자太史慈를 평원령 유비에게 보내 구원을 요청했다. 한걸음에 달려와 공융을 구한 유비는 도겸의 위기를 알게 된다. 유비는 대의를 위해 도겸을 돕자는 공융의 제안을 받아들여 공손찬에게서 2천여 명의 병력을 빌렸다. 더불어 조운趙雲까지 빌린 유비는 도합 5천의 병력으로 조조의 포위망을 뚫고 서주로 들어갔다. 전해도 도겸을 도우러 왔으나 조조군을 보고는 싸움을 피했다.

유비가 합세했지만 서주의 운명은 바람 앞의 등불이었다. 유비는 조조에게 서한을 보내 도겸의 억울함을 호소했지만 조조는 듣지 않았다. 이때 진궁이 등장한다. 그는 조조의 생명을 구한 은인이다. 진궁은 조조에게 서주를 침공하지 않을 것을 요청했다. 하지만 조조는 이를 거절했고 이 사건으로 진궁은 조조와 완전히 등을 지기로 결심한다. 진궁은 진류태수 장막에게 가서 서주 침공으로 군사력이 비어 있는 연주를 공격하라고 설득했다. 때마침 원소에게서 도망친 여포도 장막에게 와 있었다. 진궁의 말을 들은 여포는 바람처럼 연주를 정복했고 복양에 입성했다. 연주를 빼앗길 위기에 처한 조조는 순욱과 정욱의 대항 덕분에 견성, 범현, 동아현을 지켜냈다.

서주를 공격 중이던 조조는 서둘러 철군했다. 유비는 한 일이 없지만 서주 사람들은 유비가 도운 덕분에 조조가 물러났다고 생각했고 졸지에 서주의 영웅이 되었다. 도겸은 유비에게 서주를 넘겨주려 했지만 거절했다. 하지만 매몰차게 거절하는 것도 도덕군자의 도리는 아닌 법. 유비는 소패에 머무르며 도겸을 돕기로 한다.

여기까지가 소설 《삼국지연의》 이야기다. 조숭 살해 사건과 유비의 서주 정착은 '악행은 언제든 벌을 받는다'라는 인과응보와 '선인은 하늘이 돕는다'라는 교훈을 제시한다. 이는 소설을 읽은 많은 사람에게 위안을 주었다. 하지만 역사적 진실과 소설은 전혀 다르다.

조조가 서주를 침공한 진짜 이유

조숭이 서주에서 살해되자 조조가 아버지에 대한 복수로 서주 정복을 시도했다는 이야기는 정사 《삼국지》의 〈위서〉 무제기에도 기록되어 있다. 그러나 이 이야기는 서주 침공 내용 뒤에 사족처럼 붙어 있다. 실제로 조숭 살해 사건이 서주 침공 다음에 벌어졌다고 보는 견해도 있다. 청나라 학자 조익趙翼은 조숭 살해 사건을 내세운 이유는 조조의 서주 침공과 학살에 명분을 주려는 시도라고 보았다. 조조의 서주 침공에서 대학살이 자행되었다. 이 시대 전쟁에서 약탈, 학살, 방화는 일상이었으나 서주 침공의 경우는 특별했다. 이런 언급을 잘 하지 않는 정사 《삼국지》에서도 "조조가 지나간 곳은 파괴되고 많은 사람들이 학살되었다"라고 토를 달았을 정도였다.

이러한 지적은 무엇을 의미할까? 여러 가정이 가능하다. 학살과 파괴의 규모가 충격적인 수준이었거나, 일상적인 전쟁의 참화가 아닌 특별한 이유가 있었거나, 이 학살이 조조와 삼국의 역사에 미친 영향이 특별했기 때문일 수도 있다. 물론 이 세 가지 이유가 전부일 수도 있다.

아무리 옛날이라고 해도 전쟁 중 우발적으로 발생하는 학살, 약탈과 최고 사령관의 명령에 의해 고의적으로 발생하는 학살은 다르다. 후자는 비난을 피할 수 없다. 동탁이 나름 노력을 했음에도 사람들이 폭군으로 기억하는 이유가 그의 무도한 학살 때문이다. 그렇다면 이런 문제를 너무나 잘 알았고, 천하통일의 야망이 있는 조조가 자신의 명성을 망칠 고의적인 학살극을 벌였다는 사실은 이해하기 힘들다. 우리가 아는 조조는 아버지가 살해당했다면 그것을 정치적으로 자신에게 유리하도록 이용할 사람이다. 보복으로 학살극을 벌여 아버지도 잃고 자신의 명성과 미래도 잃을 사람이 아니다. 그렇다면 대체 왜 조조는 서주를 학살한 것일까? 그 이유를 추격해 보자.

193년에 조조는 사방이 적이었다. 북쪽에는 원소와 공손찬, 동쪽에는 도겸, 남쪽에는 원술과 유표, 서쪽에는 여포, 더 서쪽 관중에는 한수와 마등馬騰이 있었다. 조조는 이들 세력의 한가운데에 있었고, 이들 모두가 세력을 확장하려면 조조의 영토를 삼켜야 했다. 조조가 살아남을 수 있는 유일한 방법은 이들 중 누군가를 약탈해 자신의 세력을 키우는 것이었다. 하지만 원소 한 사람을 감당하기도 힘든 것이 현실이었다. 급박했던 조조는 늑대의 눈으로 주변을 둘러보았다. 가깝고, 약하고, 군대는 강하지 않고, 방어하기도 쉽지 않은 곳. 누가 봐도 도겸의 서주가 최적이었다.

서주 침공의 딜레마는 서주를 공격하면 연주를 지킬 병력이 없다는 것이었다. 조조가 선택할 수 있는 유일한 전략은 속전속결이었다. 당시에는 다른 나라를 침공하려고 해도 군대를 소집하고, 군량을 준비해서 운반하려면 시간이 꽤 필요했다.

'조조가 서주를 침공했으니 연주가 비었겠군!'

이런 생각을 하더라도 군대를 움직여 연주로 들어오려면 꽤 시간이 필요하다. 그 간극이 조조에게 허락된 시간이었다. 서주 침공에는 전술적 과제가 하나 더 있었다. 정복에 성공한다고 해도 조조군의 희생을 최소화해야 한다. 조조군의 피해가 크면 이 역시 주변 늑대들의 침공을 부를 것이다. 최단 시간에 최소의 희생으로 서주를 삼켜야 했다.

고민하던 조조는 지금껏 중원에서 선보인 적 없었던 대담한 전술을 내놓았다. 공격 부대를 둘로 나눈 뒤 본대는 자신이 인솔하고, 기병이 중심이 된 별동대는 사촌이자 뛰어난 기병 장군인 조인曹仁에게 맡겼다. 조조의 구상은 이러하다. 두 부대가 길을 나눠 서주로 진군한다. 주변을 돌아보지 않고 빠른 속도로 진군하면서 만나는 마을마다 약탈하고 파괴하며 서주로 향한다. 여기서 조인의 기병대가 중요한데, 본대가 진군하는 주변의 군현을 더 빠르고 더 광범위하게 짓밟고 파괴하는 것이다. 공포의 소문은 기병보다 빠르다. 조조군이 짓밟은 군현보다 더 많은 군현의 주민이 소문을 듣고 도주했다. 게다가 옛날 군대는 상비군이 많지 않았다. 전쟁을 하려면 병력을 소집하고, 군량을 거두고, 군량을 수

송할 수레와 인력을 강제로 모아서 움직였다. 이런 소집 명령보다 더 빠르게 기병으로 주변 군현을 초토화하면 행정망이 붕괴되고 병력 동원도 불가능했다.

　이 전술은 새로운 것은 아니다. 유목 지대의 부족들은 늘 이런 방법으로 중원을 침공하고 약탈해 왔다. 한무제漢武帝가 흉노족을 정벌할 때도 이 전술을 사용했다. 다만 오래전이고, 중원의 농부가 아닌 초원 지대 유목민을 대상으로 해 전술적 효과가 떨어졌을 뿐이다. 훗날 칭기즈 칸이 호라즘을 정복할 때 몽골 기병대가 이 전술로 호라즘의 후방을 뒤흔들어 병력 동원을 무력화하고 진압했다. 20세기를 놀라게 한 독일의 전격전도 같은 발상에 뿌리를 두고 있다. 조조가 이 전술을 사용할 수 있었던 것은 그사이 한나라가 기병 전술을 단련했고 많은 유목 기병들이 중원에 진출한 덕분이었다. 그렇다고는 해도 약탈 전쟁도 아닌 대규모 작전에 자신의 전부를 걸고 나선다는 것은 쉬운 일이 아니다. 게다가 잘 훈련된 기병과 대담한 지휘관이 없으면 시도조차 어려운 작전이다. 조조군의 전술을 예상하지 못한 도겸은 대응조차 할 수 없었다.

　조조와 조인은 거침없이 달려 중간 집결지인 팽성에 도달했다. 팽성은 서주의 바로 옆이다. 도겸군의 서남부 지역은 이미 파괴되었고, 온전한 동북부와 동남부의 병력은 아직 도착하지 않았다. 그는 가능한 병력을 모두 끌어모아 나섰으나 조조군에 대패했다. 도겸은 아직 조조군이 미치지 않은 북동쪽 해안가 근처의 담성으로 도주했다. 조조는 도겸을 추격해 담성을 공격했지만 상황이 달랐다. 공성전은 시간이 필요했고, 빈약한 군량은 벌써 바닥을 드러냈다. 조조군은 할 수 없이 철수했으나 회군 길에 서주 동남부 지역의 5개 현을 함락하고 학살했다. 이때의 참상을 《후한서》는 이렇게 묘사했다.

> "죽은 자가 수십만에 달하였고, 닭이나 개도 남기지 않았다. 사
> 수는 이 때문에 물이 흐르지 않게 되었다. 이후 다섯 개 현의
> 성곽에는 (사람이) 다니는 자취가 다시는 없게 되었다."

이런 소문은 부풀려지기 마련이므로 학살자가 정말 수십만에 달했는
지는 확인할 길이 없다. 수십만 명을 살해하려면 오랜 시간 서주에 머
물러야 하지만 조조에겐 그럴 시간도, 병력도 없었다. 만일 당시 조조
가 충분한 시간과 병력을 가졌다면 담성 공략을 포기하지 않았을 것이
다. 다섯 현에서 사람의 자취가 사라졌다는 것도 생명체를 남김없이 학
살했다는 것이 아니라, 사람들이 도주해 빈 도시가 되었다는 의미로 해
석해야 한다. 그것이 조조군이 추구한 전략적 목표였다. 물론 서주 침
공으로 인해 많은 사람이 살해당했고, 탈출한 난민들 또한 굶주림과 추
위, 병 때문에 목숨을 잃었다. 따라서 《후한서》의 수십만이라는 표현은
감성적인 수치라고는 해도 그만큼 난민들의 커다란 고난을 가슴에 담은
수치라 할 수 있다.

조조, 평생의 실책을 저지르다

사람은 궁지에 몰리면 극단적인 방법을 선택하고 자신의 행동을 정당
화하는 경향이 있다. 서주 점령 전략을 세운 조조를 만류할 수 있는 유

일한 논리는 "학살극을 벌이면 서주를 점령할 수는 있어도 통치할 수는 없다"라는 주장이었을 것이다. 서주를 통치할 수 없다면 정복도 의미가 없다. 훗날 순욱이 "서주 백성들은 원한이 맺혀 조조에게 결사적으로 저항한다"라고 말했던 것을 보면 서주 침공 전에 이러한 문제가 제기됐을 가능성도 있다. 과도한 비장함과 냉혹함으로 침공을 결정한 조조도 서주를 통치할 나름의 방법을 구상했던 것 같다. 한두 가지 정황 증거가 드러나는데, 바로 서주로 유입된 낙양의 피난민 세력이다.

동탁의 난 때 낙양 일대의 부호와 민중들이 대거 서주로 이주했다. 피난민은 100만 명을 헤아렸다. 이때의 피난은 가족과 수하, 예속민(다른 나라의 지배를 받는 백성)을 거느린 집단 이주가 많았다. 수백 호 이상을 거느린 사람도 있었는데 이들은 서주에서 하나의 군현을 이룰 정도였다. 조조는 학살극을 벌인 뒤 서주의 이주민을 등용하고, 청주적을 따라온 난민도 정착시켜서 서주를 병합한 뒤 통치하려 했던 것은 아니었을까? 물론 쉽지 않았겠지만 세력 확장이 절실했던 조조로서는 이것이 최선이라고 판단했던 것 같다.

《후한서》에는 조조의 학살극을 소개한 다음에 이런 내용이 등장한다.

> "삼보는 이각의 난이 일어났을 때 백성들이 도망 와 도겸에게 몸을 의탁하여 머문 곳인데, 모두 멸하여졌다."

삼보는 서주 토착민이 아닌 난민이 사는 곳인데도 조조군이 초토화시켰다는 것이다. 이 기록은 토착민과 이주민을 가리지 않고 파괴했다는 의미로 해석할 수도 있고, 반대로 이주민은 건드리지 말라는 지침이 있었는데 이런 사고가 났다는 의미로 볼 수도 있다. 나는 후자라고 생각한다.

193년 제1차 서주 전역은 천하의 조조도 지나치게 과격한 전략에 그답지 않게 긴장했다. 비록 완전한 성공을 거두지는 못했지만 꽤 만족스러웠다. 만일 실패한다면 분노한 서주가 거세게 반격해 올 것이고, 주변의 적들에게도 조조를 타도할 명분을 제공했을 것이다. 동탁처럼 조조역시 제후들의 공적이 되어 연합 공격에 멸망할 수도 있었다. 서주 침공전 조조는 가족들에게 만약 일이 잘못되면 진류태수이자 옛 친구였던 장막에게 가서 의탁하라는 유언까지 남겼다. 연주로 귀환해 장막을 만난 조조는 울음을 터트렸다. 당시 그의 나이 38세였다. 소설에서는 느낄 수 없는 아직은 젊은 도전자였던 조조의 모습이다.

서주 침공으로 자신감을 얻은 조조는 이듬해인 194년 다시 도겸이 있는 담성을 목표로 서주로 출병했다. 그는 지난번에 건드리지 않은 동해안 지역의 고을과 서주 북쪽 산동성의 고을을 휩쓸며 전진했다. 혹여 이번에도 담성이 버틴다 해도 다음 공세에서 반드시 함락할 것이 분명해 보였다. 그러나 조조는 제2차 공격을 끝내지 못하고 급히 연주로 귀환한다. 복수의 신 조조가 저지른 죄의 대가를 치러야 하는 시간이 너무나 빨리 찾아왔기 때문이다. 조조가 서주를 침공하기 위해 두 번째로 연주를 비우자 이번에는 기다렸다는 듯이 누군가가 빈집 털이를 시도했다. 그는 조조가 가족을 맡겼고, 만나서 울음까지 터트렸던 옛 친구 장막이었다.

진류태수 장막은 낙양의 부호였다. 낙양에서는 조조, 원소와도 친구 사이로 지냈다. 그는 전형적인 킹메이커 스타일로 의협심이 강하고 남을 도울 때는 재산을 아끼지 않았다. 조조가 동탁을 공격할 때 조조에게 병력을 지원해 준 유일한 인물이 장막이었다. 나중에 장막은 맹주인 원소와 사이가 틀어졌다. 장막은 원소를 비방했고, 원소는 장막을 죽이려고 했다. 그때 원소를 말린 것이 조조였다. 하지만 정치가의 우정은 믿어서는 안 된다. 조조가 서주를 침공했을 때 주인 없는 연주를 공격하기 가장 좋은 위치에 있는 사람이 장막이었다. 그러나 장막에게는 홀로 조조를 배신할 용기가 없었다. 이때 뜻밖의 인물이 장막을 찾아왔다. 그의 동생 장초張超가 진궁, 허범許汜과 함께 장막을 찾은 것이다. 소설에서는 조조가 여백사 사건 직전에 진궁을 만나지만, 정사에서는 이때 진궁이 처음 등장한다.

진궁은 장막에게 왜 스스로 왕이 되려 하지 않고 킹메이커로 사느냐며 아픈 곳을 찔렀다. 이유는 단순하다. 욕심은 있으나 실행할 능력과 방법, 용기가 없기 때문이다. 진궁은 장막에게 방법을 가르쳐 주었다. 조조가 없으면 연주는 무방비 상태이고, 견성의 관리나 토호는 조조에 대한 충성심이 약하다. 그들을 설득해서 음모에 참여시킬 수 있다는 것이다. 허나 그것만으로는 불충분하다. 조조는 대단히 우수한 장수와 병사를 거느리고 있다. 그를 상대하려면 막강한 용사가 필요했다. 그러자 진궁이 어느 장수를 언급하며 물었다. "왜 그를 알면서 이용하지 않습니까?" 그 장수는 여포다. 이전에 원소에게서 탈출한 여포가 장막에게 왔었다. 그리고 두 사람은 무언가를 약속하고 헤어졌다.

갑작스러운 진궁의 등장과 견성 관리들의 배신, 장막의 태도 변화. 이 배경에는 서주 사건이 자리 잡고 있음이 틀림없다. 조조가 서주에서 벌인 참극이 서주인에게는 분노를, 연주인에게는 그들도 학살당할지 모른다는 공포를 안겨주었을 것이다. 장막과 진궁은 연주에 번져가는 공포와 민심의 배반을 느꼈다. 그날 이후 진궁은 섬세하게 반란을 준비했다. 조조의 근거지인 견성에서 일하는 관리들과 내통했고 조조에게도 신뢰를 얻어 병력을 받았다. 진궁은 이 병력을 끌고 부임지로 가는 대신 여포를 찾아간다.

장막과 진궁의 반란이 서주 학살이 불러온 직접적인 위기였다면, 지금 당장은 아니어도 평생 조조를 괴롭힐 기나긴 복수극이 또 다른 곳에서 준비 중이었다. 제1차 침공 후 도겸은 사방에서 구원자를 찾았다. 이때 공손찬의 지령을 받고 전해와 함께 남쪽에서 원소를 공격하고 있던 평원령 유비가 등장한다. 유비의 등장에는 약간의 사연이 있다. 조조가 서주를 공략하고 있을 당시 황건적 잔당들이 북해를 공격했다. 북해태수 공융은 공자의 후손으로 인격과 명망은 훌륭했지만 난세를 살아갈 인물은 아니었다. 북해가 함락 위기에 몰렸을 때, 태사자라는 용사가 혜성처럼 나타나 공융을 돕는다. 태사자는 요동에서도 통할 만큼 기마술과 궁술에 뛰어난 다재다능한 무장이었지만 혼자서 전황을 바꿀 수는 없었다. 태사자는 매일 성문 앞으로 출진해 불필요한 소규모 교전을 벌였다. 반복되는 행위에 적이 방심하자 돌진해서 포위망을 뚫고 나가 평원의 유비에게 구원을 청했다. 명성을 고대하던 유비는 나는 듯이 달려가 공융을 도왔다. 이 인연으로 공융에게서 서주의 도겸을 도와달라는 요청을 받는다.

소설에서도 이 부분은 정사와 비슷하게 소개했으나 단 하나가 결정적으로 다르다. 소설에서 도겸을 돕기로 결심한 유비는 공손찬에게 가서 병력을 빌린다. 실제 역사에서 유비는 2천 명 정도의 자기 병력이 있었다. 그중 일부는 공손찬이 원소를 공격하라고 준 병력이었는데 공손찬을 버리고 도겸에게 달려갔다. 정사도 이 부분은 자세히 기록하지 않았으나 유비의 행동은 배신에 가까운 것이었다.

도겸은 유비의 출현에 감격했다. 유비에게 4천 병력(또는 유비의 병력과 합쳐서 도합 4천일 수도 있다)과 소패를 준다. 담성은 서주의 동쪽 끝에 있고 소패는 서북쪽에 있다. 도겸은 제1차전에서 초토화된 서주 서쪽 지역의 재건을 유비에게 맡겼다. 제2차 침공 때 유비는 도겸의 부장 조표曹豹와 함께 출격해 조조를 요격(공격해 오는 대상을 기다리고 있다가 도중에서 맞받아치는 것)했다. 조조군의 우회 기동과 초토화 전술을 차단하려는 의도였다. 그러나 전투력이 상대가 되지 않았다. 유비는 패했지만 장막의 배신으로 조조는 서둘러 회군했다. 사정이야 어쨌든 유비는 서주의 구세주가 되었다. 이 과정에서 보여준 유비의 용기와 인품은 몇몇 유력자들에게 강한 인상을 남겼다.

서주의 학살극과 유비의 등장은 유비의 느닷없는 출세와 새로운 영웅의 탄생을 가져왔다. 삼국지의 역사에서 조조에게 이보다 더 큰 운명의 저주가 있을까?

조조와 여포의 정면 대결

조조의 고향은 산동이고, 동탁 타도를 외치며 조조가 후원을 받아 봉기한 지역은 진류였다. 그곳은 지금 장막이 다스리고 있다. 연주에 근거지가 필요했던 조조는 북쪽의 견성에 자리 잡았다. 견성은 성 북쪽으로 황하가 흐르는 강변 도시로 방어와 교통에 유리한 곳이었다. 황하를 건너면 서쪽에 복양이 있다.

조조는 출전하면서 순욱에게 견성을 맡겼다. 조조가 떠나고 여포가 도착하자 장막이 견성에 사자를 보냈다. 조조를 돕기 위해 여포가 올 테니 그를 맞아들이고, 군량을 공급하라는 전갈을 보냈다. 너무도 빤히 보이는 계략이었다. 조조가 여포 같은 위험한 인물을 순욱과 상의도 없이 받아들일 리 없었다. 영리한 순욱은 장막의 뻔한 수작을 보고 이미 견성 내부에 음모 세력이 포진했다고 판단했다. 그는 즉시 동군태수 하후돈을 불러들여 음모자를 적발하고 수십 명을 처형했다. 위기는 끝나지 않았다. 연주에서 배반을 모의한다는 소식을 들은 예주자사 곽공郭貢이 침공해 온 것이다. 순욱은 주동자인 장막과 여포가 오기도 전에 곽공이 왔다는 것은 그의 단독 행동이 틀림없다고 판단해 대담한 결정을 내렸다. 곽공과 담판을 벌여 그를 철수시킨 것이다.

순욱의 활약으로 견성을 지켜냈지만 상황은 암담했다. 연주가 한순간에 장막과 진궁에게 넘어갔다. 여포는 복양으로 와서 견성과 강 하나를 마주 보게 되었다. 이때 견성 바로 옆에 있는 동아현 출신으로 황건적에게서 동아현을 구했던 정욱이 조조 편에 섰다. 그는 내친김에 이웃 범현도 설득해 이탈을 막았다. 간신히 3현을 지켜냈을 때 조조가 귀환했다.

이 결정적 순간에 장막과 여포는 꾸물거렸다. 곽공이 먼저 쳐들어올 정도였으니 점수를 주자면 0점에 가깝다. 뒤늦게 여포가 견성을 공격했지만 성공하지 못했다. 돌아온 조조는 여포의 아둔함을 비웃었다. 그렇게 자신의 실수를 감추고 부하들에게 희망을 주면서 조조는 연주 탈환전을 시작한다.

먼저 조조는 여포가 있는 복양을 공격했다. 조조의 주력 청주병과 여포의 기병이 맞붙었다. 그러나 청주병은 북방 기병의 상대가 되지 않았다. 조조군은 무참하게 유린당했다. 여포는 화공으로 조조의 퇴로를 차단했다. 조조는 말을 달려 불길을 뚫고 나오다 낙마해서 손에 화상까지 입었다. 대패했지만 조조는 굴하지 않고 복양 서쪽에 있는 부대를 야습했다. 이 전투는 소설에도 등장한다. 의외로 여포군이 강력하게 저항하는 바람에 조조군이 승리했지만 그사이에 날이 밝았다. 미처 철수하기 전에 성난 여포가 병력을 모조리 끌고 달려왔다. 여포는 삼면에서 조조를 포위하고 맹렬하게 공격했다. 이번에는 조조군이 결사적으로 저항했다. 아침부터 날이 저물 때까지 교전만 수십 차례였다. 날이 저물자 여포는 공격을 중단했고 조조는 간신히 살아 돌아왔다. 이 전투에서 전위가 자원자로 모집한 특공부대를 이끌고 맹활약했다. 조조는 전위와 이 병사들로 특전대를 편성했다.

이때부터 전황은 막상막하였다. 여포는 이기는 법을, 조조는 지지 않는 법을 깨달았다고 할까? 양측은 서로에게 기회를 주지 않았다. 양측의 대치가 100일을 넘기자 군량과 병기가 바닥을 보이기 시작했다. 추수철이 되자 메뚜기 떼까지 습격했다. 식량난으로 사람을 잡아먹었다고 할 정도가 되자 전쟁을 지속할 수 없었다. 양측은 철수했다. 조조는 정예병 1만 명 정도만 남기고 신병들을 해산했다. 전위의 특전대는 살아남았고 조조군에게 없어서는 안 될 존재가 되었다.

조조와 여포가 대치하고 있는 동안 유비의 삶에는 볕이 들었다. 194년에 도겸이 사망했다. 정상적인 시대라면 정부에서 인사발령을 내리겠지만 황제는 섬서 분지에서 이각, 곽사의 포로 상태였다. 결국 지방 호족들이 모여 후임을 뽑아야 했다. 도겸이 유언으로 유비를 지명했다고 하지만 살아 있는 호족들의 지지가 없다면 무용지물이었다. 이때 서주 북부 동해군 사람인 대부호 미축麋竺이 유비를 지지하고 나섰다. 서주 남부의 거점 하비의 호족으로 난세의 영웅 후보 중 한 명으로 거론되었을 정도로 대단한 명성을 지닌 진등陳登도 유비를 지지했다.

그런데 유비는 하늘에서 떨어진 복을 거절했다. 유비는 진등에게 자신은 부족하니 원술이 어떠하냐고 말했다. 하비가 서주 남부의 요충인 데다가 원술의 영지와 가깝기 때문이었다. 이는 진등의 진심을 떠보려는 의도였다고 보인다. 진등은 큰 인물이자 야심가였다. 진등이 원술과 결탁해 하비를 바치면 유비는 서주의 3분의 1 내지 절반을 잃는다. 진등은 "원술 따위가…"라는 대답과 함께 유비를 받들고 천하 쟁패전에 나서고 싶다는 자신의 야심을 숨기지 않았다. 진등은 유비를 위해 10만 군대를 모으겠다고 호언했다. 유비는 진등이 큰 인물이라며 존중했지만 야심이 큰 자는 항상 부담스럽다. 유비는 자신을 밀어주는 미축과 더 가깝게 지냈는데 이것이 나중에 큰 변수로 작용한다.

195년 조조와 여포가 대립하면서 각 군의 태수들은 눈치만 보게 되고, 연주는 갑자기 춘추전국시대처럼 되어버렸다. 이때 갑자기 여포가 복양을 버리고 조조의 동남쪽 지역으로 이동했다. 승지현에 도착했지만 승지현의 호족 이건李乾은 황건적의 난 때부터 조조를 추종해 온 인물이었다. 여포의 부하 설란薛蘭과 이봉李封이 이건을 살해했지만 그의 부하들은 승복하지 않았다. 소식을 들은 조조는 이건의 아들 이정李整을 파견해 설란과 이봉을 무찔렀다. 또 다른 조조의 수하 이진李進은 여포를 공격해 몰아냈다. 결국 여포는 승지현을 버리고 산양으로 이동했다. 당시 여포는 군량이 부족했고 새 근거지를 찾느라 병력을 분산했기에 별다른 힘이 없었다.

조조는 이 틈에 다시 서주를 치고 연주로 돌아와 여포와 승부를 겨루는 계획을 세웠다. 이번에는 순욱이 작심하고 조조를 저지했다. 서주에서 학살극을 저지르는 바람에 서주민들의 조조에 대한 분노는 극에 달했다. 게다가 조조의 전술은 노출되었다. 지금 서주를 침공하면 분명히 죽을 각오로 맞서 싸울 것이었다. 속전속결이 어렵고 군량을 거두기도 힘들다. 게다가 또다시 학살극을 저지르면 나중에 서주를 정복해도 통치할 수 없었다.

조조는 순욱의 의견에 굴복했다. 조조는 거야에 있는 이봉과 설란을 공격하는 척하면서 보리 수확 철을 기다렸다. 봄이 되자 조조는 먼저 장막과 여포가 있는 산양을 단절하기 위해 제음현을 공격했다. 그러나 제음태수의 저항으로 조조의 공격은 실패했다. 소식을 들은 여포가 제음을 돕기 위해 달려왔다. 어쩌면 조조의 제음 공격이 위장이었을지도 모르겠다. 조조는 즉시 철수해서 병력을 거야로 돌렸다. 이 공격은 정치적 판세 읽기는 뛰어나지만 전술적 사고는 부족한 진궁의 한계를 노출했다. 여포와 진궁은 각자 병력을 이끌고 이봉과 설란을 구하기 위해 거야로 달려왔다.

전황을 다시 정리해 보자. 여포와 진궁은 조조를 추격하고 있는 걸까? 조조에게 주도권을 빼앗기고 끌려다니고 있는 걸까? 당연히 후자다. 전술의 기본 원칙은 주도권을 쥐고 적을 끌고 다니다가 원하는 장소와 시간에 결전을 벌이는 것이다. 끌려다니다 보면 아무리 강한 군대도 체력 조절에 실패하고 실수를 저지르게 된다. 이것이 《손자병법》의 가르침이다. 여포와 진궁은 이 함정에 걸렸다. 조조는 이봉과 설란을 격파하고 살해했다. 여포는 설란이 살해되자 숲을 보지는 못해도 눈앞의 나무는 누구보다 잘 파악하는 전투 천재답게 불리한 상황을 재빨리 인식하고 달아났다. 소설은 이때 진궁이 1만 명의 대군을 이끌고 왔다고 말하지만 이는 지나친 과장이다. 1만 대군이 그보다 훨씬 적은 병력의 조조군에게 각개격파를 당했기 때문이다. 게다가 짧은 시간에 1만 명이나 되는 병력을 모았다는 것은 우수한 정찰대도 없고, 지리에 익숙하지 않은 군대를 무작정 끌어왔다는 것을 뜻한다. 결국 한순간에 몰락한 여포와 진궁은 서주로 달아났다.

조조의 싸움은 번개 같고 정신없다. 평범한 장수라면 끝을 보고 다음 적을 상대하겠지만 조조는 상대를 몰아붙이면 즉시 몸을 빼서 다음 적을 상대하며 쉴 새 없이 돌아가면서 공격한다. 조조는 즉시 군대를 돌려 제음현을 점령했다. 이것이 앞서 조조가 제음현을 포위한 것이 여포를 끌어들이려는 계략이었다고 추정하는 이유다.

조조의 다음 목표는 장막이었다. 여포와 진궁이 궤멸하는 동안 진류에서 꼼짝 않고 관망만 하던 킹메이커 장막은 동생 장초를 옹구에 보내 좌우 날개형 포진을 했다. 조조는 장막은 신경 쓰지 않고 먼저 옹구의 장초를 공격했다. 장초는 8월에서 12월까지 굳세게 저항했지만 함락되고 말았다. 장초가 포위된 동안 과거 반동탁 거병 시절의 동지였던 장홍臧洪이 장초를 돕기 위해 필사적으로 움직였다. 장홍은 원소의 후원을 받아 동군태수가 되어 있었다. 의리의 사나이였던 장홍은 원소에게 장초를 도와 조조를 쳐야 한다고 말하고 병력 지원을 요청했다. 원소는 끝내 허락하지 않았다.

조조와 여포의 대결

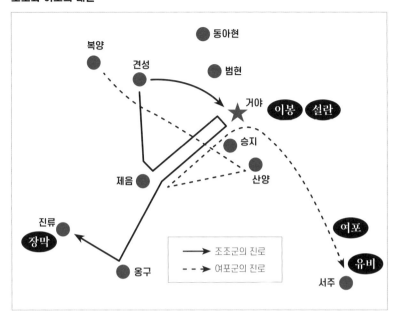

의리의 사나이 장홍의 구원만 애타게 기다리던 장초는 옹구가 함락되자 스스로 목숨을 끊었다. 조조는 장초의 삼족을 몰살했다. 이 소식을 들은 장홍은 원소와 의절했다. 그러자 원소는 즉시 장홍을 토벌했고 장홍은 끝까지 저항하다가 살해되었다. 이는 두 사람 모두에게 아무 의미 없는 전투였다. 장홍은 명분을 위해서, 원소는 황당한 오판으로 무의미한 전투를 치렀다. 이 전투의 승자는 조조뿐이었다. 이런 원소의 도움이 없었더라면 우리가 아는 조조 또한 없었을 것이다.

이때까지도 킹메이커 장막은 구경만 하고 있었다. 장막은 삼국지에서 가장 이해하기 힘든 인물이다. 옹구가 함락되자 그제야 장막은 진류를 버리고 원술에게 달아났는데 중간에 부하에게 살해되고 말았다.

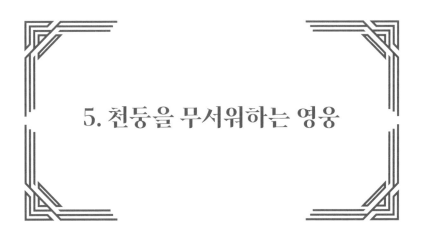

5. 천둥을 무서워하는 영웅

황제를 찾아서

195년에 조조는 여포, 진궁, 장막을 격파하고 연주를 탈환했다. 그 사이 유비는 필사적으로 서주를 안정시켜 군대를 재건하려고 노력했을 것이다. 서주로 망명한 여포를 받아들인 것도 같은 이유였으리라. 그해 12월에 장막을 격파한 조조의 다음 결전지는 서주였다. 유비는 아직 싸울 준비가 되어 있지 않았지만, 또다시 기적이 일어났다. 조조가 옹주를 포위하는 동안 장안에 있던 헌제가 동승董承, 양봉楊奉과 한섬韓暹의 도움을 받아 장안을 탈출한 것이다. 이각과 곽사가 맹렬히 추격했지만 헌제는 끝내 탈출에 성공해 은나라 도읍지인 안읍(은허)에 입성했다.

헌제의 탈출 소식을 들은 순욱과 정욱은 당장 조조에게 달려갔다.

"낙양으로 군을 파견해 천자(헌제)를 구하고, 천자를 옹립하십시오."

천하의 조조도 이 대담한 제안에 움찔했다. 조조가 천자를 옹립하면 모두의 타깃이 될 것이다. 그는 이제 간신히 연주를 평정했고 주변에 만만한 적이라고는 서주뿐이다. 이런 상황에서 원소, 원술, 유표劉表, 마등, 여포, 그리고 이제 막 떠오르기 시작한 강동의 손책孫策까지 최소 6 대 1의 싸움을 해야 한다. 가장 강력한 원소조차 황제를 옹립해 공공의 적이 되는 것을 두려워하고 있다.

"나 혼자 천하를 상대하라는 말이냐?"

조조는 이렇게 반문했지만 금세 생각을 바꿨다. 어차피 사방이 적이다. 강해지지 않으면 먹히고, 강해지려면 연합 공격을 극복해야 한다.

순욱과 정욱은 서주 침공을 완전한 실패로 여겼다. 조조의 악명은 높아졌고 앞으로 서주를 정복한다고 해도 다스리기 쉽지 않게 되었다. 이런 상황에서 조조가 서주를 병합하면 주변의 적들이 견제를 시작하고, 다른 지역이 세력을 합쳐 대항하는 합종연횡을 할 수도 있다. 그렇다면 다스리기도 힘든 서주라는 뜨거운 돌덩이를 삼키고 연합 공격을 받느니 차라리 천자를 앞세우는 게 더 나은 방법이었다. 서주 학살도 황제의 옹립 앞에서는 잊혀질 것이기 때문이다. 어차피 천하의 타깃이 될 것이라면 구국의 영웅이 되어 권력의 정당성을 확보하고 싸우는 것이 최선이라고 판단한 것이다.

196년 정월, 조조는 조홍에게 헌제를 구출하라는 임무를 내렸다. 조홍은 야심 차게 출발했지만 동승과 원술의 군대에 저지당했다. 조조는 즉시 원술을 공격해 그의 군대를 쫓아내고 별동대를 파견해 헌제를 찾았다. 그동안 헌제는 양봉과 한섬에게 휘둘리며 이리저리 떠돌다 낙양에 입성했지만 끼니를 잇기 힘들 만큼 곤궁했다. 그 소식을 들은 조조는 바로 낙양으로 달려갔고 헌제를 연주의 허창으로 데려와 그곳을 수도로 삼고 허도로 개명했다.

조조가 허도에서 헌제를 모시는 사이 남양의 원술이 유비를 침공했다. 그들의 싸움은 한 달이 넘도록 승부가 나지 않았다. 여포를 투입하면 전세는 역전되겠지만 유비는 그를 믿을 수 없었다. 이때 하비에 있던 도겸의 옛 부하 조표가 여포에게 연락해 하비를 급습할 것을 제안했다. 조표는 죽은 도겸의 권력이 유비에게 넘어간 것에 불만을 품었고, 유비가 미축이 중심이 된 서주 북부 세력과 친한 것도 전쟁을 부추겼을 것이다. 소설에서는 조표와 여포가 부하 관계가 아닌 사돈 관계이고, 유비가 장비에게 하비를 맡겼는데 술에 취한 장비가 조표를 학대해 사달이 난 것으로 이야기를 만들었다.

여포는 하비를 접수했고 유비의 가족을 포로로 잡았다. 서주의 패권이 넘어가자 병사들은 도망치기 시작했고 유비의 군대는 무너졌다. 유비의 몰락을 알게 된 미축은 자신의 사병 2천 명과 군대를 유지할 자금을 보냈다. 또한 자신의 여동생을 유비와 결혼시켰고 동생 미방糜芳과 함께 유비의 방랑 대열에 합류했다. 유비는 원술과 가까운 해서현으로 이동했다. 이 소식을 들은 여포는 즉시 유비의 가족을 석방하고 유비에게 화해를 청했다. 유비가 원술과 합세하면 서주에 있는 유비의 추종자들도 호응할 것이기 때문이다. 여포는 유비에게 소패 지역을 넘기고 자신은 하비에 자리 잡았다.

남 좋은 일만 시킨 원술은 자신의 부하 기령紀靈을 보내 소패를 공격했다. 이 기회에 원술의 힘을 빌려 유비를 제거하자는 주장도 있었지만,

바보 여포도 단순한 셈은 할 줄 알았다. 그랬다가는 자신이 다음 타깃이 될 것이며, 원술이 소패를 차지하면 원소와 합세할 텐데 둘을 감당할 수는 없었다. 여포는 보명 1천 명과 기병 200명을 데리고 기령이 있는 곳으로 달려갔다. 자신의 막사로 기령을 초대한 그는 자신의 무기인 화극을 세워놓고 활을 쏴서 작은 창살을 맞추면 화친하고 돌아가라며 내기를 제안했다. 소설에서는 100보 거리에서 쏘았다고 하지만 정사에는 거리가 나와 있지 않다. 기령은 내기를 받아들였고, 그다음 이야기는 소설과 같다.

정사의 관점에서 보면 여포가 화살을 맞힌 것보다 기령이 약속을 지켜 철수했다는 사실이 더 놀랍다. 사실 원술군이 소패를 치려면 서주 남부를 지나야 한다. 그런데 여포가 유비에게 가세하면 기령군은 보급로와 퇴로가 차단된다. 원술이 대책 없이 여포를 가로질러 소패 공격을 감행했거나, 사전에 여포의 양해를 구했으나 여포가 뒤늦게 실수를 깨닫고 배신했거나. 둘 중 하나일 것이다.

여포의 농간으로 소패 공략에 실패한 원술은 전략을 바꿔 여포와 적극적인 협력을 모색했다. 실은 유비를 공략하기 전에 그래야 했는데 원술의 멍청함이 유비를 살린 셈이다. 유비는 천재 조조와 바보 여포, 멍청한 원술 사이에서 운명의 줄타기를 반복했다.

원술은 한윤韓胤을 보내 여포에게 혼담을 넣었다. 자신의 아들과 여포의 딸의 결혼이었다. 이 무렵 원술은 소지한 옥새를 내세우며 황제 놀이를 시작하고 있었다. 여기에 동참하라는 유혹에 여포가 흔들렸다. 그는 맹장이었으나 한족 세상에 뛰어든 이방인이었다. 평소 한족의 차별대우 때문에 자신의 능력을 발휘하지 못하는 것이 불만이었는데, 옥새를 가진 자와 사돈이 되면 이 설움을 한 번에 날려 버릴 수 있다.

여포가 혼담을 수락하자 하비의 수상직을 맡고 있던 진규陳珪(진등의 부친)가 놀라 여포에게 달려갔다. 진씨 부자는 야심가로 유비와의 타협도 일시적이었다. 여포에게 충성하는 척했지만 여포를 몰아내고 하비를 되찾을 날만 노리고 있었다. 진규는 황제라고 자칭한 원술과 여포가 사돈을 맺으면 황족이 되는 게 아니라 천하의 공적이 될 것이라 간언했다. 여기서 조조와 여포의 차이가 드러난다. 같은 상황에서 조조는 움찔했지만 돌진했고, 여포는 철회했다. 하지만 여포의 딸은 이미 신부 차림을 하고 출발한 뒤였다. 여포는 즉시 혼례 행차를 추격해 멈추고 한윤을 잡아와 시가에서 처형했다. 원술은 땅을 쳤고, 서주 주변의 모든 세력은 만세를 불렀다. 여포는 원술의 계략에 넘어가 천하의 공적이 되는 불상사를 면했다고 가슴을 쓸어내렸지만 자신이 이미 천하의 공적이라는 사실은 깨닫지 못했다.

조조, 하룻밤의 대가

197년에 원술은 헌제를 잃은 후 방랑 군대가 된 양봉과 한섬을 끌어들여 여포를 공격했지만 패했다. 190년 이후로 쉴 새 없이 싸웠으나 성공한 기억이 없다. 이렇게 조금씩 몰락하는 사이 강남으로 파견한 손책은 승승장구했다. 덕분에 아버지의 땅을 회복한 손책은 원술과 의절했다.

한편 황제를 옹립한 조조는 재상인 사공과 거기장군에 임명되었다. 외척이 맡던 대장군은 원소에게 내렸다. 하지만 이는 회유성 관직에 불과했다. 멀리 있는 원소는 조정에 간여할 수가 없었다. 세력을 얻은 조조는 서주보다 남쪽 형주에 관심을 가졌다. 이는 허주로 이주했기 때문이다. 또한 서주에서는 유비와 여포, 원술이 각축전을 벌이고 있으니 잠깐은 안심해도 괜찮았다. 조조가 형주로 가려면 먼저 제압해야할 세력이 있었다.

동탁의 부하였던 장제張濟와 장수張繡는 이리저리 떠돌다 형주를 침공했다. 하지만 장제가 전사하자 조카인 장수는 군대를 수습하고 완성에 눌러앉았다. 얼마 후 조조군이 다가오자 놀란 장수가 조조에게 항복했다. 완성에 들어온 조조가 장제의 미망인에게 혹해 그녀를 후궁으로 삼자 장수가 분노해 조조를 습격했다. 조조는 화살에 맞아 부상을 입고 달아났고, 조조의 장남 조앙曹昻과 조카 조안민曹安民은 살해되었다. 이때 조조를 구한 사람이 전위였다. 전위와 그의 특공대원 10여 명은 최후의 힘을 짜내며 숨이 끊어질 때까지 싸웠다. 무사히 퇴각한 조조는 훗날 전위의 시신을 찾아 양읍에 안장했는데, 그곳을 지날 때마다 제사를 지내주었다. 한편 분노한 조조는 이후 장수 공격에 매달렸으나 만만치 않았다. 조조의 의도를 알아챈 유표도 장수를 지원했다. 조조는 장수와 유표의 연합군을 맞아 승패를 반복하며 고전을 면치 못했다.

운 좋은 유비는 그사이 소패에서 빠르게 힘을 회복해 1만의 군사를 모았다. 원술은 드디어 옥새를 들고 황제 즉위식을 거행했지만, 전투에서는 계속 패하고 황제 흉내를 내느라 재정만 낭비했다.

유비의 세력 확대가 마음에 걸렸던 여포는 조조가 장수와의 싸움에 전력을 소비하는 지금을 기회로 여겼다. 그는 원술이 손책, 조조와 대립하는 틈을 이용해 원술과 동맹을 맺었다. 사실 동맹이라기보다는 불가

침 협약 정도였을 것이다. 어차피 원술은 여포를 칠 힘도 남아 있지 않았다. 만반의 준비를 마친 여포는 전력을 기울여 유비를 쳤다. 유비는 조조에게 구원을 요청했고 조조는 하후돈을 파견했다. 관우, 장비에 하후돈까지 합세했으니 소설을 기준으로 하면 무적의 군단이 꾸려진 셈이다. 하지만 전쟁은 일대일 대결이 아니라 팀플레이다. 무적군단은 여포도 아닌 고순高順에게 패했다. 유비는 조조에게 달아났지만, 유비의 가족은 또다시 여포에게 포로로 잡혔다. 이 전투에서 하후돈은 조성曹性이라는 장수가 저격한 화살에 맞아 왼쪽 눈을 잃었다고 한다. 다음은 소설 《삼국지연의》의 내용이다.

> 하후돈이 크게 소리 지르며 화살을 뽑자 눈알까지 빠져나왔다.
> 하후돈이 소리친다.
> "아버지의 정기요 어머니의 피다"
> 하후돈은 눈알을 삼키고 말을 몰아 조성을 향해 달리더니 그를 창으로 찔러 죽였다.

이 이야기는 하후돈의 상징이 되었으나 창작이다. 하후돈이 화살에 맞아 눈을 다친 것은 사실이다. 그러나 눈 주변의 피부가 찢긴 것인지, 한쪽 눈이 멀었는지는 정사 기록으로는 알 수 없다. 삼국시대 위나라의 역사를 기록한 《위략》에는 하후연夏侯淵과 하후돈, 두 장군이 모두 하후씨라 군중에서는 한쪽 눈을 잃은 하후돈을 맹하후盲夏侯라 불렀으며, 자신이 애꾸가 된 것과 이 별명이 싫어서 거울을 볼 때면 화를 내며 땅바닥에 집어 던지곤 했다는 기록이 있다. 소설은 아마도 여기서 힌트를 얻어 이야기를 만들어 낸 듯하다.

두 사람의 영웅

여포에게 패해 혼비백산한 유비는 관우, 장비와도 헤어져 간신히 전장을 탈출했다. 겨우 만난 손건의 충고를 받아들여 조조에게 갔다. 유비를 위로한 조조는 함께 여포를 토벌하러 나섰다. 이때 진규와 진등 부자가 조조 편에 섰다. 부자의 계략으로 여포는 서주와 소패를 허무하게 잃는다. 진궁이 도우러 왔지만 늦은 밤 여포군이 진궁의 군대를 적으로 오인해 서로를 죽인다. 관우와 장비까지 합세하면서 여포를 몰아붙이자 여포는 하비로 도주한다. 하비에서 농성하던 여포는 위속魏續, 송헌宋憲, 후성侯成의 배반으로 조조에게 사로잡힌다. 여포는 조조에게 자신을 부하로 거두면 천하통일은 쉬운 일이라고 호소한다. 솔깃한 제안에 조조가 동요하자 유비가 말했다.

"여포가 자신의 수양아버지 정원과 동탁에게 한 일을 잊으셨습니까?"

여포와 진궁, 고순은 처형되고, 남은 장수들은 조조에게 귀순했다. 여포의 부하 중 최고 인재는 장료張遼였다. 장료는 항복을 거부했고 분노한 조조가 그를 죽이려 했다. 이때 관우가 뛰어들며 막았다. 조조는 장료를 살려주었고 장료도 조조의 뜻에 감복해 충성을 서약한다.

조조는 유비를 데리고 허도로 돌아가 헌제에게 소개했다. 헌제는 유비가 황족이며 자신보다 족보상 서열이 높은 것을 알고 숙부로 대한다. 이때부터 사람들이 유비를 유황숙이라 부르게 된다. 유비의 허도 생활

중에는 눈이 가는 에피소드가 있다. 어느 날 사냥터에서 헌제가 사슴을 쏘았는데 빗나갔다. 헌제는 조조에게 활을 주며 쏴보라고 했고 조조는 명중시켰다. 사슴에 맞은 화살에 황제의 표식이 있었으므로 사람들은 황제에게 갈채를 보냈다. 그러자 조조가 앞으로 나가 환호를 받았다. 사실 조조가 사슴을 맞췄으니 사람들의 박수갈채도 당연히 조조의 몫이다. 하지만 당시에는 신하가 황제에게 공을 양보하는 것이 더욱 당연한 일이다. 그래서일까. 조조는 예전 사람들에게는 무례한 인물로, 현대인에게는 당당하고 매력적인 인물로 평가받는다. 이때 조조의 행동에 격분한 관우가 칼을 들고 나가 죽이려 하지만 유비가 제지한다. 관우는 이날 조조를 죽이지 못한 것이 두고두고 한이 될 것이라고 아쉬워한다.

궁에 돌아온 황제는 복황후와 함께 조조를 제거할 방법을 논의했다. 혈서를 옥대 속에 감춘 뒤 충신 동승에게 용포와 옥대를 하사했다. 동승은 영제의 어머니 동태후의 조카다. 조조는 이 선물을 수상하게 여겨 꼼꼼하게 살펴보지만 옥대 속 밀서를 발견하지 못했다. 집에 돌아와 옥대를 살펴보던 동승은 실수로 옥대를 태웠다가 속에 감춰둔 황제의 혈서를 발견한다. 황제의 뜻을 알아챈 동승은 왕자복王子服, 오자란吳子蘭, 마등, 그리고 유비를 음모에 끌어들였다. 이때부터 유비는 직접 채소밭을 갈며 주변 사람을 속였다. 관우 장비조차 안타까워하지만 유비는 그들에게도 음모를 누설하지 않았다. 어느 날 이 소문을 들은 조조가 유비를 초대했다. 술자리를 마련한 조조는 유비에게 지금 영웅이 누구냐고 묻는다. 유비는 원술, 원소, 유표, 손책, 유장劉璋을 줄줄이 언급하지만 조조는 고개를 젓는다. 그리고는 손가락으로 자신과 유비를 차례로 가리켰다.

"지금 천하의 영웅은 그대와 나뿐이요"

유비는 그 말을 듣자 젓가락을 떨어트렸다. 마침 천둥소리가 들리자 유비는 몸을 떨었다. 조조가 물었다.

"대장부가 천둥을 무서워하시오?"

유비는 《논어》의 구절을 인용했다.

"성인도 천둥과 폭풍을 만나면 얼굴빛이 바뀌었는데 어찌 무섭지 않겠습니까?"

조조는 이 모습을 보고 유비에 대한 의심을 거두었다.

이때 원소가 공손찬을 멸망시켰다. 원소와 적대하던 원술은 점점 몰락해 가는 자신을 발견하고 원소와 힘을 합치려고 한다. 이 소식을 들은 유비는 조조에게 병력을 빌려주면 자신이 서주로 가서 원술의 진로를 막겠다고 제안한다. 유비를 가볍게 보게 된 조조는 유비에게 5만 병력을 주고, 주령朱靈과 노소路昭를 붙여서 함께 출정시켰다. 유비는 "물고기가 바다로 나가고, 새가 창공으로 날아오른다"라는 말을 남기고 서둘러 길을 나섰다.

유비가 떠났다는 소식을 듣자 정욱이 놀라 달려왔다.

"승상께선 제가 지난번에 유비를 죽이자고 한 말을 듣지 않더니 이번에는 그에게 병력을 줘서 내보냈습니다. 이는 용을 바다로 보내고, 호랑이를 산으로 풀어놓는 것과 같습니다."

조조는 후회하고 유비를 다시 불렀으나 유비는 "장수가 밖에 나가면 왕의 명령도 받지 않는다(《사기》의 〈사마양저 열전〉에 나오는 고사로 '왕이라고 할지라도 전쟁터에 있는 장수의 행동에 일일이 간섭해서는 안 된다라는 의미)"라며 거부하고 그대로 서주로 떠났다.

유비는 북상하는 원술군을 대파했다. 기령은 장비에게 목숨을 잃었고, 원술은 패잔병과 함께 떠돌다가 피를 토하고 죽었다. 원술을 격파한 유비는 조조가 준 군대를 차지하고 서주에 눌러앉았다. 조조가 임명한 서주태수 차주車胄가 유비를 유인해 죽이려 하지만 진규와 진등의 협력으로 차주도 죽고 만다. 유비는 서주를 차지했지만 조조를 막아낼 방법이 없었다. 이때 진등이 책략을 써서 원소와의 동맹을 주선했다. 원소는 유비와 동맹을 맺고 조조를 정벌하기로 결심한다. 이에 원소와 조조의 맞대결인 관도대전이 벌어진다.

　여기까지는 소설 속 이야기로 대체로 정사와 비슷하다. 다만 정사가 워낙 간략하다 보니 소설에서는 에피소드를 만들어 넣거나 정사의 기록에 앞뒤로 이야기를 넣어서 장면을 풍성하게 만들었다. 진등이 조조와 결탁해 여포의 몰락에 일조한 것은 맞지만 구체적인 책략은 소설에서 만들어낸 것이 그러하다. 대체로 소설은 대전략은 줄이거나 간소화하고, 계략을 재미있게 바꾸거나 풍성하게 꾸몄다. 정사에는 유비가 차주를 죽였다고만 기록한 것도 소설에서는 이야기를 더해 하나의 에피소드로 만들었다.

　또한 헌제가 유비를 숙부로 대하고 사람들이 그를 유황숙으로 불렀다는 이야기는 사실이 아니다. 유비는 한나라 중산정왕 유승의 후손으로 그는 한나라 6대 황제 경제의 아들이다. 유비가 진짜 황족이 맞느냐는 논쟁은 과거부터 있었다. 족보와 성씨는 사실의 영역이기도 하지만 믿음의 영역이기도 하다. 조선 후기부터 족보를 사고 성씨를 위조하는 경우가 많았다는 것은 역사적으로 증명된 사실이다. 현대를 사는 우리는 그 진위를 판정하려고 하지 않는다.

유승은 자식이 120명이나 되었다고 한다. 유비가 진짜 그의 후손일 수도 있다. 그러나 유승은 기원전 113년에 사망했으니 유비와 270년의 차이가 있다. 황실의 후예라고 해도 몇 대가 지나면 황족은 아니다. 조선시대도 5대가 지나면 왕실의 대우에서는 제외된다. 그러므로 유승의 후손으로 인정받았다고 해도 헌제가 유비를 숙부로 대우하는 것은 말도 안 된다. 황제의 권력이 허수아비 상태여서 그럴 수도 있지 않겠느냐고 생각할 수도 있다. 만일 그렇다면 유비를 조조의 타깃으로 만드는 것이며, (비록 사실은 아니지만) 조조가 사냥터에서 황제에게 향한 환호를 대신 받는 것보다 더 불경한 행위다.

소설 속 동승의 음모도 사실과 많이 다르다. 동승은 영제의 모친인 동태후의 조카이다. 딸이 헌제의 후궁(귀인)이 되어서 헌제의 장인이기도 하다. 헌제가 장안에서 이각, 곽사의 손아귀에 있을 때 동승에게 많이 의지했다. 충신이라는 표식이 붙은 덕분에 소설에서는 동승을 지적인 이미지로 묘사했다. 하지만 본래 그는 동탁의 장수였던 우보牛輔의 부하로 무장 출신이다. 전쟁터에서 살아온 사람답게 투박하고 거칠었다. 헌제가 이각에게서 도망칠 때 황하를 건너기 위해 작은 배에 오르자 미처 배를 타지 못한 사람들이 다투어 배에 매달렸다. 동승은 창을 휘둘러 뱃전을 붙잡은 손을 잘랐다. 기어코 배에 올라탄 생존자 중에는 손가락이 잘린 사람들이 꽤 있었다고 한다. 비상 상황이었으니 이 일로 인격을 평가할 수는 없겠지만 《후한서》〈헌제복황후전〉에 등장하는 다음 일화는 변명의 여지가 없다.

"복황후가 손에 명주비단을 몇 필 들고 있었다. 동승이 부절을 주고 손휘에게 명령해서 칼을 들고 그 명주를 빼앗았다. 이때 곁에서 모시던 사람들을 살해했는데 피가 복황후의 옷에 튀었다."

그래도 동승은 헌제가 탈출할 때 이각, 곽사의 군대와 사투를 벌이며 헌제를 호위했다. 소설은 이 장면을 살리지 않았다. 헌제를 낙양으로 인도하고 조조를 불러온 사람도 동승이다. 이 공으로 동승은 거기장군이 되었다. 그러나 동승의 정치적 처지는 더 이상 나아지지 않았다. 헌제는 허수아비였다. 주변에서 황제를 지키는 사람들도 조조의 부하이거나 인척이 아닌 사람이 없었다. 황제 편에서 대책을 건의하는 사람들은 조조에게 바로 살해당했다. 참다못한 헌제는 직접 동승에게 조조를 제거하라는 밀명을 내렸다. 동승이 제일 먼저 선택한 사람이 유비였다. 옥대에 넣은 밀서는 사실이지만, 조조가 살펴보거나 불에 태우거나 하는 일 없이 유비에게 전달되었다.

조조가 유비를 불러 천하의 영웅은 그대와 나 뿐이라고 말하고 유비가 젓가락을 떨어트린 것도 사실이다. 하지만 유비가 채소밭을 일궜다거나 마침 그때 천둥이 울렸다는 이야기는 후대에 더해진 것이고, 소설이 여기에 이야기를 더한 것이다.

동승의 음모가 발각된 경위는 알 수 없다. 조조는 동승을 죽이고 동귀인도 살해했다. 헌제는 동귀인이 임신 중이라고 몇 번이고 살려달라고 부탁했지만 조조는 들어주지 않았다. 사실 동승의 음모는 너무 엉성했다. 소설처럼 순진하고 착하지만은 않은 유비가 음모에 동조하면서도 서둘러 서주로 떠난 것도 음모의 성공 가능성이 희박했기 때문일 것이다.

또한 유비의 격이 갑자기 높아진 것은 황숙이어서가 아니라 오로지 조조 덕분이다. 서주를 빼앗기고 도주해 온 유비를 조조는 이상할 정도로 우대했다. 유비가 조조에게 왔을 때 정욱은 유비를 죽이라고 권했다. 《위서》의 〈무제기〉에는 이런 기록이 있다.

> "제가 보니 유비는 영웅의 재질을 두루 가졌고, 인심을 많이 얻었으니 끝까지 다른 사람 밑에 있을 사람이 아닙니다. 일찍 그를 제거하는 것이 좋을 듯합니다."
>
> 조조는 반대했다.
>
> "지금은 영웅을 끌어모을 시기다. 이럴 때 한 사람을 죽여 천하 사람들의 인심을 잃는 일은 옳지 않다."

조조는 정욱의 제안을 거절했을 뿐 아니라 유비를 자신과 동격으로 우대했다. 정욱은 보잘것없던 유비가 서주에서 엄청난 인심을 얻은 것을 보고 위험인물이라고 판단했다. 조조는 반대로 이 때문에 유비가 이용 가치가 있다고 생각했을 것이다. 조조는 여포를 제거한 뒤에 차주를 서주자사로 임명하고 유비를 예주목으로 임명했다. 유비를 예우하면서도 서주에서 떼어 놓은 것이다.

조조에게 서주는 아킬레스건이었다. 원소와 원술은 건재했고, 원소와의 최종 결전도 시시각각 다가오고 있었다. 이 결전에 서주는 너무나 중요했다. 아무리 유능한 인재라도 조조에 대한 분노가 가득한 땅에 새 인물을 보내 서주의 민심을 되돌리려면 상당한 시간이 필요했다. 조조는 유비를 회유하려고 했고, 정욱은 "유비는 남의 밑에 있을 사람이 아닙니다"라는 말로 조조의 기대가 잘못되었다고 만류했던 것이다.

조조도 유비가 영웅의 자질을 갖췄다는 것은 인정했다. 하지만 유비를 따로 불러 천하에 영웅이 당신과 나뿐이라고 말한 것은 서주를 안정시키고 충성을 바치면 그 공을 잊지 않고 유비를 우대해 주겠다는 회유였다. 아마도 조조는 그동안 유비가 보여준 전투력으로 볼 때, 감히 자신에게 대들지는 못할 것이라고 믿었을 것이다. 게다가 솔직히 말해서 유비를 서주의 영웅으로 만들어 준 사람은 바로 자신이 아닌가?

유비의 장점은 포용력과 인덕이었다. 유비를 불러 영웅 담론을 벌이던 조조의 관심사는 유비의 담력이었다. 유비에게 자신과 같은 무모한 용기가 있는지 궁금했던 것이다. 유비는 영악하게도 조조의 속셈을 꿰뚫고 천둥소리에 엎드려 그런 배짱은 없음을 과시했다. 보통 인자하고 조용한 성격의 사람은 무모한 용기가 부족할 것처럼 보인다. 실제로는 그러지 않아도 우리는 그렇게 믿는다. 원소와의 대결을 앞두고 초긴장 상태였던 조조는 유비를 보며 자신이 믿고 싶은 대로 상황을 받아들이는 함정에 빠졌다.

유비가 중앙 정계에는 전혀 알려지지 않은 탁현의 촌놈인 것, 황건적의 난 이후 말단 관직을 얻은 뒤 뇌물을 바치는 등의 노력으로 좀 더 출세하지 않았던 것, 제대로 된 승리를 거둔 적이 없었던 것이 유비를 구했다. 천하의 조조라도 유비를 판단할 데이터가 부족했기 때문이다. 허도에 유비를 아는 관료들이 제법 있었다면 조조는 정욱의 의견을 따랐을 것이다.

원술의 북진을 저지하라는 명분으로 유비를 서주에 파견한 조조는 자기 판단에 자신이 있었다. 이내 정욱과 곽가가 놀라 달려와 유비를 풀어주면 안 된다고 말하자 그제야 잘못되었음을 깨달았다. 조조는 즉시 추격군을 보냈지만 따라잡지 못했다. 여기서부터는 소설과 정사의 내용이 크게 달라진다. 실제로 유비는 원술을 격파하지 않았다. 원술은 북상을 시도하다가 서주 경계에 도달하기도 전에 병으로 죽었다. 그의 군대는 와해되었고 유가족은 손책에게 투항했다.

원술을 방어해야 하므로 유비는 처음에는 하비로 갔다. 주령은 원술군이 와해되자 귀환했다. 이것도 조조의 실수였다. 자유로워진 유비는 서주로 가서 차주를 살해했다. 서주는 방어에 유리하지 않으므로 유비는 소패로 갔고, 통치력을 갖춘 관우를 하비에 두었다. 순식간에 서주인들이 조조를 배반하고 유비에게 모였다. 유비는 수만의 병력을 모았고 원소와 동맹을 맺었다. 조조는 유대와 왕충王忠을 파견했지만 유비에게 패했다.

200년 1월, 원소는 이미 군을 움직이고 있었다. 유비는 안도의 숨을 내쉬었다. 원소와 조조가 격돌하는 동안 서주를 안정시킬 수 있기 때문이다. 그러나 조조는 조조였다. 원소의 대군이 다가오고 일생일대의 격전이 눈앞임에도 직접 서주로 출동해 유비를 치기로 한다. 그러다 원소가 공격해 오면 뒤가 끊긴다며 말리는 부하들에게 조조가 말했다.

"유비는 호걸이오. 지금 제거하지 않으면 반드시 훗날 근심이 될 것이오. 원소는 상황 판단이 느리니 틀림없이 군을 출동시키지 않을 것이오."

'제갈량 증후군'이라는 것이 있다. 앞으로 벌어질 일이나 적군의 동태를 앉은 자리에서 척척 꿰는 것이다. 사실 신의 영역처럼 보이는 예측은 충분히 가능하고 의외로 쉽다. 진짜 어려운 것은 실천이다. 전투가 끝난 후 보고서와 회의록을 뒤져 보면 상대의 전술과 공략법에 대한 정확한 진단을 제시한 경우가 대부분이다. 즉 예측이 틀려서가 아니라 정확한 선택과 실행을 하지 못해서 패배한다. 올바른 선택을 하지 못하는 이유는 용기다. 아무리 원소의 단점을 확신한다고 해도 그런 대군을 머리 위에 두고 누가 우회전해서 허리를 드러내고 적을 칠 수 있을까? 이는 판단과 신념의 문제가 아니라 용기와 실천력의 영역이다.

유비에겐 불행한 일이었지만, 이 순간 조조가 보여준 결단은 삼국지 전술사에서 최고로 빛나는 부분이다. 유비는 단숨에 수만의 군대를 모았지만 조조는 신속한 기동과 기습으로 일거에 적진을 돌파하는 전격전으로 맞섰다. 군대의 규모가 클수록 전격전에 취약하기 때문이다. 1월이 가기 전에 조조는 유비를 격파하고 서주를 파괴했다. 이후 서주는 단 한 번의 안정기도 맞이하지 못한다. 유비는 또다시 처자식을 남겨두고 원소에게 도주했다. 소설에서는 관우가 하비에서 유비의 가족을 보호하다가 투항한 것으로 되어 있지만 사실과 다르다. 조조가 하비를 포위하자 관우는 항복한다. 이렇게 조조가 서주를 평정하고 관도에 도착할 때까지 정말로 원소는 꼼짝도 하지 않았다.

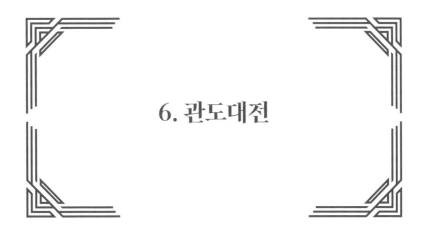

6. 관도대전

10만 대 1만의 대결

조조가 연주에서 여포, 장막과 싸우는 동안 원소는 공손찬과 데스매치를 벌이고 있었다. 원소와 조조의 숨 막히는 경주는 공교롭게도 비슷한 시기에 끝이 났다. 199년에 공손찬을 제거한 원소는 홀가분한 마음으로 조조를 제거하려 한다. 허도에 갇혀 있는 황제도 되찾을 것이다. 원소는 4개 주의 병력을 모두 끌어모아 조조를 향해 남하할 생각이었다. 그런데 200년, 모사 전풍田豊이 다급하게 원소를 찾아왔다. 전풍은 똑똑하나 자기 확신이 너무 강하고 공손하지 못하다. 그는 결전보다는 지구전을 하자고 건의했다. 이는 타당성 있는 전략이었다.

조조의 장수와 군대는 실전으로 다져져 있고, 기동전에 능하다. 재빠른 전술 운용은 장수와 병사의 능력치를 빠르게 향상시킨다. 더욱이 중국처럼 넓은 지역에서 전술과 기동력의 우위는 상당한 장점이 된다. 반면 원소의 군대는 덩치는 크지만 무겁고 느리며, 장수들의 경험치와 실전 경험도 떨어진다. 원소도 명확한 장점은 있다. 그는 조조보다 세 배나 넓은 영토를 차지하고 있다. 조조의 영토는 사방에 노출되어 있지만 원소는 오직 조조와 국경을 마주하는 방향으로만 나 있다. 북쪽과 동북쪽은 유목 기병 지대와 접하고 있다. 공손찬도 제거했겠다, 병주와 요서에서 조달한 선비와 흉노족 기병을 투입해 조조를 괴롭히면 조조는 쇠약해질 것이다. 조조가 원술과 유비를 제거했지만 아직 많은 적이 그를 둘러싸고 있다. 원소의 우위가 선명해지고 조조가 궁핍해지면 서쪽의 마등, 남쪽의 유표와 손책이 원소에 호응하거나 조조를 공격할 가능성이 높아진다.

전풍이 간절하게 건의했다.

"제 전략을 채택하면 2년도 못 되어 적을 이길 수 있습니다"

저수沮授도 전풍의 안에 동조했다. 원소는 평소에는 우유부단하고 잔걱정이 많다가도, 실수를 깨닫고 만회하려고 할 때는 욱해서 밀어붙이는 경향이 있다. 이번이 그런 경우였다. 조조를 제거할 천재일우의 기회를 놓친 것이 안타까운 그는 이번에는 절대 물러설 수 없다고 단단히 결심했다. 그리하여 계속해서 지구전을 주장하는 전풍을 가둬버렸다. 조조와의 일전을 앞두고 최고 모사를 제거한 것이다. 원소는 이렇게 생각했을 것이다.

'아무리 좋은 매라도 꿩을 잡지 않으려고 하는 매는 쓸데가 없다.'

소설은 원소가 관도대전에 동원한 병력을 70만 대군으로 묘사한다.

이 시대에 그러한 규모의 군대는 불가능하다. 정사에서는 정예가 10만에 기병이 1만이었다고 기록했다. 조조의 병력은 정확하지 않으나 순욱은 원소군의 10분의 1이었다고 말했다.

조조의 역회전과 관우의 전공

두 거인의 경계에 황하가 있다. 원소군이 조조의 땅으로 들어가려면 황하를 건너야 했다. 2월에 곽도郭圖, 안량顔良, 순우경淳于瓊이 황하를 건너는 주요 지점 중 하나인 백마진에 도착했다. 동군태수 유연劉延이 그들을 저지했지만 역부족인 듯했다. 하지만 이는 양동(적을 속이기 위하여 주된 공격 방향과는 다른 쪽에서 공격하는 것)이었다. 원소가 이끄는 본진은 백마에서 서쪽으로 10km쯤 떨어진 여양에서 강을 건너려 했다.

원소의 전술은 양동이면서 정공법이었다. 대군이 한길로 진군하는 법은 없다. 최소 두세 개의 길로 진군하며 서로를 엄호한다. 다만 병력이 비슷할 때 괜히 병력을 나눴다가 낭패를 볼 수도 있다. 반대로 병력이 크게 차이 날 때 약한 쪽이 병력을 나눴다가는 완전히 전투력을 상실할 수도 있다. 이런 위기 상황에서 조조는 대담하게 병력을 나눴다. 그는 직접 주력을 이끌고 황하를 따라 서쪽으로 달리기 시작했다. 이는 순유의 작전으로 원소의 대군이 황하 북쪽에 펼쳐져 있으니 서쪽에서 100km나 떨어진 연진에서 강을 건너 원소군의 측면을 찌르겠다는 의도였다.

깜짝 놀란 원소는 조조가 강을 건너는 것을 막기 위해 연진으로 부대를 보냈다. 원소군은 조조군의 10배나 되는 병력의 우위를 활용하지 못하고 조조군에게 전술적 주도권을 빼앗긴 채 끌려다녔다. 20세기를 지배한 전격전의 원리는 번개처럼 돌파하는 것이 아니다. 병력이 적은 군대가 과감한 공세와 기동으로 주도권을 장악하고, 병력을 집중해서 총병력이 아니라 전장에서 수의 우위를 창출하는 것이다.

조조의 유인작전에 걸린 원소는 한쪽 날개를 잃었다. 원소의 우익이 연진으로 달려가는 동안 조조는 방향을 바꿔 오던 길을 되돌아갔다. 선봉에는 유비의 동생 관우와 여포의 부하 장료를 내세웠다. 모두 서주에서 얻은 인재였다. 장료는 조조에게 진심으로 귀순했으나 관우는 어쩔 수 없이 협력하는 중이었다. 물론 조조에게는 기병전에 유능한 장수들이 있었지만 관유와 장료에게는 비범함이 있었다. 참새를 상대할 때는 매로도 충분하다. 그러나 조조는 독수리를 내세웠다. 문제는 이들 독수리가 완전히 신뢰할 수 있는 장수가 아니라는 것이다. 그럼에도 자신의 운명을 건 전투에 선봉으로 내세운 것은 조조가 인재를 등용할 때 무엇보다 능력을 중시한다는 것을 보여준다. 난세에 이보다 더 효과적인 메시지가 있을까?

관우와 장료가 백마 벌판에 도착하니 멀리 늘어선 원소군이 보였다. 안량은 조조군의 도착을 전혀 예측하지 못했거나 수비로 상대할 생각이었던 것 같다. 원소군은 전투력은 떨어지지만 병력과 군량, 지구력에서 앞섰다. 그러나 공세로 나갈 자신이 없었기에 진을 치고 버티기로 했다. 지구전에서는 원소군이 유리했기 때문이다.

안량은 형형색색의 깃발을 꽂은 수레에 앉아서 진형을 둘러보고 있었다. 그 광경을 바라보던 관우가 말을 달려 뛰쳐나갔다. 순식간에 관우는 원소군의 진을 돌파해 안량 앞에 바짝 다가붙었다. 그러고는 단숨에 창으로 안량을 찌르고 머리를 베어 진으로 돌아왔다. 주변에 원소군의 장수와 용사들이 잔뜩 있었지만 관우의 위용에 누구도 달려들지 못했다. 소설에서는 관우가 청룡언월도로 목을 벤 장수가 너무 많았다고 표현했다. 전투력에 자신 없던 원소군은 눈앞에서 수장을 잃자 사기가 크게 저하됐다. 이 전투가 있기 전부터 조조는 관우에게 매료되었는데, 이 사건으로 관우를 향한 마음이 더욱 커졌다.

조조는 원소군이 강을 건너는 것을 막지는 못했지만 첫 번째 싸움에서 꽤나 멋진 승리를 거뒀다. 순유의 기만, 유인전술, 관우의 뛰어난 활약 덕분이었다.

인해전술

원소는 안량의 죽음에 충격을 받았지만, 조조가 소수 정예로 움직이고 있다는 사실을 파악했다. 게다가 원소는 한족들이 두려워하고 부러워하는 초원 지대 출신의 유목민 기병대도 거느렸다. 원소는 즉시 정예부대를 파견해 조조를 습격했다. 추격 부대는 원소의 기병대장인 문추文醜와 유비로 기병만 5~6천 명이었다.

본진으로 후퇴하던 조조는 원소군이 다가오자 언덕 위에 진을 쳤다. 병사들은 들어왔지만 백마에서 따라오던 치중대(군수품을 실어 나르는 부대)가 뒤로 처졌다. 장수들은 치중대를 버리고 빨리 본진으로 돌아가자고 건의했다. 이번에도 순유가 반대했다.

"이것으로 적을 유인할 수 있는데 왜 도망칩니까."

조조군을 따라잡은 문추는 의기양양했다. 무방비 상태인 치중대가 눈앞에 있었다. 군수품을 탈취하면 자신에게는 부를, 적에게는 엄청난 타격을 준다. 상대의 목을 베면 적군 한 명이 줄어들지만 쌀 10가마를 실은 군량 수레 한 대를 탈취하면 적군 100명을 굶겨 전투 불능으로 만들 수 있다. 문추는 유비와 부대를 나눠 조조군 호송대를 앞뒤로 공략하려 했다. 이때 조조는 산 위에서 문추가 군량 수레를 향해 달려드는 장면을 지켜보았고, 조조의 기병들은 말에서 내린 채 적을 주시하고 있었다. 장수들은 적이 더 많이 집결하기 전에 치자고 말했지만, 조조는 거부했다. 이민족 기병부대는 우수한 전투력을 가졌으나 약탈할 기회만 주어지면 엉망이 되었다. 조조는 이를 노린 듯하다. 예상대로 문추군이 치중대를 덮치는 순간 기병의 대형은 무너지고 엉켰다. 조조군 기병은 600명밖에 되지 않았지만 기막힌 타이밍과 기습으로 문추를 살해하고 그의 기병을 대파했다. 소설에서도 이 장면을 실었으나 절묘하게 내용을 추가했다.

조조의 기습이 성공하자 문추는 말을 돌려 달아났다. 장료와 서황徐晃이 문추를 추격했다. 도망치던 문추는 장료를 향해 활을 쐈다. 장료의 말이 화살에 맞아 쓰러지자 장료가 땅에 떨어졌다. 문추가 장료를 죽이려고 달려왔다. 이때 서황이 도끼를 휘두르며 문추를 막았다. 그러나 문추의 병사들이 몰려오는 바람에 서황도 후퇴해야 했다. 이때 관우가 겨우 5~6명의 기병을 거느리고 등장한다. 문추는 관우와 싸웠지만 3~4합을 겨누고는 겁을 먹고 달아났다. 관우는 말을 달려 문추의 뒷목을 베어 쓰러트렸다. 조조는 관우가 문추를 쓰러트리는 광경을 보고 전군을 몰고 나가 대승을 거두었다. 이때 유비는 3만의 병사를 거느리고 후군에 있었는데, 적의 탐색병인 척후가 달려와 얼굴이 붉고 수염이 긴 장수(관우)가 문추를 베었다고 알려주었다는 것이 소설의 내용이다.

이렇게 원소는 황하를 건너자마자 안량과 문추를 잃었다. 엄청난 충격이었지만 전쟁에 나선 이상 승부를 보겠다고 각오를 다졌다. 조조는 황하에서 남쪽으로 20km 정도 떨어진 평야지대인 관도로 물러났다. 원소는 황하를 건너서 동서로 약 12km 떨어진 모래언덕에 장사진을 치고 조금씩 밀고 내려오면서 조조를 압박했다. 소설의 과장과 달리 조조의 병력은 1만 명이 되지 못했다. 거기다가 열 명 중 두세 명은 부상을 입어 타격이 컸다. 이런 대규모 전장은 곳곳에서 전투가 벌어진다. 조조는 자신이 이긴 전투만 기록했고 불리한 장면은 최소한만 남겼다. 덕분에 조조가 전장을 완전히 지배하는 듯 보이지만, 사실은 그의 패배도 적지 않았다. 결과적으로 조조군은 원소군의 끈질긴 공세에 후퇴해서 관도로 밀려난 셈이었다.

원소군은 지하도를 파고 흙산을 쌓으며 조조군 진영을 압박했다. 조조군도 같이 토산을 쌓아 대응했다. 버티고는 있지만 원소군을 무찌를 방법이 떠오르지 않았다. 원소군의 화살 세례에 진영 안에서도 방패로 몸을 가리고 걸어야 할 정도였고 군량마저 부족했다. 천하의 조조도 전투의 주도권을 빼앗기자 심지가 약해졌다. 그는 군수를 담당한 순욱에게 군량 사정이 최악이라 허도로 후퇴하려고 한다는 편지를 보냈다. 이는 정말 후퇴하겠다는 것이 아니라 상황이 급하니 좋은 방법을 찾아낼 것을 강요하는 것이었다. 그러자 이제 겨우 30대 초반이었던 순욱이 조조에게 당돌한 답장을 보냈다.

"이 전투는 천하의 운명을 건 결전입니다. 상대를 제압하지 못하면 죽음뿐입니다. 주공이 방법을 찾아내십시오. 원소는 어리석습니다(이는 조조가 한 말이었다). 지혜로운 주공이 어찌 이기지 못하겠습니까?"

답장을 읽은 조조는 순욱의 의견을 겸허하게 받아들였다. 원소도 상황이 좋지는 않았다. 전황은 우세했지만 조조에게 결정타를 날리지 못하고 있었다. 이때 원소에게 두 번째 기회가 찾아왔다. 허도 동남쪽에 있던 여남에서 유벽劉辟이 조조를 배신하고 원소에게 붙은 것이다. 유벽은 군을 움직여 허도 근처까지 진격했다. 이 소식을 들은 원소는 유벽을 돕기 위해 유비를 파견했다. 관우도 조조에게서 도망쳐 유비에게 합류한 상태였다. 관우는 조조가 관도로 후퇴할 때 어수선한 틈을 타 조조군 진영에서 탈출했다. 조조는 안량을 죽인 관우가 이제 빚을 갚았다며 떠날 것을 우려해 선물 공세를 펼쳤다. 하지만 관우는 선물을 모두 돌려보내고 떠난다는 편지를 남기고 유유히 사라졌다. 이 소식을 들은 조조는 관우를 추격하지 말라는 명령을 내렸다.

그리고 이제 관우를 둘러싼 최고의 전설이 시작된다. 유비가 원소 진영에 있다는 소식을 들은 관우는 조조에게 억류되었던 두 형수를 마차에 태우고 유비를 찾아 떠난다. 그 여정에서 많은 일이 발생한다. 황건적 잔당으로 훗날 촉나라의 기둥이 되는 요화廖化와 평생 관우를 따르는 주창周倉을 만난다. 또한 5개의 관문을 돌파하면서 공수龔逐, 맹탄孟坦, 한복, 변희卞喜, 왕식王植, 진기秦琪 등 6명의 장수의 목을 벤다. 이후에 망탕산 산채에 있던 장비를 만난다. 관우는 조조에게 투항했다는 장비의 의심을 풀기 위해 장비가 북 세 번을 치기 전에 자신을 뒤쫓아 온 조조의 장수 채양蔡陽의 목을 벤다.

관우의 5관 돌파는 오랫동안 회자된 이야기이자 삼국지에서 가장 인기 있는 인물인 관우를 상징하는 이야기가 되었다. 하지만 안타깝게도 지어낸 이야기다. 관도대전의 지도를 보면 원소와 조조 진영 사이에는 5개의 관문이 들어갈 만한 충분한 거리가 없다. 따라서 작가는 관우의 출발지를 허도로 바꾸었다. 조조가 관우를 추격하지 말라고 한 이야기가 사실이라면 이미 관우가 원소 진영에 도달했기 때문일 것이다. 실용주의를 추구한 조조는 추격해 봤자 소용없다면 인재를 아낀다는 명성이라도 얻는 게 낫다고 판단했을 것이다. 관우가 미부인과 감부인을 탈출시켜 함께 움직였다는 것도 사실이 아니다. 이때 관우는 유비의 가족을 데려가지 않았다. 경로를 알 수는 없지만 감부인은 훗날 유비와 재회해 천수를 누렸으며 미부인은 조조의 포로가 된 이후로 종적이 묘연하다.

관우의 합류로 유비 형제는 다시 완전체가 되었다. 유비는 유벽과 협조하여 허도 주변의 현들을 성공적으로 공략했다. 조조로서는 등골이 쭈뼛한 위기였다. 하지만 관도에서 몇 배수의 원소군과 대치 중인 조조는 허도로 보낼 구원 병력이 없었다. 이때 서주 공방전에서 맹활약한 조인이 유비를 해결하겠다고 나섰다. 소수 정예로 적을 헤집고 중심을 파괴하는 전술을 애용한 조인은 유비가 원소가 꾸려준 병력을 제대로 통솔하지 못할 것이라 예측했다. 이런 군대는 중심을 파괴하면 무너진다. 예상대로 조인의 기병이 돌진하자 유비는 패해 도주했다. 조인은 즉시 군사를 돌려 유벽까지 격파하고 원소 편에 섰던 현들을 되찾았다.

소설에서는 유비와 유벽, 공도襲都의 허도 공략을 나중에 일어난 일로 배치했다. 관도대전 후 원소가 사망하고 조조가 원소의 아들들을 공격할 때 벌어진 사건으로 묘사한 것이다. 또한 유비와 유벽이 조인에게 패한 것이 아니라 조조가 대군을 이끌고 회군해서 유비를 격파하는 것으로 묘사했다. 덕분에 전투는 장엄해졌다. 조운과 허저許褚가 30합을 겨루는 명승부를 펼친다. 그 사이 하후돈이 우회하여 유벽이 지키던 여남을 함락한다. 공도는 식량을 운송하다가 조조군에게 피격된다. 유비에게는 관우, 장비, 조운이 있지만 유벽과 공도는 너무 약했고 조조군에게는 무수한 장수들이 있었다. 사방에서 몰려오는 적을 맞아 관우와 장비가 분투했지만 유벽과 공도는 전사하고 각개격파를 당한다. 유비는 위기에 처하지만 유비 곁으로 달려온 아우들의 맹활약으로 간신히 사선을 뚫고 형주로 망명한다.

소설은 실제 역사적 사건을 빠지지 않고 소재로 사용하면서도 절묘한 밸런스와 설정을 유지하며 이야기를 만들어 넣었다. 섬세하고 교묘하게 내용과 순서를 조작한 것은 역사 왜곡이라고 할 수 있지만 문학적 재능에는 감탄하지 않을 수가 없다.

불타는 오소

허도 공격에 실패한 유비는 다시 원소에게 돌아갔다. 유비는 이전에 도겸에 가담하면서 원소를 배신한 적이 있다. 그럼에도 원소는 유독 유비에게 너그러웠다. 관우가 안량을 죽였고, 문추의 패전과 전사에는 유비도 책임이 있다. 조조를 관도에 묶어두고 빈 허도를 공략해 황제를 구출한다는 너무나 멋진 그림마저도 실패했다. 이런 연속된 실패에도 불구하고 원소는 유비를 계속 우대했다. 원소의 참을성도 대단하지만 계속해서 유비를 따르는 부하들도 신기하다. 소설의 작가도 독자들의 이런 의구심을 의식했는지 한 장면을 넣었다. 허도 공략에 실패하고 유벽마저 유비를 구하려다가 전사하자 유비가 주저앉아 부하들에게 사과하는 내용이다.

"그대들은 모두 다른 주인을 만나면 중용될 인재들이다. 나같이 무능한 사람을 따라다니며 고생하지 말고 이제 각자의 길로 떠나라."

그러자 관우가 무슨 소리를 하느냐며 반박하고, 감동적인 장면이 이어지다가 손건이 아이디어를 낸다.

"형주의 유표에게로 갑시다. 그는 주군과 친척이니 박정하게 대하지 않을 겁니다. 제가 가서 주선을 하겠습니다."

이렇게 해서 유비는 형주로 가게 되는데 사실은 다르다. 원소는 도망 온 유비를 또 용서했다. 유비도 미안했는지 아니면 더 이상 버티기 힘들다고 생각했는지 계책을 하나 내놓았다. 조조의 남쪽에 있는 형주의 유표를 끌어들이자는 것이다. 형주도 10만 대군을 모을 능력이 있기에 유표의 대군이 북상하면 조조는 사실상 대책이 없었다. 복잡한 계략과 간접 접근 방식을 좋아하는 원소는 훌륭한 방안이라며 유비에게 그 임무를 맡겼다. 그러나 유비에게 몇 차례 당한 전력이 있어 이번에는 병력을 조금만 주었던 것 같다. 유비는 다시 여남으로 가서 유벽의 잔존 세력을 흡수하면서 수천 명의 병력을 모았다. 그러나 이때쯤 유비는 이미 원소에게서 마음이 떠난 듯하다. 유비는 조조와의 승부에서 원소가 당해

내지 못하겠다고 느끼기 시작했던 것 같다. 유비가 원소와 지내면서 순욱도 알고 곽가도 알았던 원소의 단점을 파악하지 못했을 리가 없다.

유비가 원소를 포기하고 떨어져 나가려 하는 동안 조조의 상태도 좋지는 않았다. 관도에서는 지리한 대치 상태가 두 달이나 이어졌다. 순욱의 질책에도 불구하고 조조는 뾰족한 수가 떠오르지 않았다. 그러나 대치가 길어지면서 한 가지 사실이 점점 명확해졌다. 군량이 승부의 열쇠였다. 군량이 먼저 고갈되는 자가 패배한다. 조조의 군량 상황이 더 안 좋았지만 원소도 부담이 컸다. 10월에 원소는 전선에서 16km 정도 떨어진 오소에 군량보급소를 설치했다. 군량은 운반 과정에서도 상당량이 소모된다. 전선에 가까우면 위험할 수 있지만 군량 소비를 줄일 수 있다.

원소의 모사 허유許攸는 재물을 밝혔고 다른 사람들이 다 알 정도로 심배審配와 사이가 좋지 않았다. 심배가 그의 부정을 고발하자 허유는 10월에 조조에게 귀순했다. 그는 오소를 공격할 것을 제안한다. 모두 함정이 아닐까 의심했지만 순유와 가후가 지지했다. 조조는 직접 군의 절반인 5천 명을 이끌고 원소군의 눈을 피해 야간에 오소로 이동했다. 오소에는 순우경이 1만의 병력으로 방어하고 있었다. 밤새 이동한 조조는 날이 새자 바로 순우경을 공격했다. 순우경은 조조군의 병력이 적은 것을 보고 싸우다가 패배하고 군영으로 후퇴했다. 이때 원소의 명장 장합張郃은 조조의 오소 공격을 예측하고 있었다. 군량보급소는 조조군을 유인할 훌륭한 미끼였기 때문이다.

그러나 원소는 습격에 대응할 방법조차 마련해 두지 않았다. 장합은 순우경이 정예 병사를 끌고 온 조조를 버티지 못할 것이라 예측했다.

따라서 곧장 오소로 달려가 조조를 격파해야 한다고 주장했다. 이는 자신을 보내 달라는 뜻이었다. 이때 모사 곽도가 "지금 조조의 군영이 비었을 테니 차라리 조조의 본영을 치자"고 제안했다. 대담해 보이지만 현실성 없는 생각이었다.

예를 들어보자. 항공모함을 침몰시키면 모함을 잃은 함재기(항공모함에 싣고 다니는 항공기)는 갈 곳이 없어 모두 바다에 추락한다. 곽도의 주장은 함재기는 놔두고 항모를 공격하자는 것과 같다. 그런데 적의 함재기를 방치했다가 우리 항모가 격침된다면 어떻게 될까? 이런 작전은 아군의 항공 전력이 열세여서 적의 항모를 노릴 수밖에 없는 상황이라면 승부수로 던질 수도 있다. 하지만 우리의 항공 전력이 충분해서 적의 항공기를 전멸시킬 수 있다면, 더욱이 그 항공기에 적의 총사령관이 타고 있다면 어떠할까. 굳이 함재기를 분산하지 않고 전력으로 적의 항공기를 전멸시키면 우리 항모는 무사하고, 항공기를 잃은 적의 항모는 무방비상태가 된다. 그러면 2차 공격으로 항모도 섬멸할 수 있다. 그런데 원소는 빈집 털이라는 유혹에 넘어간 것이다.

곽도는 조조군의 본영을 공격하면 조조가 물러날 것이라고 주장했다. 이는 정사《삼국지》의 장합전에 있는 기록인데, 〈무제기〉에 의하면 원소의 생각이었다고 한다. 아무리 전투에 자신 없다고 해도 긴박한 승부의 순간에 이런 말에 넘어갔다는 사실이 신기할 뿐이다. 게다가 원소는 한술 더 뜬다. 내심 오소가 불안했던 원소는 빠른 경기병을 오소로 보내고, 조조의 본영을 반드시 파괴하라는 의미로 장합과 고람高覽에게 중기병을 주었다.

조조는 오소를 공격하면서도 만약을 대비해 척후(적의 형편이나 지형

따위를 정찰하고 탐색하는 임무를 맡은 병사)를 확실히 깔아 두었다. 척후대가 조조군의 배후로 달려오는 원소의 구원부대를 발견했다. 누군가가 병력을 나눠 그들을 막자고 건의하자 조조는 화를 내며 소리쳤다.

"적이 우리 등 뒤에 도착하면 그때 다시 보고하라."

뒤에서 습격당하면 전투를 포기하고 달아나리라고 믿었던 원소와 곽도의 예측은 보기 좋게 빗나갔다. 앞에는 병력이 두 배인 적의 진지를 두고, 뒤에는 적의 구원부대를 두고 싸울 수 있는 지휘관은 많지 않다. 그러나 조조는 그럴 수 있는 사람이었다. 장합이라면 중기병을 이끌고 조조의 진으로 돌진했을 것이다. 조조군을 완전히 무찌르지는 못해도 병력을 무너뜨릴 수는 있기 때문이다. 하지만 오소에 온 경기병들이 할 수 있는 것이라고는 소란 떠는 게 전부였다. 그것으로는 조조를 함락할 수 없었다. 원소와 곽도는 오랜 시간 조조와 라이벌로 지내왔으면서도 그를 알지 못했다. 적을 알지 못하는 자는 그와 싸울 자격이 없다.

조조는 등 뒤에 적을 두고 결사적으로 오소의 진영을 공격했다. 구원군이 도달하기 전에 순우경의 진영이 함락되고 병사들은 모조리 도살당했다. 순우경을 죽인 장수는 빠르고 날랜 기병대장 악진樂進이었다. 장합과 고람은 중기병을 거느린 탓에 이때까지 조조의 본영에 도달하지도 못했다. 중도에 오소가 함락되었다는 소식을 듣자 장합은 조조에게 투항했다. 달아날 기회가 없어서가 아니라 실망 끝에 편을 바꾸었던 것 같다.

이 전투로 관도대전은 끝났다. 원소는 엄청난 손실을 입고 도주했다. 귀환한 원소는 감옥에 있던 전풍을 끌어내 살해했다. 이해하기 힘들지만 아마도 원소는 자신이 전풍의 책략을 듣지 않아서 실패했다는 말이

돌지 않기를 바랐던 것이다. 전풍과 함께 지구전을 주장했던 저수는 조조군에게 잡혔다. 조조는 그를 설득했지만 귀순을 거부하고 조조에게 살해당했다. 원소는 재기불능의 타격을 입었을 뿐 아니라 가장 뛰어난 전략가를 모두 잃었다. 마지막으로 원소 자신도 패전의 충격을 이겨내지 못하고 202년에 사망한다.

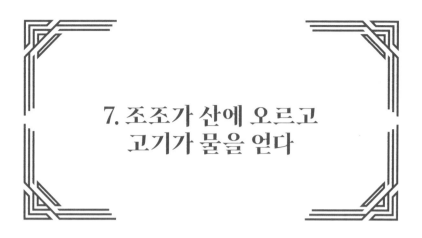

7. 조조가 산에 오르고
고기가 물을 얻다

죽은 자가 들판을 덮었다

관도대전 후 원소는 앓아누웠고 원소의 세 아들은 내분에 휩싸였다. 조조는 이 틈을 놓치지 않고 하북으로 출정했다. 유비가 형주에 있는 동안 조조는 북진해서 원소의 땅을 정복하고 오환족을 추격해 백랑산을 거쳐 요서의 조양까지 진격했다. 유비는 유표에게 이 틈에 허도를 치자고 말했지만 유표는 듣지 않았다. 당시 조조가 오환족의 땅까지 진격할 필요가 없다고 생각하는 사람이 많았다. 그들은 유비가 반드시 유표를 부추겨 형주를 칠 것이라고 말하며 조조의 전진을 저지하려고 했다. 이때 곽가만이 오환 공격을 지지했다. 원상袁尙이 살아 있는데 우리가 후퇴하면 오환족이 반드시 원상과 결합해 중원을 침공한다는 것이다.

그들이 야심을 품고 전력을 모으면 감당하기 힘드니 지금 오환을 쳐서 중원에 대한 미련을 끊어야 한다고 주장했다.

여기서 흥미로운 내용이 이민족에 대한 경계심이다. 조조와 원소의 대결로 하북성 지역은 피폐할 대로 피폐해졌다. 오환족이 침공해서 점점 자신감을 가지다 보면 중원을 정복하려는 생각이 들 수도 있다. 그렇게 되면 청주, 기주까지는 가볍게 빼앗길 것이다. 곽가는 5호 16국 시대의 도래를 예측하였다. 형주의 유표는 걱정할 필요 없었다. 유표는 자신의 역량이 유비보다 못하다는 것을 알고 있었고, 유비에게 중임을 맡기면 제어할 수 없을까 두려워했다. 유비에게 직책을 주고 지원하지 않으면 유비는 아무것도 할 수 없었다.

조조는 곽가의 말을 믿고 요서로 깊숙이 진격했다. 곽가는 조조를 수행하면서 또다시 놀라운 제안을 한다. 치중대를 끌고 느리게 움직이는 중원의 군대로는 오환족을 붙들 수 없으니 군량을 후방에 쌓아두고 경기병으로 적진을 치자는 것이다. 기병 전술에 자신 있는 오환족은 조조군이 이런 전술을 사용하리라고는 생각도 못 하고 방심하고 있을 터였다. 조조는 곽가의 전술대로 대담하게 오환을 습격했다. 그런데 이 전술에는 약점이 있었다. 선비족 기병이 활약하는 땅에서 그들에게 들키지 않고 접근하기가 불가능하다는 것이었다.

오환의 선우(우두머리) 답돈踏頓의 본거지는 유성이었다. 조조군은 유성을 40km가량 앞두고 오환족에게 적발되었다. 원상과 답돈은 병력을 총동원해 조조를 요격했다. 조조는 진군을 멈추고 선불리 움직이지 말라는 명령을 내린 뒤 고지에 올라 적의 동태를 살폈다. 아마도 원상군과 오환군은 연합군인데다가 오환군은 여러 부족의 병력이 모인 탓에 전술적 협력이 잘 안되었을 것이다. 인해전술은 중원 군대의 특징이고 기동과 종심 돌파로 승부를 거는 것은 유목 기병의 장기다. 그런데 이날의 전투는 입장이 바뀌었다.

'병주 출신 장료가 선봉에 서서 기병으로 유목 기병을 섬멸했다.'

'조조는 적의 움직임을 세심하게 관찰한 끝에 적을 공격해 오환전에서 승리했다.'

'원소의 아들 원상과 원희袁熙는 요동으로 달아났지만 답돈과 명왕을 모두 살해했다.'

'죽은 자가 들판을 덮었다.'

이런 기록으로 볼 때, 조조는 원상군은 무시하고 답돈의 진영을 집중 공격해 승리한 듯하다. 중국 전쟁사에서 선우를 살해한 것은 보기 드문 승리다. 조조는 날이 갈수록 진보하는 곽가의 능력에 탄복했다. 지금껏 곽가는 정세 분석에 탁월한 능력을 보였고, 요서 전역에서는 최고 수준의 전술 역량까지 선보였다. 그러나 요서에서 돌아온 곽가는 병에 걸려 38세의 젊은 나이에 사망했다. 훗날 조조는 적벽대전에서 패한 뒤 곽가가 살아 있었다면 이런 패전을 겪지는 않았을 것이라고 탄식했다.

유표는 유비를 신야로 보냈다. 신야는 원술의 근거지였던 남양에서 양양으로 가는 길 중간으로 형주를 방어하는 최전선이다. 현 서쪽에 남북으로 길게 하천이 흐르지만 나머지 삼면은 완전한 개활지다. 신야에서 유비의 명성이 올라가고 사람들이 모여들자 곽가의 예상대로 유표는 더더욱 유비를 경계하게 되었다. 소설에서는 그럼에도 유표가 유비에게 꽤나 의지하는 모습을 보여준다. 게다가 유표가 사별한 첫 번째 아내와의 사이에서 낳은 아들 중 둘째인 유종劉琮을 두 번째 아내인 채부인의 아들로 둔갑시켜 전처소생과 후처 소생의 갈등 구조를 만들어 넣었다. 소설 속 채부인은 유표를 꼼짝 못하게 다뤘다. 유비가 유표를 만날 때면 커튼 뒤에 숨어서 대화를 엿듣기도 했다. 특히 유비가 유표에게 맏아들이자 첫째 부인의 아들인 유기劉琦를 세워야 명분에 맞는다고 하자 채부인은 분노한다.

채부인의 동생 채모蔡瑁는 괴월蒯越과 함께 유비를 제거할 음모를 꾸미고 유비를 양양에 초대해 연회를 열었다. 만일의 사태를 대비해 유비를 보좌하는 조운이 병사 300명을 거느리고 왔다. 조운은 연회가 계속되는 동안 유비의 뒤에서 꼼짝도 하지 않았다. 유비는 유기와 유종이 모두 연회에 참석한 것을 보고 긴장을 풀었다. 형주의 장군 문빙文聘과 왕위王威는 조운에게 함께 술을 마시자고 권했고 조운은 이를 거절한다. 그러자 유비가 좀 쉬면서 어울리라고 말했다.

이제 유비를 습격할 만반의 준비가 끝났다. 이때 형주의 관리였으나 유비에게 마음을 준 이적伊籍이 유비 살해 음모를 알려주며 서문에만 경계병이 없으니 그쪽으로 달아나라고 말한다. 유비는 즉시 적로를 타고 내달렸다. 이적의 말대로 서문에는 경비가 없었다. 하지만 그 앞에는 급류가 흐르고 있었다. 그사이 유비가 빠져나간 것을 눈치챈 채모는 병사 500명을 거느리고 추격해 왔다. 유비는 하는 수 없이 급류에 뛰어들었다. 그러자 적로가 몸을 솟구치더니 단숨에 내달려 건너편 기슭에 도착했다.

추격군을 따돌린 유비는 길을 잃고 헤매던 중 수경선생 사마휘司馬徽를 만난다. 유비가 자신의 기구한 운명을 한탄하자 사마휘는 유비의 잘못이 아니라 마땅한 사람을 얻지 못했기 때문이라고 조언한다. 유비는 자기 휘하에 문관으로는 손건孫乾, 미축, 간옹簡雍이 있고 무장으로는 관우, 장비, 조운이 있다고 대답했다.

"관우, 장비, 조운은 1만 명을 대적할 장수이지만 그들을 훌륭하게 부릴 인물이 없습니다. 와룡(복룡)과 봉추 둘 중에 한 사람만 얻어도 천하를 평정할 수 있을 것을…"

유비는 사마휘에게 와룡과 봉추가 누구냐고 물었지만 가르쳐 주지 않았다. 신야로 돌아온 유비는 거리에서 서서徐庶를 만나 군사로 삼았다.

유비, 와룡을 만나다

한편 기주 정복을 마치고 허도로 돌아온 조조는 눈엣가시가 된 유비를 제거하기 위해 조인과 이전李典을 번성에 파견했다. 조인은 2만 5천 명의 병사를 이끌고 신야를 공격하기 위해 출진했다. 유비는 서서의 도움을 받아 조인이 세운 복잡하고 거대한 팔문금쇄의 진을 격파하고 조인을 몰락시켰다. 유비의 갑작스러운 성장이 서서의 도움 덕분임을 알게 된 조조는 그의 모친의 필적을 위조해 그를 허도로 불러들였다. 서서는 유비를 떠나면서 사마휘가 말한 와룡이 제갈량이라고 알려준다. 유비는 제갈량의 초막에 세 번이나 찾아가는 삼고초려 후에 그를 책사로 맞이한다.

삼국지에서 극적인 전환을 이루는 이 부분은 송나라의 역사가 배송지裴松之의 영향을 많이 받았다. 적로, 사마휘가 유비에게 와룡과 봉추를 추천하는 내용은 배송지가 수집한 이야기다. 실제로 유비에게는 적로가 없었지만, 유표의 부하였던 이적이 유비에게 넘어온 것은 사실이다. 삼고초려는 제갈량이 〈출사표〉에 직접 언급한 일화니 사실이 분명하다. 다만 삼고초려가 있었다는 것뿐 과정은 전혀 알려지지 않았다. 소설은 유비가 제갈량을 방문한 내용을 감동적으로 채워 넣었다. 사실 삼고초려는 서서의 아이디어였다. 서서는 제갈량의 친구이자 그의 재능을 알아본 몇 안 되는 인물이었다.

서서가 어떻게 유비의 부하가 되었는지는 알 수 없지만 신야에 있을 때 유비를 만났고, 그에게 제갈량을 추천했다. 유비는 서서에게 제갈량을 설득해 달라고 부탁했다. 그러자 서서는 그 친구는 억지로 오게 할 수 없으며, 유비가 몸을 굽혀 직접 찾아가야 한다고 말해주었다. 서서가 조조의 간계에 속아 유비를 떠나는 이야기 또한 소설에서 각색한 것이다. 서서는 제갈량 등용 후에도 유비 밑에 있었다. 이후 조조의 형주 침공으로 유비가 도주할 때 서서의 어머니가 피난민 속에 있다가 조조군에게 잡혔다. 그 소식을 들은 서서는 유비에게 작별을 고하고 조조에게 간다. 서서는 유비를 떠날 때 이런 말을 남긴다.

"노모는 사로잡혀 마음은 혼란스럽고, 당신에게 도움이 못 되니 여기서 헤어지기를 청합니다."

서서는 유비의 대우에 서운했거나 유비가 패업을 이룰 능력이 안 된다고 판단했던 것 같다. 나관중은 소설을 쓰면서 현자가 유비를 버리고 악당 조조에게 간다는 것을 용납할 수 없으므로 조조에게 사악한 계략을 불어 넣었다.

잠깐 등장한 신비의 인물 사마휘는 정사 《삼국지》의 〈촉서〉 방통전에 기록이 남아 있다. 그는 영천에 살았고 사람 감별을 잘한다는 명성이 있었다. 방통龐統이 찾아왔을 때도 소설의 분위기처럼 은거하면서 격식에 얽매이지 않고 자유롭게 대화를 나누었다고 한다.

서서가 떠나기 전 조인의 팔문금쇄진을 파괴하는 전투는 조인의 여남 전투에 대한 나관중의 복수다. 이 전투는 존재하지도 않았고, 조인의 전투 스타일도 아니다. 하지만 소설에서는 이 전투부터 서서와 제갈량의 역할이 정해진다. 유비에겐 초특급 하드웨어가 있었지만 소프트웨어가 부족했다. 이때 신출귀몰한 계략을 지닌 제갈량과 방통이 가세하면서 유비군의 전투력이 엄청나게 상승한다. 게다가 유비에게 제갈량은 책략 주머니뿐 아니라 국가 운영에 거시적 계획을 제시하고 통치와 행정의 중심을 잡아 주는 존재였다. 제갈량은 유비의 사람이 되자마자 '천하삼분지계'로 알려진 전략을 제시하고 유비에게 촉과 형주를 차지해야 한다고 진언한다.

8. 적벽대전

백성을 근본으로 삼은 영웅

207년에 오환 정벌을 마무리하고 귀환한 조조는 이듬해에 적벽을 향한 진군을 시작했다. 정월이 되자 조조는 기주의 업성에 현무지라는 커다란 호수를 파고, 이곳에서 수전 훈련을 했다. 북방지역에서 수전 훈련을 한다는 것은 선뜻 이해하기 힘들다. 허나 이는 조조의 실천력을 보여주는 것이다. 북방 군대를 무조건 남쪽으로 데려가면 병사들은 동요하고 사기는 떨어진다. 양자강까지 가려면 황하를 비롯해 여러 하천을 건너야 한다. 하지만 미리 수륙양용군으로 조련하면 이동 중에도 단련을 계속할 수 있다. 형주에서는 먼 북쪽의 훈련을 눈치채지 못했다. 양쯔강 근처에 와서 적응 훈련을 할 것이라고 짐작했을 것이다.

7월에 드디어 조조가 형주를 향해 진격을 시작했다. 번개 같은 공격이었다. 형주군은 조조군의 내습에 전혀 대비하지 못했다. 조조군이 양양에서 불과 100km 북쪽으로 떨어진 남양의 완성에 도착했을 때 겨우 탐지했을 정도다. 양양에서 양쯔강을 건너면 바로 번성이니 동원령을 내리고 전쟁을 준비할 시간이 없었다. 유비는 신야를 포기한 뒤 번성에 주둔 중이었는데, 조조를 잘 알고 제갈량도 옆에 둔 그조차 조조의 침공을 예측하지 못했다.

소설에서는 유표가 첫째 부인의 아들 유기에게 형주를 넘기려고 했으나 채모와 장윤이 유언장을 위조해 채부인의 아들 유종에게 넘어가는 것으로 내용이 이어진다. 유종은 싸울 마음이 있었지만 채모, 괴월蒯越, 부손傅巽, 왕찬王粲 등이 모두 항복을 권한다. 왕찬은 유종에게 "장군과 조조를 비교하면 누가 더 우월하다고 생각하십니까?"라고 물었다. 14세(소설의 설정)밖에 되지 않은 소년이 "내가 조조보다 뛰어나다"라고 대답할 리 없다. 결국 유종은 조조에게 항복했다. 이때 유비가 신야에서 유종의 항서를 가로챘고, 내용을 확인한 제갈량이 계책을 낸다.

"모든 걸 모른 척하고 유표를 조문한다는 핑계로 양양으로 가세요. 그리고 유종이 문안하러 나오면 생포하고 형주를 차지하십시오."

이 말을 들은 유비가 울면서 대답했다.

"돌아가신 형님(유표)께서 두 아들을 내게 부탁하셨는데, 내가 그런 일을 저지르면 지하에 계신 형님을 무슨 낯으로 뵙겠소."

결국 제갈량은 계략을 써서 조조의 선발대를 격파한다. 그 사이에 유비는 백성을 이끌고 피난길에 올랐다. 양양에 도착하자 채모와 장윤은 성문을 닫아걸고 유비에게 활을 쏘았다. 형주의 장수 위연魏延이 채모의 행동에 분노했다. 그는 수문장을 죽이고 양양성의 성문을 열었다. 유비의 입성을 엄호하기 위해 위연이 문빙과 사투를 벌이는데, 유비가 입성을 거부했다.

"나로 인하여 백성들이 서로 죽고 죽이게 할 수 없소"

이에 제갈량은 유비에게 강릉행을 권한다. 그러자 양양 백성까지 유비를 따라나섰다. 피난민 숫자만 10만 명이 넘었고, 수천 대의 수레가 움직였다. 조조가 빠르게 추격해 오자 장수들은 피난민을 버리고 빠져나가야 한다고 재촉했다. 이때 유비가 역사에 길이 남을 감동적인 발언을 한다.

"큰일을 하는 사람은 반드시 백성을 근본으로 삼아야 하오. 나를 따르는 사람들을 어찌 버릴 수 있겠소."

한편 양양에 입성한 조조는 유종을 청주자사로 임명한다. 유종은 형주에서 살게 해달라고 말했지만 조조는 거부했다. 유종과 그의 어머니 채부인이 청주로 출발하자 조조는 우금을 보내 두 사람을 살해한다.

세세한 부분은 다르지만 유비가 유종을 제거하고 양양을 차지하라는 제안을 거절한 일, 10만 명의 피난민이 따라올 때 그들을 버리자는 제안을 거절한 일은 모두 사실이다. 주자학의 창시자 주희朱熹를 비롯해 정사 《삼국지》를 읽던 송나라의 유학자들은 이 대목에서 감동받았다. 이렇게까지 백성을 사랑한 지도자가 있었던가? 헌법이 보장하는 민주주의 시대에도 백성이 주인인지 소모품인지 회의가 들 때가 한두 번이 아니다. 그러니 이 감동이 얼마나 대단했을까. 그리하여 주희와 유학자들은 결심했다. 유비의 승리를 역사의 승리로, 유비를 역사의 주인공으로 만들기로 말이다. 유비는 소설 《삼국지연의》의 주인공이 되기 훨씬

적벽대전과 형주의 주요 군현

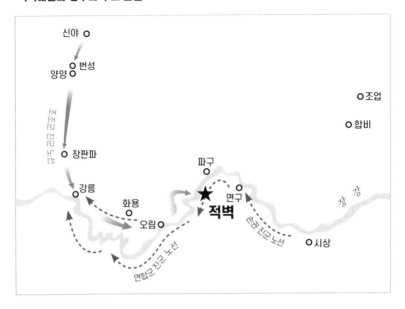

전부터 송나라 유학자들에 의해 삼국지의 주인공으로 간택 받았다.

이 과정까지 정사의 기록은 소설과 미묘하게 다른데 한 가지 큰 차이가 있다. 유비는 신야가 아닌 양양에서 강 하나만 건너면 되는 번성에 있었다. 허겁지겁 양양으로 건너왔을 때 그곳은 혼돈 그 자체였다. 유종은 이제 막 형주를 상속했고 유기는 반란을 생각하고 있었다. 게다가 조조군이 너무 일찍 도착해 전쟁 준비도 되어 있지 않았다. 가장 가까운 부대는 유비군이었다. 유종은 유비에게 의지해 조조군에 대항할지, 아니면 조조에게 항복해야 할지 결정하지 못했다. 그때 부손이 조조에게 항복하자며 유종을 설득했다. 하지만 정사에서 부손이 비유한 것은 조조가 아닌 유비였다.

"만약 유비가 조조를 능히 막아낼 수 없다면 형주는 어차피 스스로

존속할 수가 없고, 만약 유비가 조조를 능히 막아낼 수 있다면 장군께서는 유비를 복종시킬 수가 없습니다. 바라옵건대 더 이상 의심하지 말고 항복하십시오."

게다가 유비는 양양에 입성하지도 않았던 것 같다(정사의 기록이 애매하다). 제갈량이 양양을 공격하자고 건의했지만 유비는 차마 그렇게 할 수 없다고 거절했다. 아마도 시간이 촉박한데 채모와 괴월이 주둔하고 있는 양양을 점거해 봤자 그들의 협력보다는 배신을 걱정해야 했기 때문이 아닐까. 정사에는 유비가 유종을 불렀다고 하는데, 이는 자신과 유기, 유종이 협력해 형주를 방어하자는 의견을 전달하기 위함이었다고 추측된다. 그러나 유종은 이미 항복을 결심한 데다가 유비의 음모를 의심해 부름에 응하지 않았다. 그럼에도 이적을 포함해 양양의 관리와 수많은 백성이 유비에게 귀의했다. 양양에서 유비에게 합세한 피난민이 대거 증가했다. 군대의 수는 실제보다 10배 이상 늘리던 소설은 이때의 피난민 숫자는 정직하게 정사 그대로 인용했다. 작가 나관중이 생각해도 엄청난 숫자라고 생각한 모양이다.

유비의 목적지는 강릉이었다. 그는 피난민 일부를 배에 태워 관우를 통해 먼저 강릉으로 보내고 나머지는 자신과 함께 육로로 이동했다. 강릉은 양양에서 서남쪽에 있는 곳으로, 촉으로 들어가는 길목이다. 일단 가장 먼 곳으로 가서 군비를 정돈하고, 여차하면 촉으로 가려는 속셈이었다. 그러려면 최대한 빨리 강릉에 도착해야 하는데 피난민이 발길을 붙잡았다. 부하들이 강릉으로 먼저 가자고 한 이유는 하루라도 빨리 군비를 정비해야 한다는 뜻이었다. 이때 유비가 자신을 따르는 백성을 버릴 수 없다고 말한 내용은 정사와 소설이 모두 같다. 유비는 지금껏 안정된 영지를 갖지 못했다. 서주에서 안정된 시기는 거우 1년이었다. 백성에게 인기는 좋았지만, 그들을 안고 함께 성장하지도 싸우지도 못했다. 그저 이리저리 도주하면서 자신을 지지하던 백성들에게 실망감만 주었을 뿐이다.

양양에 입성한 조조는 관대한 모습을 보였다. 아마도 수많은 백성이 유비를 따라갔기 때문일 것이다. 그가 서주에서 얻은 '학살자' 이미지는 여전히 따라다니고 있었다. 조조는 채모와 괴월을 형주의 관리에 임명하며 예우했다. 유종은 형주에 둘 수 없으므로 청주자사로 임명해서 보냈는데 소설처럼 살해하지 않았다. 군대를 통제해 약탈도 엄격하게 자제했던 것 같다. 형주의 군사는 싸움 한번 하지 않고 고스란히 조조의 손에 넘어갔다. 놀라운 성공이었다. 조조의 세력은 금세 두 배로 성장했다. 그러나 전쟁은 아직 끝나지 않았고 유비는 조조의 전리품 일부를 쏙 빼서 강릉으로 가고 있었다. 유비의 잠재력을 세상에서 가장 잘 아는 조조는 정예 기병 5천 명을 이끌고 유비를 추격했다. 밤낮을 쉬지 않고 하루에 120km를 달렸다.

조조군이 압박하자 유비는 또다시 처자식도 버리고 제갈량, 장비, 조운 등 최측근과 겨우 수십 명의 기병과 함께 달아났다. 결과는 백성을 버린 것이나 다름없지만 유비는 다시 한번 남 덕분에 자신의 명예를 지켰고 명성은 더욱 높아졌다.

유비군을 쫓던 조조군은 엄청난 수의 난민과 수송 물자를 빼앗았다. 유비의 두 딸은 조순(조인의 동생)에게 끌려갔다. 조조는 유비를 향해 맹추격을 계속했다. 조조군의 선발대는 당양을 지나 장판파라는 작은 시내까지 도달했다. 그곳의 다리는 끊어져 있고 맞은편에는 험상궂은 거한이 창을 끼고 서 있었다. 그가 소리쳤다.

"나는 장익덕張翼德(장비)이다. 감히 목숨을 걸고 나와 대적할 자가 있는가?"

조조군이 다가오자 장비는 20명의 기병만을 거느리고 남았다. 그때 유비와 장비는 마지막이 될지도 모른다고 생각했을 것이다. 장비의 호통에 조조군은 감히 덤빌 생각을 못 하더니 겁을 먹고 돌아갔다.

소설에서는 이 장면을 극적으로 포장했다. 강 건너에는 조조와 주력 부대가 모두 도달해 있었다. 장비는 20명의 기병에게 먼지를 일으키게 해서 자신의 뒤에 대군이 매복해 있는 것처럼 보이게 했다. 또한 하후걸이 장비의 호통에 말에서 떨어져 사망했다. 이에 조조가 놀라 달아나자 조조군이 서로 짓밟혀 죽는다. 그 모습을 본 장비가 으쓱해서 다리를 불태우고 돌아간다. 그러자 유비는 칭찬은커녕 핀잔을 주었다. 다리를 그냥 두었다면 조조가 매복이 있다고 의심하겠지만 다리를 태우는 바람에 허세인 것이 들통 났을 것이라면서 말이다.

이번에도 소설의 과장은 빠지지 않았다. 소설 속 조조군의 추격대는 80만 대군이지만 실제는 5천 기병이었고, 장판파에 도착한 부대는 그중에서도 일부의 선봉대였을 것이다. 또한 그 기병들은 기진맥진한 상태였을 가능성이 높다. 밥도 제대로 먹지 못하고 잠도 자지 않으면서 달려왔기 때문이다. 장비도 이 상황을 어느 정도 파악했기에 모험을 시도한 것인지도 모른다. 그렇다고 해서 장비의 영웅적 활약이 평가절하되는 것은 아니다.

장판파 사건이 벌어지기 전에 조운은 유비의 가족을 보호하는 임무를 맡았다. 그 전에 유비의 가족은 여포와 조조의 포로가 됐다. 여포는 나중에 가족을 풀어주었지만 조조의 포로가 된 가족의 이야기는 정사에 없다. 소설은 유비의 가족에게도 흥미로운 이야기를 만들어 붙였다. 특히 유비의 부인들(감부인, 미부인)은 유비보다 더 많은 고초를 겪는 것처럼 보인다. 소설에서는 관우가 두 형수를 모시고 5관 돌파라는 장중한 탈주극을 펼치지만, 정사에는 전혀 기록이 없다.

조운은 유비의 아들 유선을 품에 안고 감부인을 보호하며 유비군의 진영까지 모시고 왔다. 유비로서는 고마울 수밖에 없다. 벌써 세 번이나 가족을 버렸는데 처음으로 무사히 진영에 도착했기 때문이다. 하지만 정사는 자세한 내막은 기록하지 않았다. 소설은 베일에 싸인 이 사건을 마음껏 포장했다. 소설에서는 감부인이 조운에게 아기(유선)를 부탁하며 자신이 함께 가면 모두 죽을 것이라며 우물에 투신한다. 그리고 조운은 온 힘을 다해 아기를 지켜낸다. 덕분에 조운이 아기를 안고 80만 대군을 헤치고 나오는 감동적인 장면이 탄생했다.

이에 따라 정사에서는 별다른 기록이 없어 존재감이 떨어지던 조운이 소설에서는 사랑받는 영웅이 된다. 삼국지에서 가장 사랑받는 인물을 조사하면 중국은 관우, 한국은 제갈량과 유비, 그리고 일본은 조운을 꼽는다. 참고로 정사에서는 조운이 감부인까지 보호하며 귀환했고, 감부인은 천수를 누린다.

유비 일행은 유기와 관우가 기다리는 강릉에 도착했다. 여기서 유비는 제갈량과 함께 하구로 간다. 강릉이 촉으로 가는 길목이라면 하구는 형주의 숙적인 오나라와 대치하는 지점이자 그곳으로 들어가는 입구다. 유비가 이쪽으로 퇴각한 이유는 물론 오나라를 전쟁에 끌어들이기 위해서였다.

2막의 시작

적벽대전의 2막은 오나라의 군주 손권의 궁정에서 시작한다. 조조의 80만 대군을 어떻게 막을 거냐고 호들갑을 떠는 신하들을 두고 손권은 망설이기만 한다. 반드시 오나라를 동맹으로 끌어들여야 하는 제갈량은 즐비한 오나라의 문사들을 상대하기 위해 단신으로 오나라에 입성했다. 제갈량은 그들과 싸워 이기고, 손권의 자존심을 건드려 격발시켰다. 마지막으로 가장 큰 산이 남았는데, 손책의 친구로 건국 영웅이자 오나라의 기린아인 주유周瑜다.

소설과 실제 역사는 제법 다르지만 천하대전을 앞둔 긴장감과 긴박감은 다르지 않다. 유비가 형주에 있는 동안 오나라는 태평해 보였으나 속내는 달랐다. 손견을 살해한 강하태수 황조黃祖는 손책과 손권의 공격을 10년째 막아오고 있었다. 다만 손책이 날카로운 검이었다면 손권은 박도(주로 들고 다니는, 장식도 없고 칼집도 없는 칼)였다. 무뎌 보이지만 사실은 더 무서운 인물이었다. 손권은 손책의 군대를 재편성한 뒤 두 방향으로 전쟁을 진행했다. 절대 한 번에 굴복하지 않는 남부의 산월족을 매년 두드리고 진압하면서 남부에 이현, 흡현, 시신, 신정, 여양, 휴향 등 6개 현을 끝내 안정시켰다. 그리고 산월족 정복이 마무리될 때 산월과의 전쟁에서 충분히 경험을 쌓고 능력을 검증한 지휘관과 정예 부대를 총동원해 황조를 쳤다.

208년의 강하 공격에는 손권이 직접 참전했다. 황조는 수군 도독 진취陳就를 내보내 반격했다. 그러자 오나라의 장수 여몽呂蒙이 선봉으로 나서 수군을 격파하고 진취를 죽였다. 능통凌統과 동습董襲은 주력 부대를 이끌고 전력으로 성을 쳐서 함락시켰다. 황조는 성을 빠져나와 달아나다가 풍칙馮則에게 살해되었다.

이때 조조가 형주를 침공하고 유표가 사망했다. 손권이 조조의 침공이라는 기회를 이용한 것일까? 운이 좋았던 걸까? 분명한 사실은 운은 준비된 자에게 온다는 것이다. 손권은 200년부터 208년까지 체계적으로 전쟁을 진행하면서 정예 군대를 양성하고 신진 무장을 발굴했다. 특히 여몽이 빛나는 활약을 보였다. 반면 유표의 형주군은 말 그대로 고인물이었다. 난세에 편안한 지역이 없으니 강하성을 비롯해 반군과의 전투가 전혀 없었던 것은 아니지만, 수비적이고 소모적인 전투는 군을 성장시키지 못했고 형주의 인재들은 적체되어 있었다.

유표가 죽자 손권은 조문사로 노숙을 파견했다. 여기서부터 소설의 설정과 실제 역사가 크게 갈라진다. 앞서 말했듯이 오나라의 토호들은 조조가 주인이 되어도 자신들의 삶이 크게 달라질 것이 없었다. 화북 지역은 황제의 권력이 강하게 작동하지만 오나라는 그러하지 못했다. 때문에 조조에게 굴복하지 않으려는 오나라 사람은 토호로 살아갈 마음이 없는 사람과 오나라를 국가로 생각하며 천하 쟁패전에 참가할 사람이었다. 주유와 노숙, 그리고 손권이다.

조조에게 굴복할 생각이 없던 손권은 조조의 진격에 발맞춰 전력을 투입해 강하를 함락했다. 유표가 죽었을 때 노숙을 조문사로 파견한 것도 그의 두 아들을 위로하면서 형주의 변화를 살피고자 함이었다. 허나 노숙이 형주에 도착하기도 전에 조조가 이미 변방 지역까지 진군해 왔고 유표의 아들 유종은 항복했다. 같은 시기 유비는 남쪽의 장강을 건너려다가 노숙을 만났다. 노숙은 유비에게 손권의 뜻을 전달했다. 이에 유비는 손권에게 제갈량을 보내 만나게 했고, 손권은 주유와 정보를 유비가 있는 곳으로 보냈다.

유비와 노숙의 만남이 우연이었을까? 아니다. 형주의 상황을 파악한 노숙은 유비를 쫓아 장판파까지 갔다. 이때 유비는 죽이려는 자 조조와 살리려는 자 노숙에게 쫓기고 있었던 셈이다. 노숙은 유비에게 함께 손을 잡고 조조에 대항할 것을 건의했다. 손권에게 유비는 위험인물이었지만 조조를 상대하고 촉의 유장을 견제하기 위해서는 손잡을 수밖에 없는 상대이기도 했다.

소설 속 노숙은 똑똑하지만 재기발랄하지는 않고 충성심이 강한 관료형 인물로 묘사된다. 하지만 실제로는 무장이 아님에도 호걸에 가까운 인물이었다고 한다. 주유는 그러한 노숙에게 반했고 손권에게 추천했다. 손권과 만난 노숙은 다음과 같은 과격한 발언을 했다.

"이미 한나라 황실은 끝났고 조조는 쉽게 제거할 수 없습니다. (조조의 침공 같은 기회를 틈타) 황조를 제거하고 유표를 쳐서 강남을 통일한 다음 천하통일을 꾀하십시오."

이를 들은 오나라의 승상 격인 장소張昭는 노숙을 "사람이 겸손하지 않으며 나이도 어린 게 너무 거칠다"라고 평가했다.

노숙은 조조와 맞대결을 하기에는 아직 오나라의 국력이 약하다고 판단했다. 수군이 강한 오나라 군대는 강남에서는 무적이지만 장강 이북에서는 조조의 상대가 되지 않았다. 그러기에 손권은 유비와 그의 군대가 자신이 할 수 없는 역할을 해낼 것이라 믿었다. 최소한 조조의 신경을 빼앗을 수는 있었다. 이렇듯 손권과 유비는 적과의 동침을 시작했다. 그리고 이들은 천하 삼분지계를 계획했다. 실제로 이는 제갈량이 아닌 유비와 손권의 생각이었다.

　손권과 유비의 동맹에 가장 큰 위협을 느낀 사람은 그들의 타깃인 조조였다. 조조는 장판파에서 놓친 유비는 제쳐두고 손권과의 전투를 준비했다. 소설에서는 조조가 80만 대군을 이끌었다고 하지만 사실 그의 병력은 그리 많지 않았다. 조조가 전격전까지 벌이며 형주를 손에 넣은 것도 앞으로 치러야 할 전투에 형주의 군대가 필요했기 때문이다.

　조조는 《손자병법》에 주석을 남길 정도로 열렬한 애독자였다. 손자는 책에서 싸우지 않고 이기는 것이 최고의 승리라고 말했다. 그래야 적의 군대와 물자를 손실 없이 흡수할 수 있기 때문이다. 조조는 형주의 10만 군사와 수천 척의 전함을 별다른 손실 없이 획득했다. 게다가 이들은 조조군의 치명적 약점인 수군 문제까지 해결해 주었다. 이로써 조조군은 막강한 육군과 수군을 겸비하게 됐다. 수군으로 강을 건너고 북방 기병을 내세우면 오나라군은 당해낼 수 없었다. 많은 사람이 손권에게 항복할 것을 권유했다. 하지만 노숙의 설득에 결심을 굳힌 손권은 유비에게 보낸 주유를 불러들였다. 싸우기로 한 이상 한시라도 빨리 움직여야 했기 때문이다.

　조조와 유비·손권 연합군의 대결인 적벽대전은 삼국지의 클라이맥스다. 그만큼 등장인물의 다양한 활약을 보여준다. 특히 제갈량의 활약은 놀라울 정도다. 소설에서 제갈량은 3일 안에 조조군의 화살 10만 개 가져오기, 황개의 고육지계(제 몸을 상해가면서까지 꾸며내는 방책)와 방통의 연환계(적에게 첩자를 보내 승리를 얻는 계략), 동남풍을 이용한 화공 작전 등 대담한 승부를 벌인다. 하지만 이 모든 것의 시작은 조조와의 결전을 망설이는 손권과 주유를 전투에 끌어들인 제갈량의 세 치 혀다. 제갈량은 손권과 주유의 열등감과 자존심을 이용해 항전에 나서게 했다. 이는 정사 《삼국지》의 〈촉서〉 제갈량전의 기록을 토대로 한 것 같다. 내용은 다음과 같다.

제갈량이 말했다.

"장군(손권)께서는 상황을 잘 가늠해서 이 사태에 대처해야 합니다. 만일 오나라 병력으로 조조에 맞설 수 있다고 판단하신다면 국교를 끊으십시오. 맞설 수 없다고 생각하신다면 왜 지금 빨리 투항하지 않으십니까? 장군은 겉으로는 조조에게 복종한다고 하면서 속으로는 딴생각을 하며 망설이고 있습니다. (싸우든 항복하든) 결단을 빨리 내리지 않으시면 재앙이 빨리 닥칠 것입니다."

손권이 말했다.

"당신 말이 맞다면 유예주(유비)는 왜 조조에게 투항하지 않고 있습니까?"

제갈량이 말했다.

"유예주는 왕실의 후예로서 걸출한 재능이 세상을 덮고 많은 선비가 우러러 흠모함이 마치 물이 바다로 흘러 들어가는 것 같습니다. 만일 조조에게 패한다면 이건 하늘의 뜻일 뿐입니다. 어찌 유비가 조조의 신하가 될 수 있습니까?"

손권도 발끈했다.

"나는 오나라 땅과 10만 병사를 다른 사람(조조)에게 바칠 마음이 없소. 나는 싸울 거요. 근데 유비는 지금 막 패했는데 (지리멸

렬한 상태인데) 어떻게 조조에게 맞설 거요."

　두 사람의 대화를 보면 전쟁을 망설이는 손권을 제갈량이 격분시킨 듯하다. 그러나 〈오서〉의 기록은 조금 다르다. 손권과 노숙, 주유는 이미 전쟁을 주장했다. 다만 전쟁을 피하고 평화롭게 지내기를 원하는 오나라 신하를 설득하고 유비를 이용할 방법을 찾아야 했다. 유비는 동맹을 맺든 무시하든 골치 아픈 존재였다. 하지만 전쟁에서는 병력과 동맹이 많을수록 좋다. 게다가 유비는 신하들을 설득하기에 좋은 카드였다. 그리하여 손권은 유비에게 주유와 정보를 보내 그곳의 동향을 파악하려 했다. 그런데 동시에 유비가 손권에게 제갈량을 보냈다.

　손권은 제갈량이 유비와 동맹을 맺고 싸우자는 말을 할 것이라 예상했다. 그런데 위와 같이 마치 자신의 신하인 듯 간언을 했다. 당황스러웠던 손권은 유비야말로 왜 서둘러 항복하지 않느냐며 제갈량에게 빈정거렸다. 그러자 기다렸다는 듯이 한방을 날렸다. "유비와 당신은 같지 않다"라고 말이다. 소설은 이 말을 손권은 촌구석 오나라 호족이며, 유비는 황족이라는 의미로 사용했다. 사실은 그렇지 않다. 요즘 말로 표현하자면 '유비는 대권주자이고 손권은 후보에도 오르지 못할 사람'이라고 하겠다. 사실 손권의 입장에서는 유비도 제거해야 할 라이벌이다. 만일 손권이 조조에게 항복하고 곧바로 유비를 제거하려 한다면 어떻게 될까?

　이를 모를 리 없는 제갈량이 위와 같이 말한 것은 손권이 절대로 그런 선택을 할 리 없다고 확신한 것이다. 지금은 함께 조조를 막고 두 사람의 승부는 그다음임을 두 사람 모두 알고 있기 때문이다. 따라서 제갈량의 발언은 손권이 과연 신하들과 오나라 사람들에게 자신도 대선에 출마하겠다고 선언할 배짱이 있느냐고 물은 것과 같다. 삼국지에는 수많은 모사가 등장한다. 이들은 조금이라도 더 유리한 수를 잡기 위한 지략을 펼친다. 그러나 이처럼 대담하고 확신에 찬 승부수는 없다. 이것이 제갈량의 참모습이다.

자존감에 상처 입은 손권은 결국 조조에게 항복하지 않겠다는 속내를 드러냈다. 그리고는 유비가 제대로 싸울 수 있겠느냐고 묻는다. 제갈량은 비로소 정세 분석을 펼쳤다. 유비는 비록 장판파에서는 패했지만 형주의 귀순병과 도망병을 합쳐 정예 수군 1만 명을 확보했다. 이 군대는 관우가 통솔하고 있으며 유기도 강하에 1만 군을 거느리고 있으니 총 2만 명의 병력이라는 것이다. 오나라가 적벽에서 실제로 동원한 병력은 3만 명이었으니 유비의 2만 명은 절대 적지 않았다.

또한 조조는 먼 길을 왔고, 그의 기병은 유비를 쫓느라 완전히 지친 상태라고 호소했다. 이는 과장된 말이었으나 손권은 시비를 걸지 않았다. 제갈량은 계속해서 북방군은 수전에 익숙하지 않고 조조군에 편입된 형주군은 충성심이 없다고 말했. 그러니 유비와 손권이 합세하면 반드시 조조군을 깰 수 있다는 것이다. 그러면 유비, 조조, 손권의 삼국시대가 열린다.

소설에서는 손권을 설득한 제갈량이 다시 그의 진짜 숙적 주유를 설득하러 간다. 하지만 정사《삼국지》에서는 그럴 필요가 없었다. 주유야말로 주전파(전쟁하기를 주장하는 파)였고, 서촉까지 점령해 천하 이분지계를 만들려는 야심가였다. 오나라 신하들은 여전히 전쟁을 반대했지만 돌아온 주유는 신하들을 설득했다. 주유의 논리는 제갈량이 손권에게 했던 조조 패망론보다 훨씬 현실적이었다. 〈오서〉 주유전에 그 기록이 남아 있다.

> "화북에는 아직 마초馬超와 한수가 남아 있다. 이들이 배후를 위협하므로 조조는 장기전을 할 수 없다. 조조가 형주의 수군을 얻었지만 그들이 수군 전술까지 취득한 건 아니다. 날이 추워 기병의 말들에게 먹일 풀이 없다. 마지막으로 저들이 낯선 땅에 왔으니 반드시 질병에 걸릴 것이다."

주유의 예언대로 조조군 진영에 전염병이 돌았고 피해는 엄청났다. 소설 속 위세 등등한 모습과 달리 조조군은 첫 번째 전투에서 패해 장강 북안으로 물러나 움직이지 않았다. 전염병이 진정되면 병사를 훈련할 시간을 벌려고 했던 것 같다. 양쯔강 남쪽 기슭에 주둔하던 오나라군은 정황이 유리하게 돌아가자 버티면 이길 수 있다고 생각하기 시작했다.

이 흐름을 끊은 사람은 노장 황개였다. 지구전으로 가면 병력이 적은 오나라가 불리하니 공격으로 적을 깨트려야 한다고 주장한 것이다. 이길 가능성이 높을 때 공격하는 것은 누구나 할 수 있는 생각이다. 하지만 가만히 버티면 승산이 0.1%이고, 공격하면 승산이 1%일 때 공격을 선택하는 사람은 진정한 승부사다. 전술의 첫걸음은 내 안의 두려움을 극복하는 데서 시작한다. 전쟁사에 이름을 남긴 명장은 대부분 이러한 선택을 할 줄 아는 사람들이었다.

하지만 소설은 이러한 교훈 대신 대중의 즐거움을 선택했다. 소설에서는 조조군이 적벽에 대군을 주둔시키는 바람에 선박이 과밀 상태가 된다. 이를 확인한 황개는 화공 작전이 성공을 거둘 것이라 판단했다. 작전을 실행하기 위해 그는 조조군에게 자신의 휘하와 단체로 투항하겠다는 항복 문서를 보내며 위장 귀순을 시도했다. 이때 나관중은 '고육지계'와 '연환계'라는 설정을 더해 조조가 이 같은 뻔한 계략에 걸려드는 것을 납득하게 만들었다. 송나라 역사가 배송지가 정사 《삼국지》에 덧붙인 주석에는 황개가 조조에게 투항하며 보낸 편지가 남아 있다.

황개는 손견이 처음 의병을 일으켰을 때부터 전쟁터에 따라나선 전사였다. 평생을 전쟁터에서 보낸 그는 적벽대전 전에는 남방으로 가서 산월족 토벌에 종사했다. 황개의 성품을 안다면 스스로 고육지계를 자처했을 것 같지만, 외지인에게는 개국공신인 원로 장군이 벽지로 쫓겨났다는 인상을 주기에 충분했다. 결국 조조는 황개를 받아들였고 화공 작전은 대성공을 거뒀다.

이때 조조가 두 가지만 주의했다면 적벽대전에서 처참히 패하지는 않았을 것이다. 첫째는 성공이 코앞에 있다는 조바심이다. 그토록 냉정했던 조조도 형주전의 승리에 도취해 결정적 순간에 비합리적인 결정을 내리고 말았다. 둘째는 조조의 정보 분석관이었던 곽가의 요절이다. 적벽대전이 끝난 후 조조는 곽가가 살아 있었다면 이런 패전을 겪지 않았을 것이라고 탄식했다. 황개의 위장 귀순을 파악하지 못한 것이 결정적 패인이었기 때문이다.

정사 《삼국지》의 〈위서〉 무제기(조조전)에서는 적벽 전투를 소설과 다르게 기록했다. 손권이 유비를 돕기 위해 합비를 공격했지만 조조가 장희張喜를 파견하자 도주했다는 것이다. 이후 조조는 적벽에서 유비와 싸왔지만 전염병이 크게 유행하는 바람에 회군했다고 한다.

이는 조조에게 인생 최대의 패배였고, 죽을 때까지 이 후유증을 극복하지 못했다. 그러나 조조는 쉽사리 물러나지 않았다. 가장 믿을만한 장군인 조인을 남겨 강릉을 지키도록 했다. 이는 그동안 소설에서 주목받지 못한 내용으로, 조조도 천하 삼분지계의 위험을 알았으며 유비나 손권이 사천으로 들어가는 것만은 막으려고 했음을 의미한다.

유비와 주유는 함께 조인을 공격했다. 주유는 오나라의 최고 장수들을 거느리고 격전 끝에 강릉을 탈환했다. 이때 유비는 관우를 파견해 강릉 북쪽 길을 끊었다. 조인이 포위되자 조조는 이통李通을 파견했다. 소설이라면 관우가 달려 나가 이통을 칼로 베어버리거나 제갈량의 계략으로 땅속에 묻었겠지만 현실은 다르다. 제아무리 관우라도 유비군은 병력의 규모와 실력 면에서 조조와 정면승부를 벌일 수준이 되지 않았다. 이통은 부대를 이끌고 관우를 공격해 그가 세운 방어책을 철거했다. 그렇게 포위망을 뚫고 나가 조인을 구출했다. 비록 조인은 적에게 포위되는 수모를 겪었지만 화살을 날려 주유의 목숨을 빼앗았다. 노숙은 주유의 후임자가 되었다.

한편 오군이 적벽대전을 치르는 동안 유비는 영악하게도 유기를 형주자사로 임명하고 동정호 남쪽인 무릉, 장사, 계양, 영릉, 여강을 획득했다. 마침 유기가 병사했고 부하들은 유비를 형주목으로 추대했다. 노숙은 손권을 설득해 유비를 형주목으로 인정하고 형주 땅 절반의 지배권을 인정해 주었다. 손권으로서는 호랑이에게 날개를 달아주는 쓰라린 선택이었다. 오나라에는 이를 이해하지 못하는 사람이 많았던 모양이지만, 조조는 손권의 선택이 의미하는 바를 정확히 파악했다. 손권이 유비에게 형주의 일부를 넘겼다는 소식을 듣자 조조는 놀라 붓을 떨어트렸다.

그동안 손권은 위나라를 침공할 기회를 잡기 위해 집요하게 노력했다. 손권이 노린 지역은 합비로 그곳에서 북상하면 서주다. 그러나 오나라는 화북으로 진격할 능력이 없었다. 손권의 군대는 화북 경계에 들어서면 무참하게 패하곤 했다. 게다가 적벽에서 승리했다고 해서 조조의 위협이 끝난 것은 아니었다. 조인은 양양을 차지하고 있었고, 손권이 노리는 합비는 오나라로 남하하는 통로로 침공을 벼르는 곳이었다. 노숙은 당장은 조조가 버거우니 형주의 관우와 손잡을 것을 권유했다. 하지만 여몽의 생각은 달랐다. 합비 진격을 포기하고 형주를 탈취하자고 말했다. 양쪽 주장 모두 일리가 있었고, 노숙도 형주를 점령해야 한다는 데는 동의했다. 다만 당장 관우를 몰아낼 자신이 없었고 조조의 침공 위협이 더 커 보였다. 손권은 형주를 잠시 포기하더라도 유비와 동맹을 유지하기로 했다.

이 같은 결정에는 더욱 중요한 이유가 있다. 만약 조조가 한중과 촉나라를 정복하면 오나라의 운명은 끝이었다. 촉나라에서 수군을 이용해 양쯔강을 따라 내려오는 진격은 오나라에 치명적이었다. 그렇다고 오나라가 조조보다 앞서서 촉나라를 공격할 수도 없었다. 손권도 처음에는 유비와 협력해서 (솔직히 말하면 이용해서) 촉나라를 정복하려고 시도했다. 허나 유비의 부하인 은관殷觀이 반대했다. 오나라의 제안을 받아들였다가는 이용만 당할 뿐이며, 우리가 응낙하지 않으면 절대 단독으로 촉나라 정복을 시도하지 못한다고 주장했다. 그러니 오나라의 제안을 거절하고 힘을 길러야 한다는 것이었다. 손권은 이 대답을 듣고 촉나라 침공을 포기했다.

하지만 주유는 손권과 생각이 달랐다. 그는 촉나라 침공에 열의와 패기를 보였다. 그러나 손권이 동의하지 않았다. 손권은 주유보다 유비가 촉나라에 들어가는 편이 낫다고 생각했을 수도 있다. 주유는 오나라의 영웅이지만 그랬기에 손권은 주유를 경계했던 것 같다. 손권과 주유의 관계는 유비와 관우와 같은 존재가 될 수도 있었지만, 주유의 짧은 생애와 손권의 경계심이 그것을 허락하지 않았다.

손권은 유비와 누이동생을 결혼시켜 처남 매부지간이 되며 위험하지만 유용한 동맹을 맺었다. 당시 유비에게는 촉나라에 진입하는 것 외에는 선택의 수가 없었다. 손권도 형주의 절반밖에 갖지 못한 유비가 촉을 정복할 수 있다고는 생각지 않았을 것이다. 다만 유비가 촉나라로 들어가면 조조를 흔들 수 있었다. 조조도 오나라에 대한 공세를 멈추고 마등, 한수, 한중, 촉에 전력을 투입해야 한다. 그러면 오나라에 대한 압박은 완화되거나 사라질 것이다. 이 정도면 승부를 걸어볼 만한 수였다. 운이 좋다면 유비는 촉에서 오도 가도 못하게 될 것이고, 조조는 한중과 촉산에서 악전고투하다가 상당한 전력을 소모하게 될지도 모른다. 그 사이에 손권이 강북에 거점을 확보한다면 그보다 더 좋을 수는 없었다.

조조는 210년을 적벽의 실패를 치료하며 보냈다. 그는 유비와 손권모두 촉나라를 노린다는 사실을 알고 있었다. 조조의 절대 원칙은 언제나 적보다 빨리 움직인다는 것이었다. 전략적 방향이 옳다면 절대 망설이지 않았다. 촉을 점령하려면 (사실은 촉이 굴복하기를 바랐을 것이다) 험한 촉산으로 진입하는 전진기지가 있어야 한다. 전진기지가 될 곳은 두

곳으로 관중(섬서 분지)과 한중이었다. 관중에는 마초와 한수, 그리고 강한 이민족 군단이 버티고 있어서 쉽지 않았다. 상대적으로 한중이 쉬운 곳이었다.

한중은 촉과 형주를 연결하는 삼각지였다. 이런 놀라운 전략적 중요성에도 불구하고 황건적의 난 이래로 한중은 너무나 조용했다. 낙양과 장안 사이에서 황건적과 강족의 침공, 동탁의 집권과 장안 천도, 이각과 곽사의 난, 마초와 한수의 반란, 전쟁과 격변이 쉴새 없이 벌어졌다. 산 위에서는 폭풍이 휘몰아치는데 아래 골짜기에는 비 한 방울 내리지 않는 격이었다. 유일한 위협은 유비였다. 그는 한중 침공을 목표로 촉에 들어왔다. 이때는 한중도 긴장했을 것 같은데 유비는 한중으로 가던 길에 군을 되돌려 촉을 정복해 버렸다. 정말로 한중은 신이 보호하는 땅 같았다.

이 기간에 한중은 삼국지의 지도자 중에서 가장 특이한 인물이 다스리고 있었다. 장로張魯는 촉나라 출신이다. 그의 할아버지는 교주로 산에서 도술을 닦으며 도술서를 집필했다고 한다. 그는 자신이 만든 종교에 입교하는 사람에게 쌀 5말을 받아 오두미교라는 별명이 생겼다. 그를 싫어하는 사람들은 쌀 도둑이라고 불렀다. 이 집안은 3대에 걸쳐 교주직을 이으면서 지방세력가로 성장했다. 익주목(익주 지역을 다스리는 군주) 유언劉焉은 장로와 그의 부하 장수張脩를 각각 독의사마와 별부사마로 임명해 한중을 공략하게 했다. 유언도 중원의 동란에 참여할 의사가 있었던 것 같다. 익주 침공군은 한중을 습격해서 점령하지만 장로가 장수를 살해하고 한중을 독차지했다. 유언의 뒤를 이어 익주목이 된 유장劉璋은 장로를 다시 복속시키려 했지만 실패했다. 분노한 유장은 촉에 남아 있던 장로의 모친과 가족을 모두 살해했다. 이 사건으로 유장과 장로는 원수가 되었고, 훗날 유장이 유비를 불러들이는 계기가 되었다.

장로는 교주에서 세속 군주가 되어 30년간 한중을 다스렸다. 기존의 행정조직 대신 신도조직을 통치에 사용했고, 좨주祭酒라고 부르는 신도 지도자가 관리와 향리를 대신했다. 이 놀라운 성공의 비결은 종교와 세속의 경계를 절묘하게 지킨 것이다. 그는 과도한 종교적 교리나 수행을 요구하지 않았다. 성실하게 살고, 남을 속이지 말라는 훈시는 어른과 부모님이 하는 이야기 같았다. 병을 고치는 의식도 부적을 태운 재를 물에 타 마시고 자기 죄를 고백하는 정도였다. 좨주들 또한 일사불란하고 덜 부패했던 것 같다. 장로는 도로변에 무료 숙소를 짓고 그곳에 쌀과 고기를 저장해 무료로 제공했다. 상인들과 그곳을 지나는 무역상들은 이 제도를 반겼다. 자연히 유통이 늘어 한중의 물자는 풍족해지고 상품 가격은 내려갔을 것이다. 무엇보다 이 제도를 반긴 사람은 한수와 마초가 조조에 대항해 반란을 일으키자 한중으로 피난한 수만 명의 난민이었다.

그러나 장로의 장기 집권을 도운 최고의 공로자는 난세였다. 한중에서 유례없는 신정 정치(교적 원리에 의해 통치하는 정치 형태)가 시작되었지만 격동에 휘말린 한나라 조정은 한중을 어찌할 수 없었다.

서량군의 마초와 한수

이때 조조가 한중을 점령했다면 유장은 조조에게 투항하거나 정복당하고, 유비는 촉으로 들어갈 기회를 얻지 못했을 것이다. 위기에 빠진 한중을 구한 것은 서량군의 마초와 한수였다. 시간을 잠시 거슬러 올라가 보자. 관중의 군벌인 마등(마초의 아버지)과 한수는 관도대전 이전부터 조조의 골칫거리였다. 마등이 좀 더 일찍 움직일 수 있었다면 삼국지의 역사는 크게 달라졌을 것이다.

관중은 섬서성 일대의 분지다. 관중의 중심에는 중국 왕조 절반의 수도였던 장안(현재의 시안)이 있다. 과거 진시황의 진나라였으며, 유방이 한나라를 세울 때 중심도 이곳이었다. 세상이 변해 정치의 중심이 낙양으로 이전하면서 관중 지방은 관중 10장이라고 불릴 정도로 강력한 군벌이 난립하는 변방이 되어 버렸다. 관중 서부 지역에는 이민족인 강족의 세력이 크게 늘었다. 강족은 티벳족과 그 일대 유목민의 혼성 민족으로 강족 기병의 위력은 동탁, 이각과 곽사, 여포가 충분히 증명했다.

동탁과 이각, 곽사가 황제를 끼고 장안을 점거하고 있을 때도 마등과 한수 같은 관중의 군벌은 애매한 위치에 있었다. 중원에 개입하기보다 각자 자신의 힘을 키울 기회로 여겼기에 마등과 한수는 격렬하게 싸웠다. 그 와중에 이각과 곽사에게 도전했지만 번번이 패했다. 동탁군은 섬서성과 감숙성 일대에서 제일 강한 군벌이었기에 마등과 한수가 정면승부하기에는 힘이 부족했던 것 같다.

원소가 조조와 대치했을 때, 단 한 번 승기를 잡은 적이 있다. 산서성 일대를 지배하는 병주목 고간陳留은 원소의 중요한 동맹자였다. 그는 북쪽 흉노족의 군주와 동맹을 맺고 산서성에서 강력한 세력을 형성했다. 그런 고간이 원소와 긴밀하게 협력했다면 조조는 큰 위기에 빠졌을 것이다. 그러나 야심가였던 고간은 원소를 적극적으로 돕지 않았다. 원소가 죽은 뒤에는 외사촌 원상과 결별하고 독자노선을 걸었다. 그러자 원상은 부하 곽원郭援을 보내 하동을 장악하고 낙양 북쪽으로 침투하려 했다. 고간의 부하 견초牽招는 원상과 연합하라고 충고했지만 듣지 않았다. 고간의 운명을 예감한 견초는 그대로 고간을 떠나 조조에게 투항했다.

고간은 흉노 집단과 연합해 산서성에서 중원으로 들어오는 하동을 공격했다. 이곳이 함락되면 조조로서는 머리에서 심장까지 이어지는 통로가 개방되는 셈이었다. 소설에서는 이 사건을 매우 간략하게 묘사했지만 조조에게는 심각한 위협이었다. 조조는 종요에게 고간을 막을 책임을 맡겼다. 그는 자신이 무너지면 조조도 끝이라는 사실을 너무도 잘 알았다. 필사적으로 버티던 종요는 마등에게 도움을 요청했다. 어쩌면 동탁과 여포의 악몽이 재현될 수도 있는 선택이었지만 종요는 아직 마등에겐 동탁처럼 전횡을 일삼을 힘도, 무모함도 없다고 판단했다. 예상대로 마등의 1차 목표는 자신의 세력을 확대하는 것이었다. 그는 한수를 비롯한 주변의 경쟁 부족과 최근 비협조적인 부족들의 군대를 끌어들이려면 중원 왕조의 도움이 필요하다고 생각했다.

마등은 아들 마초와 장수 방덕龐德에게 1만 병력을 주어 종요에게 파견했다. 제갈량은 마초를 문무를 겸비한 용사라고 평가했다. 그는 전황을 판단하는 능력과 유리한 지형을 판단하는 능력이 뛰어났다. 뿐만 아니라 판단을 빠르게 실행으로 옮기는 용기와 결단력도 갖췄다.

한편 하동태수 곽원은 성급하게 분수(황하의 지류)를 건너 종요를 공격하려 했으나, 강을 다 건너기도 전에 마초의 공격을 받고 패했다. 곽원은 방덕에게 살해당했고 고간은 달아났다. 종요는 기회를 놓치지 않고 고간을 완전히 격파했다. 조조는 마등과 마초의 도움으로 위기를 극복했다. 덕분에 마씨 가문의 위상이 올라갔다. 지금껏 변방의 토호와 이민족은 분열되어 있지만 영웅이 등장하면 순식간에 결집이 가능하다.

관도대전을 앞둔 조조는 사방이 적이었는데, 그중에서도 섬서성 일대의 관중 세력을 가장 걱정했다. 동탁과 여포 트라우마 때문이었다. 소설은 이 내용을 짧게 다뤘지만 황건적의 난 직후에 벌어진 강족의 반란은 중원을 공포에 몰아넣을 정도로 위협적인 사건이었다. 그런 조조에게 순욱이 용기를 북돋아 주었다. "관중 세력은 분열되었으며, 마초와 한수가 강하다고는 해도 아직 그들에게 변방 세력을 통합할 힘이 없으니 벼슬을 주고 회유하면 적어도 당분간은 관망할 것"이라고 말이다. 순욱의 예측은 정확했다.

208년 마등은 마초에게 군대를 맡기고 가족을 이끌고 업으로 이주했다. 그러는 사이 전세는 완전히 역전되었다. 관중 세력은 중원이 혼란스러운 틈을 타 힘을 키우려 했다. 하지만 그들이 지지부진한 사이 조조가 성공했고 오히려 마등을 압박했다. 소심한 마등은 자신감을 잃은 데다 통합은커녕 한수와의 갈등만 커지자 마음이 더욱 약해졌다. 결국 반강제로 조조에게 귀순했다. 이 선택의 결과로 훗날 마등과 그의 가족은 조조에게 몰살당한다.

조조군이 한중으로 들어오자 관중의 세력은 조조가 자신들을 정복하려 한다고 의심했다. 얼마 후 마초와 한수를 비롯한 세력이 일제히 봉기했고, 조조는 한중 정벌을 미룰 수밖에 없었다. 처음에는 조인을 파견해 동관에서 마초군과 대치했다. 동관은 낙양 평원에서 섬서 분지로 들어가는 입구다. 여기서부터 바위 암벽 골짜기가 이어지다가 화산이 나온다. 화산을 넘어야 장안이다. 화산은 칼날 같은 협곡이 수십 킬로미터나 이어지는 곳이다. 마초가 이 입구를 막자 조조는 조인에게 싸우지 말라는 명령을 내렸다. 마초를 견제하면서 한중 공략을 시도하고 싶었던 것 같은데 뜻대로 되지 않았다. 결국 211년 7월 조조가 직접 대군을 이끌고 동관으로 왔다. 아버지를 죽인 자와 아버지를 잃은 아들의 군대가 동관에서 대치했다.

조조가 나타나자 전황이 달라졌다. 마초는 조조군이 강을 건널 때마다 기회를 노려 습격했다. 하지만 곽원과 달리 조조는 그때마다 임기응변으로 막아냈다. 병력을 상류로 우회해서 미리 도하시켜 마초의 측면을 치거나 유목기병의 약점을 노려 소와 말을 풀어 마초군을 분산시켰다. 마초는 조조에게 휴전을 요구했지만 조조는 듣지 않았다. 여기서 모사 가후가 마초와 한수의 대립을 이용하자고 했다. 둘은 지금은 동맹이지만 마등 때부터 숙적이었다. 가후는 교묘한 이간책으로 마초의 의심을 유발했다. 조조는 한수를 불러 중요한 회담을 하는 척하면서 아무 말도 하지 않았다. 마초가 한수에게 조조를 만나 무슨 이야기를 했느냐고 물어보자 한수는 별말이 없었다고 대답했다. 솔직한 대답이었지만 마초는 의심을 품었다.

두 사람의 견제가 심해지자 조조는 정예병을 동원해 마초를 쳤다. 마초는 잘 싸웠지만 결국 병력 운용술에서 졌다. 조조군의 경기병은 마초군 기병과 시간을 끌며 소모전을 벌였고, 마초군이 지치자 정예 기병과 중기병을 양옆에 투입해 섬멸했다. 반면 분열된 관중군은 협조가 잘 되지 않았고 결국 대패했다. 훗날 조조는 이 전투를 다음과 같이 평가했다.

"관중은 외지고 험한 곳이다. 저들이 각자 자기 영역을 지켰으면 나는 1, 2년은 허비해야 평정할 수 있었을 것이다. (아마 그사이에 촉과 오는 조조를 더욱 괴롭히고 상황은 더 악화될 수 있었다.) 저들이 스스로 모여 공격해 오니 이처럼 고마울 수가 없다. 게다가 저들은 대장이 없었다."

조조는 관중을 점령하고 하후연을 장안에 주둔시켰다. 그리고 하후연에게는 한수를 하후돈에게는 마초군을 토벌하라는 명령을 내렸다. 마초는 섬서 분지 서쪽 끝의 산악지대인 천수군으로 들어가 강족과 융족의 지원을 받으며 촉산의 산악지대로 세력을 넓혔다. 그러나 조조군이 토벌을 지속하자 세가 점점 약해졌고, 점령했던 지역 주민의 배신으로 오도 가도 못하게 된다. 할 수 없이 마초는 한중의 장로에게로 달아났다.

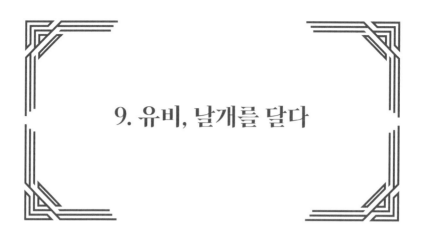

9. 유비, 날개를 달다

드디어 익주를 차지하다

211년 조조의 한중 침공은 마초와 한수의 반란을 유발했을 뿐 아니라 또 하나의 파문을 낳았다. 지금껏 태평하던 익주의 유장이 동요한 것이다. 유장은 익주목 유언의 아들이다. 유언은 야심가로 삼국 동란 초기 마등과 함께 이각과 곽사의 세력에 도전했다가 참패했다. 그는 장로를 파견해 한중을 정복했는데 장로가 배신하고 스스로 한중을 차지해 버렸다. 다만 장로는 유언과는 형식적이라도 복속 관계를 유지했으나, 유언이 죽고 유장이 뒤를 잇자 완전해 결별했다. 유장은 촉에 남아 있던 장로의 가족을 죽였고 두 사람은 원수가 되었다.

장로와의 갈등만 빼면 유장은 온순한 사람이었다. 하지만 난세에 적합한 사람은 아니었다. 익주는 바람 잘 날 없는 곳으로 한중의 장로가 독립했고, 이민족이 침입해 익주 사람을 괴롭혔다. 유장이 이런 일들을 제대로 처리하지 못하자 익주민들은 불안해했다. 이 틈을 타 부하 조위趙韙가 반란을 일으켰다. 유장은 겨우 반란을 진압했지만 중원의 동란에 개입할 마음도, 적극적으로 이민족을 무찌르고 익주를 안정시킬 능력도 부족했다.

211년, 조조가 한중을 공략하려 한다는 첩보가 입수되었다. 한중의 장로는 유장에게는 원수였으나 조조가 한중에 입성하면 익주는 바람 앞의 등불이 되는 셈이었다. 익주는 촉산이라 불리는 가파르고 빽빽한 산지가 두텁게 둘러싸고 있는 지역이다. 제대로 된 길을 낼 수 없어 절벽에 등산로 같은 길을 만들어 연결했다. 이를 촉의 잔도라고 불렀다. 그런데 군대가 움직이려면 군수 물자가 뒤따라야 한다. 아무리 병력이 많아도 물자의 보급량만큼만 전진하거나 주둔할 수 있다. 이런 험하고 열악한 길은 방어에 유리하지만 보급의 한계 때문에 대군이 촉산을 통과하기란 쉬운 일이 아니었다. 이 난관을 해결할 방법이 촉산 중간에 거대한 물류지를 설치하는 것이다. 그 역할을 해줄 곳이 바로 한중이다. 촉산에는 두 개의 분지가 있다. 익주와 한중인데, 익주가 서쪽 끝에 있다면 한중은 동북쪽 촉산으로 진입하는 초입에 있다. 북쪽에는 장안이 동쪽으로는 형주와 연결된다. 즉 한중은 익주를 침공하기 위한 베이스캠프였다.

"만약 조조가 한중을 점령하고 한중의 물자를 이용해 촉 땅을 침공한다면 누가 대항할 수 있겠습니까?"

유장의 부하 장송張松이 그에게 물었다.

"나도 전부터 그 일을 걱정하고 있지만 방법이 없었소."

이는 무능한 리더의 전형적인 대답이다.

이미 유장의 무능함을 알고 있던 장송은 위기를 해결할 방법으로 유비를 추천했다. 유비가 유장과 같이 먼 황족의 후예이며 조조와 철천지원수 사이라는 명분이 통했다. 또한 유비가 형주에서 보여준 의리도 큰 역할을 했다. 이 시대 사람들은 크게 두 종류로 나뉘었다. 한왕조를 끝내고 황제가 되려는 사람과 한왕조를 지키고 지방의 지배자로 만족하려는 사람이다. 이들 외에 또 하나의 부류가 있는데 황제가 되려는 야심을 마음속에 감추고 있는 사람이다. 유장처럼 야심이 없는 사람은 야심가를 두려워만 할 뿐 숨은 야심가를 알아보지 못한다. 즉 조조처럼 야심을 드러낸 사람은 누구나 알아볼 수 있지만, 유비와 손권 같은 숨은 야심가는 판별이 어렵다.

유장이 유비와의 연합을 승낙하자 장송은 책사 법정法正을 파견했다. 유비를 만난 법정은 촉을 차지할 것을 권했다. 방랑을 끝낸 유비로서는 이제 야심을 숨길 필요가 없었던 듯하다. 게다가 조조가 한중을 차지하면 유비는 빠져나갈 곳이 없는 상황이기도 했다. 유비는 관우, 장비, 조운, 제갈량에게는 형주를 지키라 하고 방통, 황충黃忠, 위연, 탁응卓膺 등을 데리고 촉으로 들어갔다. 새로 얻은 부하들만 데리고 낯선 땅에 도전한다는 것은 쉬운 일이 아니다. 그만큼 유비는 용인술과 담력이 뛰어난 인물이었다. 이때 유비가 이끌고 간 병력은 2만 명 남짓이었다.

유장은 성도 서북쪽 부현(현재의 면양시 부근)에서 유비를 맞이했다. 그가 이끌고 나온 병력은 4천여 명에 불과했다. 장송과 법정은 유비에게 회담장에서 유장을 습격하라고 조언했다. 방통도 같은 건의를 했지만 거부했다. 유비는 유장이 지원한 1만 병력을 더해 총 3만 병력을 이끌고 한중을 향해 나아갔다. 그러나 촉산 산지가 시작되는 가맹관에 다다르자 진군을 멈추고 민심을 얻는 데 주력했다. 주민의 지지와 호응 없이는 60km가 넘는 험지로 들어갈 수 없었기 때문이다.

그러는 사이 해가 바뀌고 조조가 손권을 침공한다는 소문이 돌았다. 손권은 유비에게 구원을 요청했다. 이에 유비는 유장에게 사자를 보내 회군하겠다며 도리어 1만의 군사를 빌려 달라고 말했다. 형주도 침공하려 했던 조조가 악진을 보냈고, 지금 관우와 청니에서 대치 중이기 때문이었다. 유비는 만일 관우가 패하면 악진이 익주를 침공할 것이며, 장로는 자신이 생각한 것보다 강하니 당장 조조에게 함락되지 않을 것이라고 주장했다.

유장은 구원을 요청한 유비가 도리어 병력과 물자를 지원해 달라고 하자 당황했다. 유비의 회군 요청은 수상쩍었지만 결국 유장은 4천 명의 군사와 유비가 요구한 군수물자의 절반을 지원했다. 유비가 철수한다고 하자 유장의 목을 날려버릴 계획을 세웠던 장송이 유비의 책사 법정에게 급전을 보냈다.

"지금 큰일을 이루려고 하는데, 어찌 익주를 떠나시려고 합니까?"

이 사실을 알게 된 장송의 형 장숙은 자신에게 불똥이 튈 것을 걱정해 유장에게 달려가 장송의 음모를 폭로했다. 즉시 장송을 잡아 죽인 유장은 이 일을 유비에게 말하지 않았다. 유비가 장송의 죽음을 알게 되면 군을 촉의 성도로 돌릴 것이 뻔했기 때문이다. 하지만 비밀은 누설되었고 분노한 유비는 성도를 향해 진격했다. 그런데 이는 정사 《삼국지》〈촉서〉 선주전(유비전)의 기록이다. 이런 기록은 항상 주인공의 입장에서 서술한다. 유비의 배신은 그의 이력에 오점으로 남지 않도록 시간 순서를 바꿔 정당화했을 가능성이 있다.

장로 토벌은 내버린 채 대중의 마음을 사는 데 주력한 유비는 이제 때가 되었다고 생각한 것 같다. 이에 방통이 세 가지 계략을 내놓았다.

1안: 정예 병사를 뽑아 비밀리에 진격해 성도를 습격한다.
2안: 형주로 회군하는 척하면서 관두(요긴한 길목)를 지키는 양회楊懷와 고패高沛에게 지원요청을 한다. 양회와 고패가 오면 그들을 억류하고 병사를 획득해 성도로 진군한다.
3안: 백제성까지 물러난 후 형주와 연락해 지원을 받는다.

유비는 2안을 택했다. 가맹관에서 정확히 남서쪽으로 120km 정도를 가면 성도다. 유비는 파죽지세로 진군해 부현을 점령했다. 유장은 유귀劉貴, 냉포冷苞, 장임張任, 등현鄧賢을 파견해 부현에서 승부를 거뒀지만 패했다. 유장은 다시 이엄李嚴을 파견했지만 그는 유비에게 항복했다.

지금껏 관우와 장비에 대한 의존도가 높았던 유비는 새로운 맹장을 얻었다. 형주 공략 때 장사에서 만난 무장 황충이다. 이때 관우는 노장 황충과 명승부를 벌였다. 태수 한현韓玄은 황충에게 활을 쏴 관우를 죽이라고 닦달했다. 화살 공격이 비겁하다고 생각한 황충은 일부러 빈 활을 튕겨 관우에게 경고한 뒤 화살을 날려 투구를 맞췄다. 이에 관우는 황충의 말이 진창에 빠져 넘어지자 새 말을 타고 오라며 황충을 기다려 주었다. 진정한 승부를 겨루고자 했던 사나이들의 대결을 이해하지 못한 한현은 황충이 관우와 결탁하여 배반을 꾀한다고 의심해 황충을 가

관중과 촉의 지리

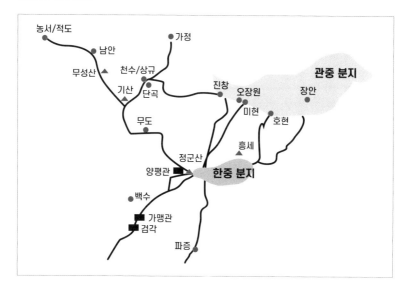

둔다. 이를 본 위연이 분노해 한현을 죽이고 유비군에게 투항했다.

멋진 이야기지만 이는 소설에서 지어낸 내용이다. 황충의 나이는 알려지지 않았으나 활약상으로 볼 때 노장은 아니었던 듯하다. 가맹관에서 시작된 전투에서 황충은 늘 선봉에서 활약하며 적진을 함락시켰다. 유비는 황충을 전공 1등으로 꼽았다.

성도 습격을 위한 마지막 관문은 낙현이다. 여기를 지나면 성도까지 20~30km에 불과하다. 한편 유비는 유장을 향해 군을 돌리면서 형주에 연락해 최대한의 병력을 촉에 파견하게 했다. 형주에는 관우만 남기고 제갈량, 장비, 조운 모두가 촉을 향해 출발했다. 형주군은 강을 따라 올라와 백제성, 강주 등 익주의 남부 지역을 휩쓸었다. 훌륭한 전략이었고 훌륭한 타이밍이었다. 덕분에 유장은 성도로 병력을 모을 수 없었고 고립되고 말았다.

파죽지세로 진군하던 유비군은 성도를 눈앞에 두고 가로막혔다. 유순劉循이 지키는 낙현 공성전은 상당한 시간을 끌었다. 여기서 잃은 시간이 익주 정복에 타격을 주지는 않았으나 큰 손실을 입었다. 사마휘가 말한 와룡(제갈량)과 봉추(방통) 중 한 사람이었던 방통이 36세의 젊은 나이에 화살에 맞아 전사한 것이다. 유비는 촉을 얻었지만 이는 치명적인 손실이었다.

소설에서는 방통이 죽기 전 제갈량이 유비에게 '천문의 징조가 불길하니 낙성으로 가지 말라'라는 편지를 보낸다. 방통은 제갈량이 자신이 공적을 시기하는 것이라며 낙성 공격을 감행했다. 낙성으로 가는 두 갈래 길을 두고 유비가 샛길로 가려 하자 방통은 자신이 그 길로 가겠다고 고집했다. 출발하려는 찰나 갑자기 말이 날뛰었고 방통은 말에서 떨어졌다. 유비는 자신의 백마를 내주었다. 샛길에는 장임이 지휘하는 매복하고 있었다. 하필 그곳의 지명이 '봉황이 떨어진다'라는 뜻의 낙봉파라는 말을 들은 방통은 그제야 불길함을 느끼고 군사를 뒤로 물리기로 했다. 그때 촉군의 공격이 시작됐다. 장임은 백마에 탄 방통을 유비로 오인해 집중 공격했다. 공격을 견디지 못한 방통은 목숨을 잃었다.

방통이 죽은 진짜 원인은 전투 중 성에 너무 가깝게 접근했다가 화살에 맞은 것으로, 굳이 원인을 찾자면 문무 구분이 분명치 않았던 한나라의 시대적 특성 탓이다. 송나라나 명나라였다면 방통 정도의 위치의 인물이 전투 중인 성 근처까지 나올 일이 없었다. 방통은 용기 있는 사람이었고, 문무를 겸비한 난세의 지도자가 되려는 의욕이 넘쳤던 인물이었다. 하지만 잠깐의 혈기를 이기지 못한 것이 자신과 유비에게 큰 불행이 되고 말았다.

낙현을 통과한 유비는 성도를 포위했고 수십 일의 포위전 끝에 성도에 입성했다. 214년 여름이었다. 성도 함락 직전에는 마초가 장로를 버리고 유비에게 귀순해 군대를 끌고 와 합류했다. 버티던 유장은 개별 전투력으로는 최강이라고 할 수 있는 마초의 서량 기병이 합류한 것을 보고 바로 성문을 열었다. 얼마 후에는 남부를 평정한 제갈량과 장비군도 성도에 합류했다. 아마도 그들의 일생에서 가장 감격스러운 순간이었으리라. 드디어 기나긴 유비의 방랑 생활이 끝났다.

유비의 익주 정복은 제갈량이 제안한 천하 삼분지계에서 나왔다고 한다. 정사에서 유비가 세 번의 방문 만에 제갈량을 만났으며, 이때 제갈량이 유비가 익주를 점령한 뒤 위·촉·오 세 나라를 나누는 발판이 되는 천하 삼분지계를 제안했다.

사실 천하 삼분지계는 새로운 생각이 아니다. 이미 한고조의 유방과 광무제가 익주에 숨어 있다가 천하를 제패한 역사가 있다. 주유도 촉을 정복하려 했고, 방통도 유비에게 천하 삼분지계를 강력히 주장했다. 유비에게 중요한 것은 천하 삼분지계라는 아이디어가 아니라 촉을 점령하고 통치해 단기간에 위와 오와 대항할 수 있는 나라를 만드는 방법과 통치술이었다. 단순히 백성을 어루만지고 신뢰를 얻는다는 추상적인 원칙이 아니라, 그것을 실행하고 세금을 줄여 백성을 위로하면서 동시에 군비를 증강하는 현실적인 딜레마를 해결하는 방법이었다.

마초의 귀순

소설에서는 유비가 성도를 눈앞에 두고 면죽에서 싸우고 있을 때, 장로에게 귀순했던 마초가 가맹관을 공격한다. 마초가 가맹관을 차지하면 유비는 사방에서 공격받는 꼴이 될 것이었다. 제갈량은 유비에게 마초를 상대할 수 있는 사람은 관우뿐이며 그를 불러야 한다고 말했다. 그러자 장비가 격노했다.

"나는? 나는 왜 마초를 상대할 수 없다는 거야!"

장비를 좋아하는 사람은 그의 우직하고 단순한 모습에 매력을 느낀다. 이처럼 유비와 제갈량은 장비의 자존심을 살살 긁은 뒤 마초를 상대하게 했다. 비슷한 실력자의 일대일 대결에서는 싸우겠다는 투지가 승부에 결정적인 영향을 미치기 때문이다. 장비는 약이 바짝 올라 튀어나갔다. 장비와 마초는 삼국지에서 손에 꼽을 만큼 명승부를 펼쳤다. 전투력은 장비가 근소하게 우세했으나 이대로 둔다면 두 사람 모두 크게 다칠 것이었다. 제갈량은 특유의 계략으로 장로와 마초를 이간질했고, 결국 마초는 유비에게 귀순했다. 마초를 얻은 유비는 성도로 진군했다. 유비에 마초까지 더한 군세를 본 유장의 기는 완전히 꺾였다. 그는 부하들의 설득에 성문을 열고 항복했다.

소설에서는 이 이야기 외에도 조운, 황춘, 위연, 맹달孟達, 곽준霍峻 등 그동안 유비와 함께 고생하느라 실력 발휘를 못한 중견 장수들까지 신나게 활약할 기회를 준다. 훗날 유비와 함께할 촉의 장수들인 이엄, 이회李恢, 동화董和, 황권黃權, 초주譙周 등도 활약상을 보여준다.

축제처럼 벌어지는 성도 함락전이지만 정사는 이 정도로 극적이지 않다. 마초는 복잡한 과정을 거치지 않고 자진해서 유비에게 달려왔고, 성도에 도착한 마초군을 본 유장은 저항을 포기하고 항복했다. 분명 여러 장수가 활약했을 터인데 촉나라는 이렇게 중요한 전쟁에 관한 기록조차 제대로 남기지 못했다. 따라서 소설을 거짓이나 과장으로 여기기보다 소설을 읽으며 정사의 아쉬움을 푸는 것이 좋은 방법일 듯하다.

익주를 차지한 유비는 마초를 도정후에 봉했다. 마초의 딸은 안평왕 유리劉理와 결혼해 유비 일가와 사돈이 된다. 마초의 귀순으로 유비는 촉의 서북쪽 지역을 단단히 장악하고 북쪽의 관중과 동쪽의 한중 공략에 전념할 수 있게 되었다. 조조 입장에서 유비의 성공을 회고해 보면 어처구니없고 짜증 날 일이었다. 현령 정도로 끝났을 무명의 유비를 서주의 영웅으로 만든 뒤 당대의 거성으로 인정해 전국적인 명성을 얻게 해준 사람이 조조였기 때문이다. 마지막으로 조조의 형주 침공은 유비에게 형주 절반과 촉을 선사하고 끝났다.

유비가 촉을 차지했으니 이제는 조조가 관중과 한중을 걱정할 차례였다. 유비가 한중까지 차지하면 촉과 한중이 형주와 연결될 것이었다. 그들이 오와 합세하면 조조는 양쯔강 상류에서 하류까지 이어지는 모든 전선에서 전쟁을 벌여야 했다. 그보다 더 큰 위험은 관중이었다. 한중이 유비의 손에 들어가면 관중 지역은 한중 - 촉 - 강족(마초)에 의해 삼면에서 압박을 받게 된다. 만일 유비가 끝내 관중 공략에 성공하면 장안을 함락하고 낙양을 코앞에 두게 될 것이다. 관중은 과거 진시황의 진나라가 있던 나라로, 험준한 섬서 분지로 둘러싸인 천혜의 요충이다. 하남성, 그러니까 낙양-허도 지역의 서쪽에는 세 개의 거대한 분지가 있는데 한중, 관중, 촉이다. 세 곳 모두 공략이 쉽지 않은 곳으로 이곳의 웅덩이에 물이 고여 있다가 기습적으로 터져 나오면 평야 지대인 낙양-허도는 한순간에 잠겨버릴 것이다. 조조의 군대가 아무리 강해도 이렇게 측면 압박을 받으면 전략적으로 불리했다. 게다가 촉과 오는 공격이 어려운 지형인 탓에 조조는 방어, 즉 수세로 몰릴 것이다. 지키는 자는 공격하는 자를 이길 수 없다. 그뿐 아니다. 마침내 손권이 합비를 뚫는다면 옛날 원술과 도겸의 땅을 차지하게 된다. 그리고 오가 서주로 진출하면 조조는 동쪽-서쪽-남쪽의 삼면에서 공격을 받게 된다. 그러면 끝이다.

조조는 언제나 빨랐다. 망설이느라 상대가 힘을 키울 기회를 주는 법이 없었다. 이번에는 용서할 수 없다. 한중을 차지하고 그다음에 유비를 반드시 제거해야 했다. 조조의 신하 유엽劉曄도 촉 진공을 재촉했다.

"만약 촉 침공을 조금이라도 늦추면 제갈량은 치국에 밝아 재상이 되고, 관우와 장비는 삼군을 거느리는 장수가 될 터이니 우리가 범할 수 없는 상태가 될 것입니다."

215년, 조조는 한중으로 진군했다. 조조가 한중으로 들어오자 그곳을 지배하고 있던 장로와 그의 공조 염포閻圃는 독립 군벌을 포기하고 조조의 휘하로 들어가기로 했다. 하지만 장로의 동생 장위張衛가 항복에 반대하며 수만 명을 이끌고 양평관을 막았다. 조조는 양평관을 간단히 함락하고 장위를 죽였다. 어쩌면 장위의 이야기는 장로 측에서 퍼트렸을 가능성도 있다. 장로가 조조에게 대항할 생각으로 장위를 보냈는데 너무 쉽게 무너지자, 자신은 처음부터 항복하려 했는데 장위가 독단으로 저항했다고 뒤집어씌운 것이다. 양평관이 무너진 것을 보고 깜짝 놀란 장로는 서둘러 항복하려 했다. 이때 염포가 장로를 붙들었다.

"지금 항복하면 안 됩니다."

"어쩌란 말이오. 감히 조조와 싸우자는 거요?"

"아닙니다. 그냥 항복하면 값이 안 나옵니다. 한 번은 튕겼다가 항복해야 항복 조건과 몸값도 높아지지 않겠습니까?"

장로는 염포의 충고대로 파중으로 도피했다. 이 소식을 들은 유비는 장로를 귀순시키고자 유장의 신하였던 황권을 파견했다. 그러나 황권이 도착하기 전에 장로가 조조에게 투항한다. 조조는 장로의 흥정이 마음에 들었다. 이런 인물은 배신할 우려가 없기 때문이다. 조조는 염포를 제후로 봉했다. 또한 장로의 다섯 아들을 모두 봉군하고 딸은 자신의 아들과 결혼시켜 장로를 사돈으로 삼았다. 한중 문제는 깔끔하게 해결되었고, 이제 그토록 속 썩이던 유비만 남았다.

10. 한중 공방전

조조, 한중을 침공하다

한편 익주를 차지한 유비도 골치 아픈 상황이었다. 토착민과 이민족의 분열이 심한 익주에 유비 군단까지 합세했으니 갈등이 심할 수밖에 없었다. 총력전을 펼쳐도 모자랄 판에 내부 분열을 두고 볼 수만은 없었던 유비는 대화합 정책을 펼쳤다. 전력과 파벌을 따지지 않고 능력대로 인재를 등용한 것이다. 이에 관한 정사 《삼국지》〈촉서〉 선주전의 기록이다.

> 동화와 황권과 이엄 등은 본래 유장이 임용한 관원이며, 오일吳
> 壹과 비관費觀 등은 유장의 인척이고, 팽양彭羕은 유장에게 배척

당한 자이며, 유파劉巴는 예전부터 한을 품었던 사람인데, 유비
는 이들을 모두 중요한 직책에 임명하여 그 재능을 충분히 발휘
하도록 했다. 그러므로 뜻있는 선비들은 서로 최선을 다하는 것
으로 경쟁을 벌였다.

출신과 과거를 묻지 않고 능력대로 등용하는 것은 쉬운 일이 아니다.
유비가 높은 평가를 받는 이유는 이를 시도했다는 것이 아니라 성공시
켰다는 것이다. 그것도 토착민과 이주민의 갈등이 강한 지역에서 단기
간에 말이다.

유비는 촉과 형주를 차지함으로써 순식간에 조조에게 큰 위협이 되
었다. 영토나 인구로는 아직 부족했으나 두 방향에서 조조를 위협할 수
있다는 것이 문제였다. 관우의 형주가 북진하면 바로 허도다. 하지만 손
권이 유비만 좋은 일을 시킬 리 없다. 유비가 촉을 안정시키기도 전인
215년에 손권은 사자를 보내 "촉을 얻었으니 형주를 돌려달라"라고 요
구했다. 당연히 유비는 거절했고, 손권은 여몽을 파견해 장사, 영릉, 계
양까지 세 지역의 군을 습격해 빼앗았다. 여몽이 출동하자 장사와 계양
태수는 바로 항복했지만, 영릉태수 학보郝普는 투항을 거부했다. 이는
충성심의 문제가 아니라 지정학적 문제였다.

여몽은 오나라 최고의 전술가답게 형주의 약점을 제대로 노렸다. 형
주가 중국 대륙의 십자로라는 것은 앞에서 말했다. 덕분에 북쪽 국경은
조조의 주력군과 대치하고 있었다. 한마디로 조조의 압박이 가장 높은
지역이다. 서쪽에서 촉이 보호해주고 있지만 촉의 군대 역시 형주 중북
부로 들어왔다. 결국 형주의 남부 지역은 형주의 북부군이나 촉군의 도

움을 받기에는 거리가 멀었다. 그나마 가까운 지역이 영릉이었다. 게다가 인적 자원이 충분하지 않았던 유비는 언제나 점령지의 인물을 존중하면서 그들의 협력을 끌어내는 방법을 사용했다. 유비는 관우를 익양으로 내려보냈다. 자신은 5만 대군을 이끌고 공안현으로 향했다. 조조의 침공을 막고 형주도 지원하기 위함이었다. 한편 손권은 노숙을 보내 익양에서 관우를 막고 남부로 파견했던 여몽군을 불러들였다.

이처럼 영릉은 구원받았다. 그러나 여몽군은 만만치 않은 상대였다. 병력을 철수하면서 영릉태수 학보의 마음을 돌리려 했다. 학보의 친구 등현을 보내 유비와 관우가 영릉을 도울 수 없다고 부추긴 것이다. 그들의 군대는 움직일 수 없으며 자신의 군대가 영릉에 더 가깝다는 등현의 협박에 속은 학보는 끝내 항복했다. 이로서 1라운드는 손권의 승리로 끝났다. 하지만 5만 대군으로 위협하는 유비의 대담함을 보며 손권은 아직 사생결단을 내릴 때가 아니라고 생각했다.

이때 조조가 한중을 침공한다. 순식간에 장로를 격파하고 한중의 절반 이상을 석권했다. 유비는 급히 귀환해 손권에게 다시 동맹을 요청했다. 사실 손권이 지금 유비를 공격하면 형주를 모두 탈환할 수도 있었다. 하지만 그는 강화를 맺어주었다. 유비는 형주를 다시 분할해 강하, 장사, 계양을 오나라 영토로 하고 남군, 영릉, 무릉을 촉의 영토로 했다. 여몽에게 넘어가지 않고 버텼더라면 유비에게 영웅이 될 수 있었던 학보는 풀려나 멋쩍게 영릉으로 돌아갔다.

손권이 유비를 공격했다면 형주를 모두 차지할 수도 있었는데 왜 강화를 맺었을까? 이것이 정사와 소설을 불문하고 삼국지가 보여주는 매력이다. 한중에서 유비와 조조가 싸우는 동안 손권은 전군을 동쪽으로 돌려 합비를 쳤다. 합비는 오나라의 입장에서 북벌의 성공 여부를 좌우하는 지역이었다. 멀고 충성도도 낮은 형주로 가서 북진하는 것과 오나라의 영토에서 바로 북진하는 것 중 어느 것이 나을까? 양쪽 다 장단점이 있지만 조조와 유비가 엉켜 싸운다면 손권으로서는 동쪽으로 가서 합비를 건너 과거 원술의 영토이던 회수 일대를 정복하고 서주로 들어가는 것도 꽤 괜찮은 전략이었다. 유비가 촉으로 돌아가는 사이 장로는 조조에게 항복했다. 장로가 좀 더 버텨주기를 바랐던 유비는 유비대로 손권은 손권대로 땅을 쳤다. 또다시 조조의 전격전이 승리를 거뒀다. 여기서 조조는 바로 촉을 공략할 것인지, 합비로 가서 손권의 북진을 막을 것인지를 결정해야 했다.

유비와 조조의 정면 대결

또다시 하늘이 유비를 도왔다. 조조는 그답게 감정보다 현실을 택했다. 한중은 험한 지형이니 방어에 주력한다면 충분히 지킬 수 있다. 게다가 유비는 감히 공격하지 못할 것이다. 217년, 조조는 한중을 하후연과 장합에게 맡기고 합비로 달려갔다. 장합은 자신의 군사들을 이끌고 탕거로 진군했다. 유비의 공세를 막고 촉의 군력을 소진시키기 위함이었다. 이때 조조가 합비로 떠나자마자 법정이 유비에게 달려갔다.

"조조가 우리를 칠 수 있는데 갑자기 돌아갔습니다. 무슨 사정이 있는 겁니다. 한중에 남겨둔 하후연과 장합은 우리 장수들이 상대할 수 있습니다. 지금 바로 한중을 점령해야 합니다."

유비는 손권과 동맹을 맺고 장비를 탕거로 보내 장합과 겨루게 했다. 장합은 소설에서 평가 절하된 명장이다. 원소의 부하로 있다가 조조에게 투항한 관도대전 이후 15년이 지났다. 그동안 장합은 승승장구하며 다채로운 경험을 쌓았다. 관중과 한중에서도 맹활약했지만 조조는 하후연을 대장으로 하고 장합을 2인자로 두었다. 정사는 장합의 전술 능력이 하후연보다 뛰어났다고 평가한다. 유비와 제갈량 역시 장합을 높게 평가했으며 그와 대적할 때는 신중을 기했다.

반면 장비는 소설에서 평가 절상된 명장이다. 관우에 버금간다는 명성은 있었지만, 실제로는 연전연패하는 유비를 따라다니는 바람에 활약할 기회를 얻지 못했다. 장판파 전투에서 용기를 보였고, 익주 침공에서 공을 세웠지만 중원의 정예군과 맞서 대군을 지휘하는 대장으로서의 능력은 제대로 보여주지 못했다.

그런 장비와 장합이 한중에서 진검승부를 펼치게 된 것이다. 소설은 조홍을 총사령관으로 하고 하후연과 장합을 그 아래에 배치했다. 이때 유장의 옛 부하였던 뇌동雷銅이 장합의 배후를 기습했다. 그러자 장합은 암거산에 들어가 성채(성과 요새)를 강화하고 산 위에서 술을 마시며 장비를 약 올렸다. 화가 난 장비가 무슨 짓을 해도 꿈쩍하지 않았다. 결국 폭발한 장비는 막사에 들어가 술만 마셔댔다. 이 소식을 들은 유비가 장비의 실수를 걱정하자 제갈량이 고개를 저으며 말했다.

"장비에게 술을 더 보내십시오. 장비는 예전의 장비가 아닙니다. 자신의 옛 이미지를 이용해서 계략을 꾸미는 겁니다."

술이 도착하고 장비의 술판이 더 커지자 이번에는 장합이 자신을 무시한다며 분노했다. 장비의 계략에 장합이 뛰쳐나왔고 두 사람은 드디어 대결을 시작했다. 장비는 장합과 싸우는 동안 별동대를 보내 장합군의 진지를 점령했고, 장합은 와구관으로 후퇴했다. 장비는 우연히 피난민으로부터 와구관의 뒤로 가는 샛길을 알게 된다. 이를 이용해 장합의 뒤를 공격했고 승리를 거뒀다. 대패한 장합은 간신히 조홍에게로 도주했다. 연전연패한 조조의 마지막 희망은 정군산에 있는 하후연이었다. 여기에 장합과 하후상夏候尚이 합세했다. 유비는 노장 황충을 대장으로, 법정을 책사로 파견하고 조운과 유봉, 맹달을 지원 부대로 보냈다. 황충은 법정의 계략을 사용해 하후연을 몰아붙인 뒤 일격해 죽였다.

소설은 이 한중대전에 꽤 공을 들였다. 아이디어는 조금 진부하지만 촉의 새 장수들이 계속 등장해서 신선함을 준다. 가장 인상적인 부분은 모두가 늙었다고 걱정하는 노장 황충의 활약이다. 하지만 황충과 엄안의 노익장, 장비의 계략은 모두 허구다. 장합과 50여 일을 대치 중이던 장비는 병사 1만을 이끌고 알려지지 않은 루트로 진격해 장합을 공격했다. 길이 좁아 장합군의 앞뒤가 서로를 도와주지 못했다는 기록으로 볼 때 장비가 샛길로 기습해 공격한 듯하다. 이는 산악 지형 전투에서 가장 효과적이고 바람직한 전술이다. 장합은 부하 몇 명과 산속으로 들어가 간신히 촉의 포위망을 벗어나 남정으로 돌아왔다. 수치스러운 대패였다. 소설처럼 피난민이 장비에게 샛길을 알려주었는지는 알 수 없지만 장비는 지형 정보에 앞선 덕분에 승리할 수 있었다. 장비는 한중 공방전에서 대장의 능력을 증명했다.

조조는 이 패전을 질책하지 않았다. 장합을 탕구장군으로 임명하고 하후연과 장합에게 한중 전투를 계속 맡겼다. 신뢰와 능력 면에서 하후연과 장합을 대체할 인물이 없었다. 조조에게는 맹장이 많았지만 이들은 대부분 기병대장이었다. 산악 전투가 많은 한중과 촉의 전장에서는 산악지형에 대한 경험과 숙련도가 무엇보다 중요했다. 그런 면에서 볼 때 장합이 최적격자였다.

장비의 승리에 고무된 유비는 직접 한중의 관문인 양평관으로 진격했다. 동시에 한중과 연결이 끊긴 무도로 촉 출신 장수 오란과 뇌동을 보내 공략했다. 이 공격은 참극으로 끝났다. 촉군은 전멸했고 두 장수도 전사했다. 다음 해인 219년에 유비는 다시 직접 한중 점령에 도전했다. 이 시기의 전투 기록은 여러 조각으로 나누어져 있고, 삼국지에 등장하는 다양한 인물들의 열전에는 자신의 입장을 강조하거나 변호하는 식으로 기록되어 있어 정확한 파악이 어렵다.

유비는 양평관을 나와 정군산에 진영을 꾸렸다. 양평관이 좁은 협곡을 막고 있는 지형이라면 정군산은 U자형 지형으로 시야가 넓게 펼쳐져 있다. 이때 유비는 별동대를 한중 동쪽 홍세산으로 보냈다. 하후연은 장합을 파견했고 이 바람에 두 군대가 분리되고 하후연의 병력이 줄었다. 유비는 1만 병력은 10개 부대로 나눠 야밤에 화공으로 하후연 진영을 태웠다. 동시에 장합도 습격해 장합군을 고착시켰다. 상황을 제대로 파악할 수 없던 하후연은 경기병을 이끌고 진영을 나왔다.

여기서 하후연과 장합의 기록이 미묘하게 다르다. '장합은 친병을 이끌고 용전해서 유비군을 물리쳤다'라고 하는데 반드시 이겼다는 뜻은 아니다. '심각한 패전은 면했다', '죽지는 않았다', '패했지만 버텼다'라는 것을 미화할 때 이렇게 표현한다.

친병을 거느리고 싸웠다는 것은 장합군이 고립되었다는 의미다. 장합 열전은 유비군을 물리쳤다는 데 방점을 찍었지만 유비의 목표는 장

합이 아니었다. 이 시기 하후연의 기록은 조금 다른데 자신의 병력 절반을 장합에게 보냈다는 것도 있고, 자신이 직접 장합을 도우러 갔다가 샛길에서 유비군과 마주쳤다는 것도 있다. 하지만 이는 위나라의 기록이고 유비의 기록은 또 다르다.

촉군은 하후연과 장합을 혼란시키고 그들의 부대를 분산 단절시켰던 것 같다. 완전히 유비군의 페이스대로 흘러가고 있었다. 하후연의 본진을 공략하던 중 법정은 "지금이 쳐야 할 때"라고 말했다. 유비는 익주 정복전에서 선봉장으로 맹활약한 황충을 투입했다. 황충은 높은 곳에서 아래로 진군하며 하후연이 거느린 정예 부대의 강력한 저항을 뚫고 나갔다. 마침내 하후연이 묶여 있는 골짜기에 진입했고 퇴로가 막힌 하후연은 전사한다. 조조군의 참패였다. 조조가 유비의 대체자로 미리 임명해 놓은 익주자사 조옹도 죽었다.

하후연의 죽음과 유비의 한중 점령에 놀란 조조는 즉시 관중으로 들어와 대군을 이끌고 한중을 침공했다. 이제껏 유비는 조조에게 이겨본 적이 없었다. 맞상대조차 하지 못했던 조조가 직접 나타났을 때 유비는 처음으로 도망가지 않았다.

"조조가 온다고 해도 나는 두렵지 않다. 나는 한중을 지켜낼 것이다."

조조는 유비의 태도에 "이건 내가 알던 유비가 아니다"라고 말했다고 한다.

이 순간까지 조조는 한중과 합비를 오가며 4천 리가 넘는 행군을 했다. 병사들이 참고 버틸 수 있는 수준이 아니었다. 조조는 관중에서 다시 군을 모집했다. 그러나 법정의 예리한 안목은 조조의 정예병이 지쳤고 신병은 사기가 떨어졌음을 눈치챘다. 겁쟁이 도주왕에서 탈바꿈한 유비는 촉산의 요새에 의지하며 단호하게 버텼다. 그러는 사이 조조의 부대는 탈주병이 늘었다. 여름이 되자 전염병의 우려까지 더해 병사들의 사기는 회복할 수 없는 수준까지 떨어졌다. 부실한 군대로 공격을 감행할 수 없던 조조는 실패를 인정하고 철군했다.

그해 가을에 유비는 한중왕의 자리에 올랐다. 즉위와 함께 유비는 헌제에게 상소를 올려 조조를 역적으로 규정하고, 한나라 황실로서 역적을 소탕하고 나라를 구하는 것이 한중왕으로 즉위하는 이유이자 소명이라고 선포한다. 헌제에게 올리는 상소라지만 사실은 조조에게 던지는 도전장이었다.

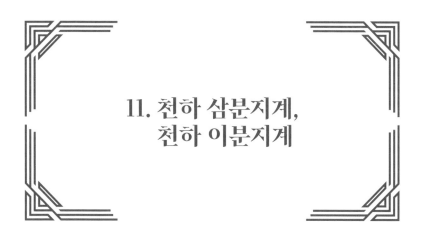

11. 천하 삼분지계,
천하 이분지계

관우의 형주를 노리다

219년은 삼국지 역사에서 가장 극적인 해가 된다. 유비는 자신이 한중왕이 되었음을 선포하며 반 조조 세력과 한나라에 충성하는 사람들, 그리고 출세의 욕망이 들끓는 인재들이 몰려들고 자신에게 귀순하는 지역이 늘어나길 기대했다. 이를 위해 왕이 되면서 공표한 말을 곧장 행동에 옮겼다.

유비는 한중왕이 되었지만 한중에 머무르지는 않았다. 분명 조조는 다시 공격해 올 것이고 장합을 상대할 만한 장수가 한중을 지켜야 했다. 유비군 진영에 그만한 장수는 관우와 장비뿐이었다. 그런데 유비가 한중태수로 발탁한 인물은 신예 위연이었다. 그는 유비가 형주군을 동원해 촉에 입성할 때 함께 나선 인물로 직급이 낮았다. 그런 그에게 한중을 맡기는 파격 인사에 모두가 놀랐다. 그뿐 아니라 하후연을 죽인 황충은 후장군에 임명했다. 좌우전후의 사방장군, 즉 좌장군, 우장군, 전장군, 후장군은 무사가 올라갈 수 있는 가장 높은 자리였다. 좌장군 마초, 우장군 장비, 전장군 관우에 이어 황충이 후장군에 오르자 제갈량이 우려했다.

"마초와 장비는 몰라도 관우가 화를 내지 않겠습니까? 평생 유비를 섬긴 자신과 겨우 1년 활약한 신예가 동급이 되었으니 말입니다."

그럼에도 유비는 강행했고, 관우를 직접 설득했다. 사실 유비에게는 생각이 있었다. 촉은 장수가 필요하고, 파격적인 승진으로 무장들의 사기를 진작시킬 필요가 있다. 그리고 유비는 곧바로 조조를 향한 공세를 펼칠 예정이었다. 다방면으로 군의 규모를 늘려 전쟁을 치러야 하니 더 많은 사령관이 필요했다.

한중을 차지하면서 형주의 관우는 좌측면을 걱정하지 않고 위나라를 공격할 수 있게 되었다. 관우는 즉시 행동을 개시했다. 소설 속 관우는 이보다 더 멋있을 수 없을 것 같은 캐릭터다. 카리스마 넘치는 외모와 성격, 무적의 전투력, 과묵하고 지적이며 어떤 유혹에도 흔들리지 않는 충성과 의리까지 갖췄다. 유일한 흠은 자신이 최고라고 여기고 적을 깔보는 오만함인데 그조차도 강렬한 카리스마가 주는 눈부심에 불과하다. 때문에 관우는 소설에서 작가의 설정이 가장 많이 들어간 캐릭터가 되었다. 안량, 문추, 화웅 중에서 실제로 관우가 죽인 사람은 안량뿐이다. 5관 돌파도, 관우를 상징하는 적토마와 청룡언월도도 없었다. 조조의 장수 중에 관우를 상대할 장수가 없는 것처럼 이야기하지만 실제로는 그렇지 않았다. 그래서일까? 너무 띄워주니 안티팬도 생겼다. 훗날 유비가 형주를 잃은 것이 관우 때문이라고 말하는 사람들도 있다. 과연 진실은 무엇일까? 삼국지 속 운명의 해였던 219년으로 들어가 보자.

215년 유비가 촉을 차지할 때 손권은 서쪽으로 형주 탈환을 시도했고, 북쪽으로 합비를 공략했다. 이 야심 찬 공격은 모두 실패했고 합비에서는 장료에게 목숨을 잃을 뻔했다. 이 사건으로 손권은 자신감을 잃었다. 2년 뒤에 손권은 조조와 화친하고 (항복했다고 하지만 실제로는 화친이다) 사돈을 맺자는 약속까지 했다. 위와 촉이 싸우게 하고 자신은 국력을 정비하면서 다시 합비 돌파를 시도할 생각이었다.

그런데 219년에 이 예상이 어처구니없게 깨졌다. 유비가 한중에서 조조를 밀어낸 것이다. 관우는 형주군을 동원해 즉시 북진을 개시했다. 그러자 조조가 조인을 보내 완성과 번성을 점령했다. 소설에서 조인은 하후돈, 허조, 장료에 비해 실력이 모자라지만 조조의 친척이라서 사령관이 되는 인물이다. 하지만 실제로는 무적의 활약을 펼친 최고의 장수였다. 관우는 번성으로 가서 조인을 공격했다. 그러자 조조는 좌장군 우금과 방덕을 구원 부대로 파견했다. 관우도 지켜보고만 있지는 않았다. 형주의 수비대를 모두 모아 전투에 투입했다. 결국 관우는 우금군을 모조리 무찌른 뒤 방덕은 살해하고 우금을 생포했다. 이를 본 조인은 양양으로 후퇴했다. 조인을 뒤쫓은 관우는 10겹으로 양양을 포위하며 압박했다.

조조는 한중에서 하후연을 잃고 형주에서 대패했으며, 두 개의 방면군(전략·전술상으로 중요한 일정한 방향이나 지역에서 독립적으로 활동하는 부대)을 잃었다. 그리고 지금은 조인마저 잃을 위기에 처했다. 여기에 양양까지 함락되면 관우의 북상을 막을 수가 없다. 게다가 한중왕이 된 유비는 조조를 역적으로 규정하고 전국에서 지지 세력이 일어나기를 고대한다고 말했다. 그 말에 보답이라도 하는 듯 관우가 형주에서 대승을 거두자 정말로 몇몇 군현이 반란을 일으켜 관우에게 복속했다. 조조의 위상이 한순간에 흔들린 것이다. 정사 《삼국지》의 관우전에서 '중원이 진동했다'라는 표현은 과장이 아니었다. 놀란 조조는 허도를 포기하고 도읍을 옮길 생각까지 했다.

이런 상황에서 조조는 중요한 결정을 내려야 했다. 조조와 그의 측근은 분명히 손권이 개입할 것이라 판단하고 여기에 기대를 걸었다. 형주는 아직 안정되지 않았고 유비와 관우를 향한 형주군의 충성도나 사기가 낮았기 때문이다. 그러니 손권이 개입하면 형주군의 사기는 저하될 것이다. 그렇다면 과연 관우가 물러설까? 아니다. 관우는 좋게 말하면 의리남이고, 나쁘게 말하면 자신의 능력을 과신하는 사람이다. 그는 자신이 부하를 믿는 만큼 그들도 신의를 지킬 것이라 확신할 인물이었다.

얼마 후 예상대로 손권이 조조에게 협조할 의사를 보내왔다. 조조는 이 정보를 관우에게 흘렸다. 당시 관우는 양양성 공략에 애를 먹고 있었다. 쉽게 함락할 수 있는 요새가 아닌데다 조인이 최후를 예감하면서도 악착같이 버티고 있었기 때문이다. 성공을 눈앞에 둔 상황에서 관우는 갈등했다. 물러설 것이냐, 최후의 강공을 취할 것이냐? 관우가 고민하는 또 다른 문제는 포로로 잡은 수만 명의 우금군이었다. 관우를 견제하는 오나라의 노숙이나 여몽의 병력은 겨우 1만이었다. 3만의 북방군은 엄청난 자산이고, 관우는 그들을 자기 휘하로 편입하고 싶었다. 이들을 우대하려면 막대한 식량과 물자가 필요했다. 관우는 후방을 맡고 있는 남군태수 미방과 공안태수 사인士仁에게 지원을 명령했다. 하지만 그들은 그만한 재정적 여력이 없다며 거절했다. 이에 관해서는 미방과 사인이 관우의 성공을 질투해서 거절했다는 기록도 있다. 싸늘한 거절에 화가 난 관우는 물자 징발을 강행했다. 그 결과 형주의 민심이 동요하고 미방과 사인, 관우의 관계도 틀어졌다.

관우는 상용에 있던 맹달과 유봉에게 지원을 요청했지만 이제 막 상용을 점령한 이들도 군을 동원할 수 없다고 거절했다. 상황을 지켜본 여몽은 상인이나 민간인으로 위장한 병사를 신속하게 형주로 보내 공격을 감행했다. 관우와의 관계에 틈이 벌어진 미방과 사인은 여몽의 설득에 넘어가 싸우지 않고 항복했다. 관우의 가족을 비롯해 출정한 형주군의 가족은 모두 포로가 되었다.

이 같은 사태를 예측했던 조조는 최후의 구원 부대로 서황을 보냈다. 서황은 우금과 방덕의 실수를 답습하지 않고 북방군의 장기인 기병으로 관우를 공격했다. 관우도 기병을 이끌고 직접 출전해 맞섰지만 상대가 되지 않았다. 서황은 번성을 포위하고 있는 관우군의 방어선을 뚫고 무참한 공격을 퍼부었다. 조조는 서황의 대활약에 찬사를 터트렸다. 관우의 허무한 패전에는 부족한 보급과 오나라군의 개입으로 인한 사기 저하 등이 함께 작용한 것 같다.

여몽에게 남군까지 잃은 관우는 양양 공략을 포기하고 회군했지만 갈 곳이 없었다. 여몽이 포로로 삼은 관우와 형주군의 가족을 잘 대우하고 있다는 소문이 퍼졌다. 전쟁과 굶주림, 불안감에 지쳤던 형주군은 도주하기 시작했다. 해를 넘긴 220년에 오나라군은 조직적으로 관우를 추격했다. 관우가 살길은 촉으로 탈출하는 것뿐이었다. 하지만 오나라의 육손陸遜이 관우보다 앞질러 촉으로 들어가는 길을 막았다. 다른 길도 오나라군이 미리 점거한 상황이었다. 아들 관평關平과 10여 명의 기병만을 거느리고 필사의 탈출을 감행하던 관우는 매복하고 있던 마충馬忠에게 붙잡혔다. 관우 일행은 모두 목숨을 잃었다.

손권은 관우의 머리를 조조에게 보냈다. 소설에서는 유비의 분노를 조조에게 돌리려는 모략으로 설명한다. 그러나 당시 손권은 조조와 주종 관계를 맺었으므로, 실제로는 조조와 오나라의 관계를 상기시키고 조조를 안심시키려는 의도였다고 생각된다.

손책에게 주유가 있었다면 손권이 얻은 최고의 명장은 여몽이었다. 적벽대전 때 주유 휘하에서 두각을 나타낸 여몽은 노숙을 찾아가 관우를 파괴하고, 형주를 되찾을 방략을 제시했으며, 마침내 성공했다. 손권의 감격은 이루 말할 수 없었다. 촉나라를 두려워하던 오나라가 졸지에 강남을 석권한 것이다. 손권은 여몽에게 무려 1억 전에 황금 500근이라는 포상을 내렸다.

관우의 죽음과 형주를 빼앗긴 것은 유비에게 엄청난 충격이었다. 한 중왕이 되고 반격을 시작하는 순간에 날개가 꺾이고 말았다. 형주가 조금만 더 버텨주었더라도 삼국의 역사는 바뀌었을지도 모른다. 하지만 이렇게 해서 삼국지의 전략적 구도가 완성되었다. 유비는 촉산의 장벽 속에, 손권은 장강의 보호 아래 오롯이 자기만의 영토를 갖추게 되었다. 한편 조조의 위나라는 가장 강력했지만 오나라와 촉나라 중 어느 한 곳도 전력을 쏟아붓지 않고서는 승리를 거둘 수 없는 상황이 되었다. 조조의 책략가 가후는 단기 승부의 시간이 끝났다고 판단했다. 동탁의 난부터 시작된 정복 경쟁의 시대는 여기까지다. 이제부터는 장기전이 시작된다. 국가를 제대로 경영해 나라를 안정시키고 국력을 키우는 자만이 살아남는다. 즉 누가 먼저 무너지느냐의 싸움이었다.

이렇게 삼국지의 장중한 1막이 마무리된다. 그 여파일까. 220년에 1막의 주인공들이 함께 퇴장한다. 관우가 죽었고, 곧이어 조조가 죽었다. 여몽도 사망했다. 소설은 이 우연에 착안해서 조조와 여몽의 죽음을 관우의 저주로 돌렸다. 관우는 크나큰 좌절 속에 목숨을 잃었지만 소설 덕분에 중국인이 가장 존경하는 역사 속 인물로 남아 최후의 승자가 되었다.

관우가 촉의 운명을 망쳤을까

결과적으로 관우는 잘못된 판단을 했고 그로 인해 형주를 잃고 목숨도 잃었다. 이제 막 한중전투를 끝낸 유비는 형주를 지원할 수 있는 상황이 아니었다. 관우도 형주를 완전히 통제하지 못하고 있었다. 이런 상황에서 벌어진 관우의 북진 계획은 대참사로 끝났다. 촉은 이 피해를 영원히 회복하지 못했다.

그런데 왜 소설은 관우를 그토록 멋지고 완벽한 인물로 포장한 걸까? 주인공 유비의 최측근이어서 그렇겠지만 그 외에도 유학의 뿌리 깊은 숭문주의(글과 문학을 높이 여기는 것)와 충효 사상 덕분이기도 하다. 관우는 무장이지만 《춘추》를 읽을 정도로 빼어난 지식인이기도 했다. 그리고 조조의 회유에 굴하지 않고 유비를 향한 의리를 지켰다. 형주를 차지하면서 사실상 독립 세력이 된 이후에도 손권의 혼인 제안을 거절했으며, 끝까지 유비를 배신하지 않았다.

하지만 이에 대한 반론도 있다. 유비를 배신하지 않은 것이 아니라 배신할 틈이 없었다는 것이 정확한 표현이다. 그는 오만한 성격으로 남의 말을 듣지 않았고 무리한 북진을 추구하다가 형주를 잃었다. 결국 관우는 촉을 망친 원흉이며, 조인과 서황에게 패전한 것을 보면 대단한 무장도 아니라는 것이다.

당시 관우가 높은 평가를 받았던 것은 사실이다. 조조와 손권은 형주의 관우를 두려워할 정도였다. 소설처럼 일대일 대결에서 관우의 청룡언월도를 이길 사람이 없기 때문이 아니다. 관우와 장비가 1만 대군을 대적할 능력을 갖췄다는 것은 격투 실력이 아니라 군대를 지휘하고 통솔하는 능력을 말한다. 관우에게는 민정을 살피고 통치하는 힘이 있었다. 관우는 병사들에게는 누구보다 좋은 사람이었지만 사대부들에게는 오만했다. 이 때문에 관우가 남의 말을 듣지 않는 오만한 성격이라고 알려진 것이다.

반대로 장비는 사대부는 존중했으나 병사들에게는 거칠었다. 본질은 관우는 사대부의 임무와 민정, 행정 등에 개입하는 진정한 통치자였고 장비는 군사 외에는 관여하지 않았던 진정한 장군이었다는 것이다. 이런 관우가 형주를 안정시키려 하는 것은 조조와 손권에게 심각한 위협이었다. 즉 유비가 한중왕이 되는 순간 관우의 형주는 위나라와 오나라의 공동 타깃이 된다는 것이다. 관우가 이 사실을 몰랐을 리 없다.

이런 상황에서 번성 지역이 조조의 지배에서 벗어나려고 했고 조인이 번성을 공략하면서 양양 전투가 발발했다. 관우를 변호하자면 관우가 성급하게 북진을 추진한 것이 아니다. 그는 두 개의 수에 휘말렸다. 조조는 북진의 교두보가 될 양양을 절대 포기할 수 없었고, 형주의 불안정한 인심과 손권의 협조를 기대하며 양양에 위나라의 장수 우금을 투입했다. 손권은 북진 전략을 포기하고 타깃을 형주로 옮겼다. 관우는 오나라를 믿지 않고 경계하고는 있었지만 손권의 계획을 알지 못했다.

관우가 우금군과 대결을 피하지 않은 것이 판단 착오였고, 대승을 거둔 것이 비극의 씨앗이었을까? 이런 상황에서 양양 공격을 포기하고 순순히 물러나는 장수가 있을까? 만약 그랬더라면 후대의 지식인들은 관우를 수염만 기르고 허우대만 멀쩡한 겁쟁이였다고 비난했을 것이다. 관우의 양양 전투는 자만심과 오만으로 벌인 과욕이 아니었다. 삼국의 입장과 책략, 역량이 집중된 삼국지 1막을 정리하는 빅뱅에 가까운 전투였다. 관우의 진짜 실수는 전투의 규모, 전술적 의미보다 역사적 전략적 구도가 훨씬 크고 방대한 사건이었음을 깨닫지 못했다는 것이다. 좀 더 정확히는 그 사실을 감지했으나 지금의 상황을 감당할 조직과 인력이 없었다는 것이다.

이는 지도자의 역량으로 감당할 수 있는 문제가 아니다. 관우의 진정한 실수와 오만은 충분한 인재를 양성해 두지 못했다는 것과 리더십의 역량과 조직의 역량의 차이를 깨닫지 못했다는 것이다. 이는 촉나라의 전반적인 인재 부족과 신생 국가로서의 경험 부족을 탓해야겠지만, 과연 형주에 인재가 없었을까? 관우가 사대부에게는 오만했다는 평가는 제갈량이나 법정 같은 인재를 양성하지 못했다는 의미로 해석할 수는 없을까? 다시 한번 강조하지만 리더는 개인의 영역과 조직의 영역, 개인 역량의 싸움과 조직의 싸움의 차이를 명확하게 인식하고 있어야 한다.

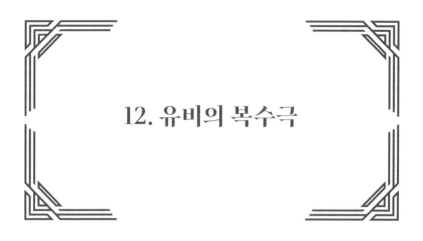

12. 유비의 복수극

이릉 전투

220년, 촉을 손에 넣은 절정의 순간에 관우와 형주를 잃었다. 추락은 여기서 끝나지 않았다. 방통에 이어 대체 불가능한 인재였던 법정마저 잃은 것이다. 소설에서는 제갈량이 전투 현장에서 유비에게 전술을 조언하고 책략을 펼치는 능력자였지만 실제로는 방통과 법정이었다. 소설에서 무슨 일이든 해결하는 만능 재주꾼이었던 제갈량은 실제 역사에서 주로 정치와 행정 영역을 도맡았다. 군사 분야는 유비의 판단에 맡겼고 방통과 법정이 훌륭한 조언자 역할을 해온 것이다. 관우와 장비를 잇는 최고의 무장 황충도 이 무렵에 사망했다. 222년에는 마초마저 사망했고, 차세대 유망주였던 곽준도 40세에 요절했다. 조조는 거대한 인재 풀을 소유하고 있어서 장수가 사망해도 곧바로 대체할 인물이 등장했고 때로는 그들이 더 유능했다. 하지만 믿고 아껴온 사람들의 연이은 죽음은 유비에게 있어 재기 불능이라고 할 정도로 큰 타격이었다.

촉에도 신예와 가능성 있는 장수들은 꽤 있었지만, 대군을 지휘할 경험 있는 장군이 부족했다. 군사 지휘 경험이란 운전 경험과 같은 능력을 말하는 것이 아니다. 군대는 조직이다. 조직을 가동해 전투를 해봐야 중간 인재들의 역량을 알 수 있고, 인간관계를 쌓을 수 있다. 신병들은 총알이 날아왔을 때 어떻게 대처할지 잘 모른다. 고지에서 고립되거나 어둠 속에서 포위되었을 때 중대장이나 대대장과 오랜 시간 함께 생활해 본 사람이 아니라면 그들이 어떤 결정을 내릴지 모른다. 지휘관은 이런 부분까지 측정하고 예측하며 군을 운영해야 하므로 경험이 필요하다. 이제 대장을 맡을 사람은 장비밖에 없었다.

220년에 조조가 사망하자 조비는 위왕이 되었다가 곧바로 선양, 즉 헌제가 황제를 스스로 양도한다는 형식으로 황제가 된다. 소설에서는 조비가 헌제를 암살한다고 나오지만 조비는 헌제를 죽이지 않았다. 조조에게 옹립되기 전부터 헌제는 허수아비였다. 굳이 그를 죽여서 천하의 인심을 잃을 필요가 없었다. 헌제는 부인 복황후와 아이들을 조조의 손에 잃었지만 자신은 천수를 누리고 234년에 사망한다.

그런데 촉은 조비가 즉위하자 헌제가 죽었다고 선포하고 헌제를 위한 제사를 지냈다. 착각이었는지 고의였는지는 모른다. 덕분에 유비가 황제로 즉위할 명분이 생겼다. 221년 5월, 유비는 촉한의 황제로 등극했다. 촉한은 후대인이 전한, 후한과 구분하기 위해 붙인 명칭이고 정식은 한의 황제였다. 헌제가 폐위되었으니 자신이 후사가 된다는 의미다. 이때 한나라의 문신이었던 비시費詩가 황제로 즉위하면 명분이 서지 않는다며 반대 상소를 올리자, 유비는 그를 지방으로 좌천시켰다. 여기서부터는 우리가 알고 있는 유비가 아니다.

한나라의 황제라는 완벽한 명분을 획득한 유비는 7월에 관우의 복수와 형주 탈환을 외치며 출전을 강행했다. 모두가 말렸지만 유비는 듣지 않았고 반대하는 신하는 구금하기까지 했다. 제갈량도 유비를 설득할 수 없는 상황이었다. 소설에서는 의형제 관우의 복수에 집착하는 모습을 그렸지만, 유비로서는 한중왕이 되자마자 형주를 잃은 것이 너무나 뼈아팠을 것이다.

유비의 전략은 장강 상류와 강변의 육로를 이용해 전진하는 수륙병진이었다. 병력은 알려지지 않았지만 상당한 대군이었다. 유비와 장비가 각각 1군씩 맡았다. 유비가 침공하자 오나라의 산월족이 동요했다. 촉은 신에 마량馬良을 파견해 그의 지휘 아래 산월족을 참전시켰다. 이때 호응한 산월족의 지도자가 사마가沙摩柯였다. 또한 혹시 모를 위의 침공을 방어하기 위해 유장의 부하였던 황권을 보내 북쪽을 방어하게 했다. 조운은 후방 지원을 맡고, 위연이 한중을 지켰다.

그런데 유비가 출전하기 직전에 장비에게 불만을 가진 부하 장달張達과 범강范彊이 장비를 죽이고 오나라로 달아났다. 장비가 부하들을 너무 거칠게 대한 것이 원인이었다지만 자세한 사정은 알려지지 않았다. 장비가 죽은 상황에서 황권은 자신이 선봉이 되겠다고 자원했지만 유비는 허락하지 않았다. 황권이 촉의 수군은 물살 때문에 후퇴가 어렵다고 지적하자 전쟁에 호전적이지 않다고 판단했던 것 같고, 황권의 충성심도 의심스러웠다.

손권이 임명한 오나라의 젊은 사령관 육손은 오나라의 노장들조차 능력을 반신반의했다. 그러나 육손은 신념을 가지고 확고하게 자신의 전략을 밀어붙였다. 소설에서 육손은 장군들의 불만을 무시하며 방어로 일관한다. 도무지 오나라군이 싸움에 응하지 않자 벌판에 주둔한 촉나라군은 강남의 더위에 고통받았다. 유비는 병사들을 생각해서 숲으로 진을 옮겼다. 그 소식을 들은 제갈량은 경악한다. 오나라군이 화공을 쓰면 이길 방법이 없기 때문이다. 당장 숲에서 나오라는 제갈량의 서신이 도착하기도 전에 육손은 화공을 감행했다. 유비는 대패한다.

위의 이야기는 소설 속 내용이고 실전은 좀 더 복잡했다. 육손은 장군들의 반발을 무릅쓰고 성을 내주며 계속 후퇴했다. 유비의 보급 문제를 간파한 그는 촉군을 최대한 가늘게 뽑아낸 뒤에 일거에 섬멸한다는 계획이었다. 산길을 타고 진군하던 유비는 진영을 조각조각 나눠서 무려 50여 개의 진영을 세웠다. 한중에서 유비는 10개의 부대를 나눠서 운용해 하후연과 장합을 격파한 적이 있다. 이런 퍼즐식 운용은 유비가 촉에서 터득한 전술인 듯하다. 이 소식을 들은 조비는 "유비는 병법을 모른다"라며 혀를 찼다. 이때 육손은 작은 싸움을 벌여 이 퍼즐의 작동법을 찾아냈다. 그리고 화공으로 퍼즐의 연계를 차단하고 유비군을 조각내서 에워싸고 섬멸했다. 선두의 진영이 깨지고 퍼즐 사이가 단절되자, 촉군 진영들은 고립되었고 하나씩 함락되거나 항복했다.

촉의 수군도 황권이 걱정했던 대로 후퇴가 쉽지 않았다. 유비는 대패했다. 패한 정도가 아니라 엄청난 병력과 물자를 잃었다. 장수들, 특히 미래를 책임질 중견 장수들의 손실은 더욱 뼈아팠다. 북쪽에 있던 황권은 위에서는 기회를 타고 위나라군이 덮쳐 오고, 아래서는 오나라군에게 퇴로가 차단당하자 위나라에 투항했다. 손권은 이 틈에 촉으로 진공할 수도 있었지만 오나라군은 산지나 평지에서는 너무 약했다. 게다가 위나라가 걱정되었다. 위나라는 벌써 여러 장수들을 보내 형주의 남군을 공격했다. 손권은 이제 위군과 싸워야 했으므로 백제성에서 요양 중인 유비에게 사자를 보내 동맹을 체결했다.

224년 4월 24일, 성도로 돌아가지 못하고 백제성이 머물던 유비가 패전의 충격, 혹은 오랜 지병을 이겨내지 못하고 사망한다. 이릉 패전 후 유비는 옛날 모습을 되찾았다. 임종 때는 제갈량에게 자신의 아들 유선이 불초하면(못나고 어리석다면) 당신이 제위를 이어받아 대업을 이루라고 말했다. 세상에 이런 황제는 없었고 지금까지도 존재하지 않기 때문에 이 한마디로 유비는 전설이 된다.

유비는 왜 패배했을까?

이릉 전투의 패인과 교훈을 살펴보자. 소설에서는 유비의 성품을 강조하다 보니 군사적 능력치를 낮게 잡는데, 당대의 평가를 보면 지도자뿐 아니라 지휘관으로서 유비의 평가는 절대 낮지 않다. 조조가 특별히 높을 뿐이다.

패배의 첫 번째 원인은 조비가 비웃었던 유비의 진영 분할 전술이다. 여기에는 사연이 있다. 산악지대 전투는 적의 활동을 살피기에 적합하도록 주변이 두루 내려다보이는 감제고지 점령이 중요하다. 대부대가 뭉쳐있기보다는 소부대가 신속하게 주요 봉우리와 요지를 점거하고 연계

작전을 펴야 한다. 또 촉의 잔도(험한 벼랑 같은 곳에 선반처럼 달아서 낸 길)로 이동하려니 대부대를 모아서 진격시킬 수 없었을 것이다. 문제는 이릉처럼 산지가 끝나고 평지로 나서는 곳이다. 지형이 바뀌면 전술이 달라져야 한다. 오나라 영토에서 활약할 강력한 주력군이 있어야 하는데 이런 부대의 존재가 보이지 않는다. 유비가 내세운 선봉군은 너무 약해 중심축이 되지 못했다. 여기서 생각나는 것이 장비의 주력 군단이다. 장비가 죽은 후 후임은 누구이며, 그 군단은 어디로 갔을까? 기록에는 전혀 언급이 없다.

두 번째 원인은 무리한 전쟁 감행이다. 전쟁을 준비하다 보면 모든 계획이 틀어진다. 완전한 조건, 부족함 없는 보급, 고장 나지 않는 무기를 가지고 맑은 날씨에 시작하는 전쟁은 없다. 그러다 보면 가다가 중지하면 아니 간 것만 못하고, 장수가 칼을 뽑으면 무라도 썰어야 한다는 격언에 기대 판단한다. 장수는 한순간이라도 현실에서 눈을 떼어서는 안되며 추상적인 이론에 기대서도 안 된다. 전쟁을 시작할 때 계획이 틀어지는 것은 당연하다. 그것이 이전 환경에서는 10%의 손실이지만, 새로운 전장에서는 90%의 손실이라면 절대로 강행해서는 안 된다. 의외로 이런 판단이 어렵다. 특히 새로운 지형에서는 더욱 판단이 어렵다.

세 번째는 촉군의 내부 균열이다. 예상하지 못한 장비의 죽음은 내부 균열을 가져왔다. 촉군은 아직 서로를 신뢰할 수 없는 집단으로 구성되었다. 그런데 유비의 친위 세력은 줄어들었고, 장비를 대신할 인물은 없었다. 그러니 잘게 쪼개고 서로 견제하며 통합 지휘관을 두지 못했다. 나이 많은 유비가 수많은 반대를 무릅쓰고 직접 출정한 가장 현실적인 이유는 촉군의 단합력 부족이었다. 이때 황권이 선봉에 서겠다고 자원했지만 유비는 그를 의심했다. 인격체였던 유비도 황제가 되니 정치적으로 판단할 수밖에 없었다.

황권이 위에 투항하자 촉에 남아 있던 황권의 가족을 처벌하자는 이야기가 있었다. 하지만 유비는 "내가 황권을 버렸지 황권이 나를 버린 것은 아니다"라며 단호히 거절했다. 유비는 황권의 가족을 이전과 같이 대우해 주었다. 황권의 아들은 촉에 충성을 바치다가 촉의 마지막 날 전사했다. 유비의 인격을 보여주는 미담이지만 "내가 황권을 버렸다"라는 고백에 주목해야 한다. 장비가 죽은 후 황권을 믿었더라면 역사가 달라질 수도 있었다.

이릉 전투에서 패배한 마지막 원인은 촉의 고질적인 분열이다. 험준한 산악지대에서 흩어져 사는 촉의 주민들은 서로 단절돼 교류가 부족했다. 삼국시대에는 군대를 지역 단위로 징발하는데 촉의 사회구조에서는 각각의 부대들도 심하게 대립했다. 유비는 이들의 독자성을 인정해 주면서 결정적 순간에 최후의 의리와 의무는 지키는 식으로 관리했던 것 같다. 이것이 유비가 군영 분리 전술을 사용할 수밖에 없었던 이유였다.

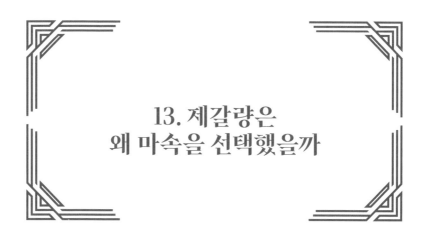

13. 제갈량은
왜 마속을 선택했을까

읍참마속

이릉 전투가 끝나고 5년이 지난 228년, 이릉의 손실을 회복하지 못해 잠잠하던 촉군이 갑자기 기산에 모습을 드러냈다. 관중을 습격한 것이다. 위는 예상하지 못한 사태에 소스라치게 놀랐다. 사실 촉의 인구는 위의 4분의 1밖에 되지 않았으며 이릉 전투의 참패는 쉽게 회복할 수 있는 상처가 아니었다. 게다가 유비의 후계자 유선의 통솔력에는 늘 의문부호가 따라다녔다. 위나라는 당분간 촉을 걱정하지 않아도 된다고 생각했다.

하지만 촉에는 제갈량이 있었다. 조조의 책사였던 가후는 조조의 아들 조비가 즉위했을 때 제갈량의 통치력을 조심해야 한다고 경고했다.

다행히도 제갈량은 이제껏 군사 지도자로서 능력을 발휘한 적이 없었다. 관우, 장비, 마초, 황충은 죽었고 대군을 통솔할 만한 장수도 없었다. 이처럼 모두 불가능하다고 생각할 때가 완벽한 기습의 찬스다. 촉의 국력을 고려하면 성공 방법은 기습밖에 없었다. 그러나 완벽한 기습을 노리는 제갈량은 두 가지 잘못된 선택을 한다.

첫째는 마속馬謖의 등용이다. 이 중요한 결전에 위연이나 오의吳懿 같은 경험 있는 장수 대신 왜 마속을 투입했을까?

두 번째는 잘못된 진격 경로다. 관중으로 가는 통로는 여럿인데 위연은 자신이 최단 거리로 진격해 관중을 점거하고 제갈량의 주력이 도착할 때까지 버티겠다는 대담한 작전을 제안했다. 하지만 제갈량은 이를 거부했다. 그가 채택한 경로는 가장 멀리 돌아가는 길이었다. 기습 공격에 먼 거리는 완벽한 모순이다. 소설은 이것이 제갈량이 북벌을 이루지 못하고 죽은 후 위연이 반란을 일으키는 원인이 되었다고 말한다. 후세의 평론가들은 문인 제갈량이 신중한 전략을 선호했다고 평가한다.

이 두 가지 의문을 통해서 제갈량의 북벌을 전략적으로 조명해 보려한다. 먼저 관중 지역의 전략적 가치다. 관중 분지를 장악하면 촉의 실질적 국력이 3분의 1 이상 확장된다. 국력을 가늠할 때 영토의 면적보다 중요한 것이 문화적·인적 자원이다. 관중의 함양과 장안은 진나라와 전한의 수도였고 중국 문화의 중심지였다. 역사적으로 촉에서 웅거하다가 관중으로 나와 천하를 제패한 전례도 있다. 전한의 고조(유방)와 후한의 광무제光武帝다. 허나 관중의 전략적 가치가 아무리 크다고 해도 땅만 얻어서는 전쟁에서 이길 수 없다. 땅만큼 강한 군대가 필요하다. 관중 분지를 손에 넣으면 주변의 강족과 양주도 촉에 복속할 것이며, 이는 막강한 군단이 손에 들어오는 것을 의미한다.

제갈량은 유비가 죽기 전부터 이런 전략을 구상한 듯하다. 실제 북벌 과정에서는 다양한 전술을 시도했지만 근본적으로는 관중 분지를 손에 넣는 것이 최종 목표였다. 유비도 죽고 1세대 인재들이 떠나자 제갈량은 국가의 문무를 총괄하게 되었다. 그는 군사전략에 관한 경험은 적었으나 이전부터 이런 사태를 예감하고 꾸준히 관심을 가져왔다. 그때 눈에 띈 인재가 마속이다. 마속은 문무를 겸비한 촉망받는 인재로 제갈량과 군사전략에 관한 담론을 나누며 상당한 시간을 보냈다. 마속이 형주 출신인 것도 제갈량에게 긍정적으로 작용했을 수 있다. 주로 정치적 지략을 펼쳐왔던 제갈량으로서는 군사 지도자로 변신하기 위해 전문가의 의견이 필요했다. 그러던 어느 날 유비가 제갈량을 불러 충고했다.

"마속은 말이 앞서는 사람이다. 그를 중용해서는 안 된다."

당시 마속의 나이는 20대 후반에서 30대 초반이었다. 실전 경험이 충분할 리 없다. 그런데 왜 제갈량은 유비의 충고까지 무시하며 마속을 가까이 둔 것일까? 유비의 가장 큰 목표는 형주 탈환이었지만 제갈량은 강족을 포섭해 관중을 지배해야 한다고 생각했다. 하지만 유비가 오나라 공격을 준비하는 상황에서 공개적으로 관중 점령과 강족 포섭이라는 난제를 준비할 수는 없었을 것이다. 이때 이민족 통치에 관한 신념과 능력을 갖춘 마속은 제갈량의 눈에 북벌 전략의 적임자로 보였다.

유비가 마속을 조심하라고 한 것은 제갈량의 북벌 방식을 반대한다는 표현일 수도 있다. 아니라고 해도 제갈량이 그렇게 받아들였을 가능성이 크다. 유비가 사망한 지 2년이 지난 225년에 제갈량은 남만 원정을 떠났다. 이는 북벌을 위한 군수물자 조달이 목적이었다고 하지만, 제갈량이 진두지휘한 첫 번째 군사작전이었다는 사실도 중요하다. 게다가 이 원정에서 제갈량은 남만의 지도자 맹획孟獲을 7번 붙잡았다가 7번 풀어준다(7종 7금). 이 이야기는 송나라 역사가 배송지가 역사서 《한진춘추》와 《화양국지》 등에 기록한 내용을 정사 《삼국지》에 주석으로 인용한 것으로 사실일 가능성은 희박하다. 하지만 이런 이야기가 탄생한 데는 이유가 있다.

제갈량은 남만 원정을 통해 실전과 이민족 통치술을 직접 경험했다. 마속은 이 원정에 따라가지는 않았으나 이민족을 다스리는 방법에 관해 조언했다. 정사에는 겨우 한 줄의 기록으로 남아 있지만 이것만으로도 제갈량이 이전부터 마속, 마량馬良 형제와 이민족 통치술을 논의해 왔음을 알 수 있다.

남만 원정을 마친 제갈량은 마속에 대한 신뢰가 더 커졌던 것 같다. 그는 마속을 북벌에 동참시키면서 위연이나 오의 같은 노련한 장수가 맡았던 선봉장 역할을 주었다. 그리고 조운과 등지鄧芝를 관중의 남쪽 출구인 미현으로 파견했다. 조운과 등지는 실제로 전투를 치르지는 않지만 병력이나 장비를 이동해 적의 경계를 분산시키는 양동 작전으로 조조군을 붙들어 두려는 의도였던 것 같다.

이렇게 조운을 시켜 적을 붙들어 놨으면 출구인 진창으로 돌진해야 하는데, 북쪽으로 이어진 산지를 따라 마속을 북쪽 가정으로 보냈다. 간단히 말해 제갈량은 관중 분지로 나가는 출구를 놔두고 산악지대를 따라 동-서-북쪽으로 빙 둘러 말굽형으로 포진한 것이다. 심각하게 말하자면 출구를 돌파하려는 작전이 아니라 촉산 분지로 진입하는 입구(출구)로 들어오는 위군을 감시하고 견제하는 포진이었다.

게다가 마속에게는 공격하지 말고 가정읍에 주둔하면서 가정을 지키라고만 했다. 제갈량의 전술에는 모순이 있었다. 누군가의 잘못을 지적할 때는 그러한 선택을 하게 된 원인을 찾아야 한다. 그래야 같은 잘못을 반복하지 않고 역사의 교훈을 얻을 수 있다.

촉군은 관중을 습격할 수는 있지만 지속적인 군량 보급이나 장기 전투는 어려웠다. 병력의 증원과 보급이 여의치 않다는 사실을 알게 된 관중 사람들이 과연 진심으로 호응해 줄까? 그들이 군이 위를 버리고 촉에 붙을 이유는 없었다. 제갈량은 새로운 자원으로 한족이 아닌 이민족에 주목했다. 관중의 서쪽에 사는 강족이다. 강족의 지지를 받던 마초가 살아 있었다면 좋았겠지만 그가 없다고 포기할 수는 없었다. 제갈량이 기산 통로를 선택한 이유는 서쪽의 천수, 남안, 안정 3군의 강족에게서 호응을 약속받았기 때문이었다.

이들에게서 군량을 지원받고 막강한 서량 기병을 얻을 수 있다. 관중을 제패하고 나아가 중원으로 치고 나가려면 기병 자원은 필수적이었다. 제갈량이 강유姜維를 총애하고 훗날 그가 군사적 계승자가 된 것도 강족과의 친분을 가진 강유가 마초의 역할을 해주기를 기대했기 때문이다.

위연의 전략은 짧고 화끈한 불놀이와 같고 제갈량의 전략은 섬세하지만 위태로웠다. 어느 쪽이 옳았느냐는 이 두 줄의 명제로 판단할 수는 없다. 전쟁은 종합 예술이다. 전략도 중요하지만 전략을 채우는 인원, 군수, 병력, 기후 등 모든 것을 고려해야 한다. 이 중에서 가장 어려운 것이 상대의 반응이다. 손자도 이 부분이 가장 어렵다고 말했다. 그런 의미에서 위연의 전략은 모험적이지만 그만큼 상대도 당황해서 실수를 유발하게 만드는 방식이다. 반대로 제갈량의 섬세한 전략은 전략적 사고와 용기를 갖춘 상대를 만나면 상대를 더 냉정하게 만들 수도 있는 방식이다.

그렇다면 제갈량의 상대는 누구였을까? 위나라는 역시 만만치 않았다. 당시 위나라는 조비가 죽고 아들 조예가 명제로 즉위해 있었다. 명제에게는 조조의 기질이 있었다. 침공 소식을 듣자마자 자신이 직접 관중으로 달려와 장안에 주둔했다. 한중에서는 패했지만 이 지역을 누구보다 잘 아는 명장 장합을 투입했다. 또한 위군은 조운의 미현 진출이 양동임을 파악하고 조휴曹休를 보내 싸우지 말고 조운을 방어만 하게 했다. 그리고 장합의 주력 부대를 서쪽으로 진출시켰다. 이때 장합은 어려운 결정을 해야 했다.

1안: 병력을 나눠 진창과 가정을 봉쇄하고 지구전을 펼친다.
2안: 진창을 통파해 제갈량의 주력 부대를 쫓아 기산으로 진공한다.
3안: 북쪽의 가정에 주둔한 촉의 분견대 마속을 친다.

1안을 세운 이유는 촉군의 전력으로는 절대 위군을 돌파하지 못하기 때문이다. 촉의 약점은 군량이다. 촉산의 험난한 지형은 적군의 진입을 방해하지만 촉군의 군량 수송도 어렵게 했다. 따라서 지금 이대로라면 촉군은 한 달도 버티지 못하고 철군할 수밖에 없었다. 장합은 촉군의 이런 사정을 정확히 알고 있었다. 훗날 제갈량이 2차 북벌 때 기산을 지나 진창을 공격하자 장합은 군량 부족으로 며칠을 버티지 못할 것이라 예언했다. 실제로 제갈량은 공격 10일 만에 철수했다. 하지만 1차 북벌 때는 사정이 달랐다. 제갈량은 강족으로부터 군량 지원을 받을 수 있었다.

2안은 제갈량의 주력군을 공격해 내몰아 강족과 제갈량의 연계를 막는 것이다. 제갈량은 영리하게 진창으로 진격하지 않고 기산에 머무르고 있었다. 진창에서 기산으로 가려면 좁은 산곡을 지나야 한다. 이건 함정이다. 장합은 산곡 전투에서 촉군에게 여러 번 당했던 기억이 있다.

3안의 가정 공격은 매우 위험한 전략이다. 장합이 가정으로 가면 제갈량이 진창으로 나와 장합군의 뒤를 끊을 것이기 때문이다.

놀랍게도 장합은 3안을 선택했다. 이 전략이 성공하려면 단숨에 가정을 함락하고, 그대로 진군해 3군을 평정해야 한다. 그래야 병력과 군량이 부족한 제갈량이 감히 진창으로 나오지 못할 것이다. 반면 제갈량의 입장에서는 마속에게 승부수가 달린 셈이었다. 그의 임무는 '버티기'였다. 마속이 장합을 붙들고 있을 때 제갈량이 진격하면 촉군의 승리 가능성에 고무된 3군의 강족 중에서 반란에 호응하는 자가 늘어날 것이었다. 장합이 패하면 강족의 반란은 성공한다. 그때 장합의 뒤를 쳐서 그를 포위하거나 무찌르면 관중도 함락될 것이다.

한편 가정 방어전에 투입된 마속은 읍성(평지)에 주둔하라는 제갈량의 명을 어기고 남산에 포진했다. 아마도 장합의 습격을 예상하지 못하고 위군의 분견대 정도가 공격해 오리라 판단한 듯하다. 마속이 받은 명령은 강족이 충분히 정비되고 촉의 구원군이 올 때까지 버텨야 한다는 것이었다.

이 사건은 정사 《삼국지》〈촉서〉의 왕평전에 기록되어 있다. 왕평王平은 마속의 부사령관이다. 왕평전에 의하면 마속은 수로를 버리고 산에 올라갔으며 어지럽게 지휘했다고 한다. 실전 경험이 부족해 당황한 것이다. 이에 왕평이 여러 번 충고했지만 듣지 않았다. 여기에 추론을 더해 정리하자면 가장 가능성이 높은 시나리오는 이러하다.

제갈량이 경험도 없는 마속을 선봉대에 넣은 이유는 이번 작전의 핵심이 강족의 반란을 지원하고 수용하는 것이었기 때문이다. 전투적인 무장들은 실전 논리에 매몰되기 쉬운데 이럴 때 주민들을 가혹하게 다루기 십상이다. 이것이 마속을 등용한 결정적인 이유였다. 대신 실전 사태를 대비해 촉나라 명장 왕평을 붙였다. 그러나 위군은 예상보다 빠르고 대담하게 가정을 공격했다. 당황한 마속은 왕평의 충고를 무시했고 우왕좌왕하는 실수를 저질렀다.

노련한 장합은 이 기회를 놓치지 않았다. 샘물을 점거하고 수로를 막았다. 물줄기와 보급이 끊긴 마속의 부대가 할 수 있는 일은 없었다. 장합은 마속을 쳐부수고 단숨에 반란을 일으킨 3군을 진압했다. 왕평은 진지를 사수하고 패잔병을 수습해 빠져나갔다.

장합군이 가정을 지나 진격해 오자 이제는 거꾸로 제갈량이 퇴로를 끊길 위험에 처했다. 제갈량은 후퇴했고 강족은 촉군의 무능에 배신감을 느꼈을 것이다. 강족을 위로하기 위해서라도 촉의 누군가는 책임을 져야 했다. 결국 제갈량은 자신의 지위를 3등급 강등했고, 눈물을 흘리며 마속을 처형했다. 마속의 부하들도 처벌을 받은 듯하다. 여기서 '읍참마속泣斬馬謖'이라는 고사성어가 탄생했다. '아무리 자신이 친애하는 사람이라도 처벌은 공정해야 한다'라는 의미로 사용되고 있지만, 제갈량이 눈물을 흘린 이유는 마속에게 책임을 전가할 수밖에 없었던 미안함 때문일 수도 있다.

제갈량, 한나라의 부흥을 꿈꾸다

제갈량은 228년부터 234년에 사망할 때까지 계속해서 북벌을 시도했다. 그러나 성공은 까마득히 먼 곳에 있었다. 가장 가능성이 커 보였던 1차 북벌에 실패한 뒤 다양한 문제가 그의 발목을 잡았다. 병력과 군량, 강족 회유의 한계, 촉의 취약한 통치 구조, 촉의 내분 등이었다. 특히 식량 문제가 심각했다. 촉산을 통과하는 데 오랜 시간이 걸렸고, 산길이 좁아 운송 효율성도 떨어졌다. 식량이 작전지에 도착해도 10일 이상을 버티지 못했다.

앞서 이야기했듯 228년 제갈량은 진창을 포위했다가 식량이 떨어져 후퇴했다. 하지만 추격해 오는 위군 장수 왕쌍王雙을 살해하는 성과를 올렸다. 229년에는 제법 큰 승리를 거두었다. 직접 군을 지휘하며 싸워서 곽회郭淮를 격퇴하고 무도군과 음평군을 점령했다. 이 공으로 제갈량은 마속의 패전으로 강등했던 직위를 회복하고 승상으로 복직한다.

이때 손권이 드디어 위나라와의 주종 관계를 끊고 오나라 황제로 즉위했다. 촉은 오와 동맹을 맺고 함께 위를 공격한 뒤 천하를 양분하기로 한다. 말뿐인 동맹이지만 삼국지 후반부의 가장 극적인 정세 변화였다. 230년, 초조해진 위는 촉을 침공했다. 사마의司馬懿, 장합, 조진曹眞이 각각 서성, 자오, 야곡로를 통해 촉을 침공했다. 제갈량은 촉군을 셋으로 나누지 않고 침착하게 성고와 적판에 촉군을 집결하고 위군을 막았다. 그런데 위군이 공격에 나서자 큰비가 내려 길이 끊겼다. 하는 수 없이 위군은 퇴각했다.

231년에 제갈량은 말이나 소의 모양으로 만든 수레에 기계 장치를 달아 움직이도록 만든 '목우'와 '유마'라는 새로운 수송 수단을 만들었다. 목우는 한 번에 약 400근의 곡물을 운송했으며, 하루에 20리 정도를 이동할 수 있었다. 당시로서는 파격적이었던 목우는 산악용으로 특수 제작한 수레이고, 유마는 썰매라는 추정이 유력하다. 제갈량은 다시 기산으로 출격했다. 목우를 사용한 덕인지 2월부터 6월까지 100일 이상을 교전했다. 그럼에도 식량이 떨어질 때까지 위군 방어선을 돌파하지 못하고 철수했다. 그나마 위안 삼을 수 있는 것은 관중 방어의 최고 공로자이자 실력자였던 장합이 철수하는 촉군을 추격하다 화살에 맞아 전사했다는 것이다.

3년 후인 234년에 제갈량은 처음으로 유마를 실전에 투입했다. 그리고 이보다 더 강력한 식량 보급책도 마련했다. 군사 요지에 주둔한 군대의 군량을 마련하기 위해 토지를 설치하고 병사가 직접 농사를 짓는 것이다. 둔전은 꽤 까다로운 정책인데 자칫하면 병사가 농부가 되고, 병사의 야성을 유지하면 주변의 농민을 괴롭히기 때문이다. 제갈량은 법치와 행정의 달인답게 병사와 농부의 갈등을 최소화했고 군량 보급은 전에 없이 풍족해졌다.

이번에 제갈량은 무공현의 오장원으로 진출했고, 그를 막는 위군과 100일 이상의 장기전을 펼칠 수 있었다. 하지만 위군에도 제갈량의 전략을 눈치챈 뛰어난 인재가 존재했다. 바로 사마의다. 사마의는 그동안의 전투와 명장들의 죽음을 통해 촉산에서의 전투는 지리적 이점을 선점하는 쪽이 승부에 결정적인 키를 쥔다는 사실을 깨달았다. 적이 후퇴하고 아군이 승기를 탔다고 추격해서는 안 되며 적이 승기를 펼 수 있는 지역을 절대로 빼앗겨서도 안 됐다.

100일이 넘도록 촉군과 대치하는 것은 예상 밖이었지만 사마의는 당황하지 않고 전략적 원칙을 고수했다. 그러던 중 제갈량이 막사에서 사망하고 말았다. 그의 나이 54세였다. 죽는 순간까지 자신의 사명에 최선을 다하고 유비와의 약속과 천하의 대의를 위해 노력한 제갈량은 후세에 많은 감동을 주었다.

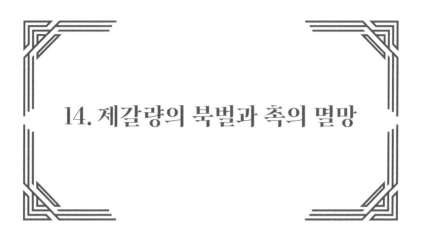

14. 제갈량의 북벌과 촉의 멸망

제갈량은 왜 실패했을까?

　제갈량은 천재성과 비장한 노력에도 불구하고 끝내 북벌에 실패했다. 그 때문에 북벌을 평가 절하하는 사람도 있다. 정사 《삼국지》의 저자 진수도 제갈량과 강유의 북벌에 대해 비판적이다. 그러나 전쟁은 영화나 드라마가 아니다. 아무리 뛰어난 책략가라고 해도, 천하무적 명장이라고 해도 현실적인 한계를 극복하기 어려운 것이 전쟁이다.

　제갈량의 북벌이 실패한 가장 큰 이유는 인재 부족이다. 관중에서 활약한 위나라 장수들은 오랜 실전에서 검증된 인재들이었다. 위나라는 경험과 실력으로 제갈량의 공격에 철저히 준비했으며, 촉산에서 관중으로 들어가는 여러 경로 중 제갈량의 다음 진공 경로를 정확하게 예측하

	가구 수	인구수
위나라	66만 호	443만 명
오나라	52만 호	230만 명
촉나라라	28만 호	94만 명
합계	146만 호	767만 명

기도 했다. 그에 반해 제갈량은 북벌을 믿고 맡길 사람이 없었다. 그는 익주 출신 장군을 선두에 세우거나 독립 군단을 주지 않았다. 제갈량의 성품의 한계라고 할 수도 있으나, 촉의 구조적인 약점 때문이기도 했다. 그를 보좌하는 인물들은 대부분 약점을 가지고 있거나 너무 젊어 경험이 부족했다. 누구도 촉을 장악하는 카리스마와 힘에서 제갈량을 대체할 수 없으니 믿고 북벌을 맡길 수가 없었다. 이런 상황에서 몇 차례나 북벌을 감행하면서도 세력을 잃거나 물러나지 않고 명성을 유지한 제갈량이야말로 대단한 인재였다.

그런데 제갈량과 위연이 공격보다 방어전에서 항상 성과를 얻었기에 공격하지 않고 방어만 했다면 북벌에 성공했을 것이라고 추정하는 사람도 있다. 촉이 관중 지역 최고 전문가인 곽회를 대파해서 공세를 꺾고 철수 중에 역습을 가해 위군의 거물 적장을 두 명이나 살해한 것은 사력을 다해 공격했기에 가능했던 승리였다. 세상에 공격 없는 방어 전략은 없다. 촉이 공격 없이 방어만 하며 웅크리고 있었다면 위군은 촉의 요충지와 핵심 경로를 적극적으로 공략해 점거했을 것이다. 위축되어 행동하지 않고 방어에만 집중하는 군대의 방어는 성공할 수 없다.

북벌에 실패한 또 다른 이유는 시간이 너무 촉박하다는 것이다. 후한 지방은 모두 13개 주로 이루어져 있는데 위나라가 9개 주를, 오나라가 3개 주를, 촉나라가 1개의 주를 차지했다. 다만 촉이 자리 잡은 익주는 다른 주보다 크고 인구가 많은 편이다. 위·오·촉 세 나라의 인구 비율은 4 : 2 : 1이었다. 다음은 263년의 인구 통계다.

국력 차이가 현저한 것 같지만 전략적으로 분석하면 그렇지도 않다. 위는 영토가 넓어 병력이 분산되기 때문에 오와 촉이 연합하면 위를 충분히 위협할 수 있는 수준이었다. 같은 이유로 촉이 침공했을 때 위는 재빨리 병력을 끌어모을 수 없었다. 제갈량이 기습적이고 집중적인 공격으로 관중만 점령하면 전세를 역전시킬 수도 있다고 생각한 데는 타당한 이유가 있다.

이 시기의 인구수는 후한 때의 7분의 1에 불과했다. 그만큼 죽었다기보다는 도망, 피난, 가난 등으로 국가가 파악하고 동원할 수 있는 인구가 감소한 것이다. 나라가 안정되면 자연히 인구도 증가할 것이고 인구 비율이 높은 위나라가 가장 빠른 증가율을 보일 가능성이 컸다. 그렇다면 위와 촉의 병력 차이도 커지고 촉은 버텨낼 수 없을 것이었다. 그러니 제갈량은 인구가 증가하기 전에 관중을 점령해야 했다.

또한 촉의 북벌 성공은 촉산의 돌파 여부가 아니라 관중과 강족을 적극적인 지지자로 확보할 수 있느냐에 달려 있었다. 조비가 헌제를 내쫓고 황제로 즉위하면서 위나라를 황위 찬탈자, 역적으로 매도할 수 있는 명분이 생겼다. 그러나 이런 명분은 10년도 채 가지 않아 힘을 잃을 것이다. 전란이 그치고 행정이 안정되면 사람들은 새로운 왕조를 지지할 것이다. 제갈량의 입장에서는 조금이라도 빨리 승부를 보지 못하면 촉의 가능성이 사라지는 것처럼 보였으리라. 그에게는 시간이 없었다.

촉산의 라이벌, 강유와 등애

제갈량이 죽자 장완蔣琬이 그의 후계자가 되었다. 하지만 장완은 제갈량만한 권위가 없었다. 북벌에 지친 촉의 조정은 생존전략을 수정했다. 한중에 주력을 두고 오나라의 행동을 기다렸다가 오가 위를 공격할 때 빼앗긴 상용과 위흥을 회복하고 형주를 압박한다는 것이었다. 이 방침에 따라 장완은 군의 주력을 한중으로 이동시켜 무려 6년이나 주둔했다. 장원은 내심 이 전략이 소용없다고 생각했는지 "위나라는 시간이 갈수록 강해지고 오나라는 믿을 수 없다"라고 말했다. 그의 판단은 정확했다. 252년 손권이 사망하자 적벽 이전부터 현실 안주적이던 오나라는 공격보다 나라를 보호하는 데 급급했다.

장완은 위태로운 촉의 전력과 점점 심해지는 병역 기피 현상을 이겨내기 위해서는 제갈량의 혜안대로 섬서성 서쪽에 사는 강족을 끌어들이는 수밖에 없다고 생각했다. 강족 사회에 기반이 있는 강유는 이 과업을 수행할 적격자였다.

강유도 이 사실을 잘 알고 있었다. 강족 사회에서도 촉에서도 영원한 이방인이자 경계인이었던 강유는 이번 일에 사활을 걸기로 했다. 이방인이 자신의 숙명이자 핸디캡이라고 해도 강족 정복과 통솔에 성공하는 순간, 운명의 사슬은 신의 축복으로 색깔을 바꿀 것이라 생각했다.

장완은 제갈량의 전략을 다시 실현할 날을 차분하게 준비했다. 강유가 선봉이 되고 장완이 뒤를 받치는 구조였다. 243년에 한중 전략의 족쇄에서 벗어난 장완의 건의로 강유는 양주자사에 임명되었다. 강족의 땅인 농서에 진출할 교두보를 마련한 것이다. 한중은 방어로 전환해 왕평이 다스리며 위군을 막았다. 하지만 위나라는 이번에도 이들의 전략을 예측했다. 위 역시 서쪽의 강족이 부담스러웠고 제2의 마등과 마초의 반란을 막아야 했다. 장합을 도와 촉을 막아온 명장 곽회가 이번에는 강유를 상대하기로 했다.

강유와 곽회의 숙명을 건 대결이 펼쳐지기 직전인 246년에 제2의 제갈량 장완이 후방 사령부였던 부현에서 사망했다. 강유는 순식간에 후원자를 잃었다. 다음 해에는 옹주와 양주에서 강족이 위나라에 대규모 반란을 일으켰다. 3년 전부터 장안과 함께 이곳을 침공할 준비를 해온 강유는 적극적으로 공격했고, 옹주자사 곽회와 하후패를 상대로 승리를 거뒀다. 이 싸움의 결과로 이 지역의 실력자인 백호문白虎文과 치무대治無戴 등이 항복하고 강유를 따라 촉으로 들어왔다. 강유는 승리했지만 곽회의 저항에 막혀 옹주 지역을 완전히 평정하고 주둔하지는 못했다. 강유가 철수하자 곽회는 신속히 반란을 진압하고 이 지역에 대한 위나라의 지배를 재건했다.

강유는 촉의 조정이 전투에서 승리한 자신에게 대대적인 지원을 해주기를 바랐다. 그러나 결과는 그 반대였다. 장완의 뒤를 이은 비의費禕는 강유를 견제했고, 1만의 병력밖에 주지 않았다. 소설에서 강유는 총 9번의 북벌을 단행했다고 한다. 충의와 투지는 아름답지만 제갈량보다 더 성급하고 형편없었던 그의 전략은 촉의 멸망을 재촉했다. 정사는 제갈량의 북벌 실패를 안타깝다는 입장에서 비판하지만 강유의 북벌은 대단히 노골적으로 비난한다.

비의와 촉의 조정은 왜 강유를 경계했을까? 북벌에 대한 피로감과 불안 때문이라고 할 수도 있지만, 마초의 딜레마일 가능성이 높다. 강유가 성공해서 강족을 다스리게 되면 제2의 마초가 된다. 강유는 익주의 중심부인 성도에 두자니 쓸 데가 없고, 강족의 땅으로 보내자니 불안했다.

강유가 마초의 비애를 씹고 있던 253년에 비의가 위나라에서 투항한 곽순이란 인물에게 살해된다. 강유는 비의의 죽음으로 날개를 달았다. 그는 즉시 수만 명의 병사를 동원해 농서로 달려가 남안을 포위했지만 이기지 못했다. 하지만 여기서 좌절하지 않았다. 다음 해 여름에 기어이 농서의 중심인 적도를 함락하고 주변의 하관, 임조까지 3현을 점령해 이곳 백성을 촉의 중심지로 이주시켰다. 마침내 촉의 내지에 강족을 심은 것이다. 이들은 강유의 군에 중요한 자원이 되었을 것이다. 동시에 유선과 촉의 조정에게는 걱정거리가 되었다. 강유를 지원할 수도 없고, 포기할 수도 없는 딜레마는 끝까지 해결되지 않았다.

강유는 255년에 옹주자사 왕경王經과 조수에서 싸워 대파했다. 위기를 느낀 위나라 조정은 히든카드를 내밀었다. 등애鄧艾였다. 그는 사마의가 발견한 평민 출신의 장수로 요동과 오나라 전선에서 활약하다가 급히 파견되었다. 그는 강유의 포위망을 뚫고 왕경을 구출했다. 강유는 적도 공략을 포기하고 종제로 물러났다. 이때 등애의 증언을 들어보면 위나라는 농서를 지배할 병력과 기반이 없었다. 강유의 연속 공격으로 행정망이 쇠락하고 군량과 병력은 바닥이 났다. 등애가 데려온 증원 부대는 이곳 지형과 지리에 익숙하지 않았다. 그간의 경험으로 볼 때 이는 매우 위험한 징조였다. 명장이었던 하후연, 장합, 곽회도 적에게 주도권을 빼앗기는 순간 죽거나 패망했다. 삼국의 역사를 돌이켜 보면 위의 최상위급 명장이 이처럼 많이 죽어 나간 곳이 없다.

강유는 영리하게 위군을 농서로 끌어냈다. 관중 방어전에서 위군은 제갈량도 막아냈지만 농서로 끌려 나오자 전세가 역전되었다. 보급선은 길어지고 병력은 피로했다. 하지만 촉의 거국적인 지원을 받지 못한 덕에 강유도 병력과 체력이 소진한 상태에서 등애의 구원 부대를 맞이해야 했다.

용과 용의 싸움

강유는 최악의 라이벌을 만났다. 내 몸에 박힌 가시는 나의 노력과 의지로 극복할 수 있다. 그러나 다른 땅에서 태어나는 천재는 내 능력 밖이다. 등애는 뛰어난 전술가였다.

"적에게 끌려다녀서는 안 된다. 전장에서 주도권을 확보하고, 내가 원하는 장소로 적을 끌어들인다. 적의 허점을 파악하고, 그 약점을 극대화해서 공략한다."

《손자병법》 강조하는 전술의 기본이다. 등애는 강유가 이러한 전술에 따라 강족을 미끼로 위나라군을 농서로 끌어들였음을 간파했다. 하지만 위군의 병력은 턱없이 부족했고 몇 차례 강유에게 격파당했다. 그러나 촉나라의 인색한 지원에 강유도 병력이 부족하기는 마찬가지였다. 강유는 촉산 지형에 익숙한 정예군을 직접 양성했고 이들을 앞세워 속전속결로 위군을 유인해 격파한 것이다. 등애는 관중으로 향하는 주요 길목에 군사를 분산 배치하던 작전을 버리고 병력을 모았다. 그리고 강유의 선제공격을 기다렸다가 그곳에 구원 부대를 파견하는 방식을 택했다. 강유는 이들 구원 부대에게도 몇 차례 대승을 거뒀다. 하지만 그 역시 병력이 충분하지 않았기에 자신이 점령한 요충지에도 제대로 병력을 배치하지 못했다.

강유는 속전속결, 기동전, 집중 강타의 전술을 구사했지만 전략적으로는 위군을 격파하고 철수하는 실속 없는 전투를 반복하고 있었다. 그는 위군을 격파하면서 위군의 병력과 자원을 소모하게 하고 강족의 자원을 끌어내려 했다. 하지만 강족의 입장에서는 촉군도 침략자이자 도발자로 느껴질 수도 있었다. 강유는 마초만큼 강족의 토착적 지지를 얻는 영웅이 아니었기 때문이다. 게다가 이 전략은 강유의 정예 병력도 소모시키고 있었다.

강유의 전술과 이러한 약점을 간파한 등애는 게임의 법칙을 바꿨다. 자신의 병력이 작고 촉산 지형에 익숙하지 않다며 겁내지 않고 병력을 나눠 적의 진출 거점에 수비대를 배치하기로 했다. 등애가 지적한 요충지는 농서와 적도, 남안, 그리고 농서 쪽에서 관중으로 들어오는 가장 가까운 통로인 기산이었다. 강유가 아무리 농서를 노린다고 해도 궁극적 목표는 관중이다. 그렇다면 어떻게든 기산으로 향할 것이었다. 더욱이 기산은 원래 촉의 땅으로 관중의 입구를 공략하는 베이스캠프이기도 했다. 미현, 진창처럼 촉산에서 관중으로 가는 출구가 입이라면 기산은 목구멍 같은 곳이다. 강유가 서쪽 농서에 집중하는 사이 위군은 기산으로 파고들어 강유를 견제하고 관중의 다양한 출구를 한 번에 방어했다. 또한 등애가 지적한 방어 거점은 식량 생산과 보급이 원활한 곳이었다. 즉 병사들이 적에게 끌려다니지 않아 체력을 비축할 수 있고 식량도 충분한 전투 환경을 만들어 준 것이다.

255년 강유는 승부의 시기가 왔다고 생각했다. 게다가 몇 차례의 승리로 촉의 조정을 설득하는 데도 성공했는지 제법 많은 병력을 동원할 수 있었다. 강유는 지금까지 농서와 적도로 향하던 진로를 바꿔 기산으로 향했다. 위나라 전술가들은 강유가 촉의 지원을 받지 못할 것이며, 강족으로 구성한 정예 군단도 많이 줄었으니 감히 기산을 넘보지 못할 것이라 생각한 듯하다. 하지만 등애는 이 가능성을 예측했다. 강유는 위군이 기산을 방어하고 있는 것을 보자 즉시 서쪽으로 방향을 틀어 농서 공략을 시도했다. 첫 공격 목표는 적도 동남쪽의 남안이었다.

남안에서 적도까지는 하천이 흐르고 양쪽으로 가파른 산이 솟은 좁은 골짜기다. 그동안 이런 지형을 따라 촉군을 추격했기에 번번이 적의 역습에 걸려 패배했다. 등애는 이번에는 전략을 바꿔 촉의 저격권에 들어오지 않았고, 앞질러서 적도로 가지도 않았다. 거리를 두고 따라가면서 요충지인 무성산에 주둔했다. 촉군을 차단하지도 않고 공격하지도 않고 마치 전투기가 공중전을 벌이듯 꼬리를 물고 따라오면서 적의 후방을 위협하고 보급을 끊되, 적의 반격이 쉽지 않은 요충에 주둔한 것이다.

이번에야말로 강적을 만났다는 사실을 깨달은 강유는 험한 산악지대에서는 불가능에 가까운 놀라운 기동력을 보여줬다. 등애가 무성산에 주둔하자 서쪽으로 가던 병력을 동쪽으로 급선회해서 무성산을 가로질렀다. 등애를 그대로 꼬리에 달고 상규로 진출한 것이다. 상규는 천수현 근처로 기산의 북방이다. 즉 강유는 기산에서 막히자 서쪽으로 갔다가 등애를 꼬리에 달고 북동쪽으로 선회해 기산 북방의 천수군 지역에 단숨에 도달했다. 알다시피 천수는 강유의 고향이며, 여기서 동쪽으로 직진하면 제갈량이 돌파하려다가 실패한 진창이다. 등애는 서둘러 강유를 추격했다. 이제 입장이 완전히 바뀌었다. 여유를 가지고 꼬리를 위협하는 것이 아니라 서둘러 꼬리를 물고 공격을 날려야 한다. 지금까지 위군은 이런 식으로 꼬리 물기를 강요당하다가 최고의 장수들을 잃었다.

강유의 작전은 아무리 대담한 장수라고 해도 상상하기 어려운 기동력이었다. 머리로는 가능해도 몸이 따를 수 없는 무모한 행동이기 때문이다. 촉군의 체력은 급격히 떨어졌고 군량은 이미 바닥을 보이고 있었다. 험한 촉산에서 벌어진 쫓고 쫓기는 전투에서 강유는 촉의 병사들을 한계 상황까지 몰아붙이고 있었다. 강유와 달리 신중하고 차분한 성격이었던 장익이 너무 무모하다고 건의했지만 강유는 고집을 꺾지 않았다.

강유에게는 확실한 카드가 있었다. 한중의 호제가 부대를 이끌고 상규에서 합류할 예정이었다. 강유가 서쪽으로 나아가며 등애를 끌고 가면 한중에 있던 호제가 등애의 이동으로 비어버린 기산을 통과해 상규로 오기로 했다. 다만 한중에서 상규까지 정확한 타이밍에 이동하는 것이 쉽지는 않았다. 강유는 이런 극단적인 전략이 아니면 명장 등애를 제거할 수 없다고 생각했다. 그러나 호제는 끝내 나타나지 않았다. 그 이유는 아무도 모른다.

강유는 회군할 수밖에 없었다. 남하를 시작했을 때 단곡에서 등애군이 덮쳤다. 등애가 뒤에서 따라와 잡은 것인지, 예상하고 앞질러 강유의 진로를 막은 것인지 확실하지 않다. 그러나 전황을 보면 후자가 분명하다. 그동안의 쫓고 쫓기는 엄청난 기동에도 불구하고 강유는 마지막에 등애가 친 덫에 걸리고 말았다. 단곡 전투는 강유의 북벌전 사상 최악의 패전이었다. 1만이 넘는 병사가 전사했고 촉장 10명이 목숨을 잃었다. 완전한 섬멸이었다. 상상을 더해 보자면 강유가 농서에서 이주시켜 얻은 강족 병사들도 타격을 입었을 가능성이 있다. 이 패전으로 충격받은 강족의 신념이 흔들렸고 촉의 영향력은 크게 떨어졌다. 강유의 명성도 바닥으로 추락했다.

262년 강유는 다시 북벌에 도전했지만 후화에서 등애에게 또 패전했다. 장익조차 강유를 말렸다. 정사《삼국지》는 강유의 지나친 북벌이 촉의 국력을 쇠퇴시켰다고 표현했지만, 강유가 키워온 군단이 소멸되다시피 한 영향도 컸을 것이다. 다만 강유가 공격을 감행했던 것은 무모해서가 아니다. 강유의 농서 원정이 완전히 좌절하자 위가 대공세를 준비하기 시작했기 때문이다. 강유는 이 징조를 파악하고 조정에 알렸지만 촉의 조정은 믿지 않았다.

검각의 비애

수직의 절벽이 양옆으로 솟아 있다. 그 가운데 탑처럼 솟은 성벽이 있고, 그 사이로 한 줄기 가느다란 계단길이 이어진다. 촉의 마지막 보루 검각이다. 촉으로 가는 경로는 북쪽에 관중 분지에서 들어오는 길과 북동쪽 한중에서 들어오는 길이 있다. 두 길이 만나는 지점에 검각이 있다. 강유는 위나라의 대규모 침공 징후를 탐지하고 양안과 음평에 미리 수비대를 파견해 방어해야 한다고 건의했다. 환관 황호는 이를 병력을 얻으려는 강유의 음모로 치부했다. 설사 침공이 진짜라고 해도 황호 입장에서는 강유가 자신과 대립하고 독립적으로 군 세력을 키우려는 조짐이 보였기에 더는 병력을 지원할 수 없었다.

263년 위나라는 사마소가 정권을 장악했다. 위군은 사마소를 총지휘관으로 등애, 제갈서諸葛緒, 종회를 장군으로 내세워 16만 대군을 동원해 촉을 침공했다. 촉은 서둘러 장익과 요화, 동궐을 파견했다. 촉군이 방어 지점에 도달하기 전에 강유는 음평 전투에서 등애에게 패했고, 종회가 한과를 깨트렸다. 위군의 전략은 종회, 제갈서, 등애가 세 방향으로 진격하는 것이었다. 그러나 등애는 먼저 강유를 잡는 것이 급선무라고 파악하고 강유를 맹렬하게 추격했다. 제갈서도 이 의견에 동의해 자신의 경로를 포기하고 등애를 따랐다. 등애가 강유를 상대하는 동안 제갈서는 강유의 퇴로를 끊었다. 강유는 패했지만 등애와 제갈서 사이를 기막힌 기동력으로 빠져나와 탈출에 성공했다.

그다음에 강유는 후방에서 오는 요화, 장익, 동궐의 군대와 만났고, 이들을 모아 검각을 사수하기로 결정했다. 종회는 검각을 돌파할 수 없었다. 위군이 촉으로 깊이 들어오면 체력과 보급에 문제가 생기기 때문이었다. 더욱이 16만의 대군이다. 최소 10만 명이 넘는 병력이 촉산에 들어와 있는 지금, 과연 얼마나 버틸 수 있을까?

종회가 검각의 지형을 보며 절망하고 있을 때 등애는 촉군이 모두 이곳에 집결했다는 사실을 떠올렸다. 등애는 산악 행군으로 검각을 우회해서 성도로 직행하는 작전을 떠올렸다. 이때는 이미 음력 10월의 겨울로 촉산은 하얗게 눈이 덮이기 시작했다. 300km에 가까운 산악 행군은 성공한다고 해도 체력이 고갈돼 성도에 도착하면 전투력이 바닥으로 떨어질 가능성이 높았다. 그러나 등애는 작전을 강행했다. 그가 믿는 것은 강유와 검각에 모인 군대를 제외하면 촉에는 더 이상 싸울 수 있는 군대도, 장수도 없다는 판단이었다. 정사 《삼국지》 〈위서〉의 등애전은 당시를 다음과 같이 설명한다.

> 산을 뚫어서 길을 내고 계곡에 다리를 만들었다. 산은 높고 계곡은 깊었으므로 작업은 매우 어려웠고, 식량 수송의 어려움으로 거의 (자멸할) 위기에 이르게 되었다.

　기진맥진한 위군이 산에서 나와 강유에 도착하자 기적이 일어났다. 강유의 수비대장 마막馬邈이 싸우지 않고 항복한 것이다. 촉의 최후 방어선을 지키던 3선 방어군 제갈첨諸葛瞻(제갈량의 아들)이 등애의 소식을 듣고 부성에서 성도 동쪽 면죽으로 황급히 달려왔다. 이때 황권의 아들 황숭黃崇이 적은 지쳤으니 반드시 공격해야 한다고 강력하게 주장했다. 그러나 제갈첨은 공격을 거부하고 방어진을 쳤다. 촉군은 위군의 1차 공격은 막아냈지만, 2차 공세는 버텨내지 못했다. 이 전투에 촉의 운명이 걸린 것을 알았던 장수들은 죽을 때까지 싸웠다.
　이제 등애를 막을 군대가 없었다. 강유는 이 소식을 듣고 검각에서 철수해서 황급히 성도로 달려왔다. 강유의 병력은 5만에 달했고, 이들이 도착하면 등애는 버틸 수 없을 것이었다. 그러나 강유의 군대가 도착하기 전에 유선은 항복하고 말았다. 황제가 항복했으니 강유도 항복할 수밖에 없었다. 그러나 순순히 물러날 생각은 없었다. 그는 종회와 결탁해 반란을 일으키기로 했다. 종회의 병력과 촉의 4~5만 명의 병력을 합치면 대단한 대군이었다. 종회는 먼저 등애를 모함해 그를 제거했다. 이 병력으로 장안을 점령하고 낙양으로 진공할 생각이었다. 성도에서는 촉군에게서 압류한 무기를 다시 나눠주고 있었다. 이때 강유와 종회의 음모가 누설되었다. 등애의 죽음에 분노한 그의 부하들이 봉기했고 다른 위군도 모두 합세했다. 강유는 직접 칼을 들고 전투를 벌이다가 전사했다. 평생의 동료 장익도 이때 함께 전사했다.

위나라의 운명

위대한 아버지를 둔 사람은 아버지의 그늘에서 벗어나기 힘들다. 조조의 아들 조비曹丕는 무능한 왕은 아니었다. 붓을 대면 문장이 되었다고 할 정도로 문재가 뛰어났고, 격변의 시대에서 질박한 삶을 살았던 조조와 달리 문학과 편찬사업에도 힘을 쏟아서 후대의 학자들이 높은 점수를 주기도 했다. 문무를 겸비한, 문치에도 힘을 쏟는 진짜 군주임을 과시하려 노력했다. 또한 후한의 황제인 헌제로부터 왕의 자리를 물려받는 '선양'이라는 방식을 창안하기도 했다.

'승상'이라는 지위가 어울렸던 조조와 달리 조비(문제)는 황제스러운 부분이 많았다. 조조의 옛 신하들은 불안감을 가지고 조비의 치세를 살았다. 삼국시대는 한나라의 구습과 냉혹한 전장의 현실주의, 구시대의 제도에 대한 반감과 구시대로 회귀하려는 정신적 낭만주의가 뒤엉킨 시기였다. 그러다 보니 현대인이 이해하기 어렵거나 오해하기 쉬운 일화들이 많다. 후대인들은 그것을 붙잡고 인물을 상상하고 에피소드를 멋대로 해석하거나 보완했다. 조비에 대한 혼란스러운 이미지도 그런 경우다.

조비는 적어도 그를 깎아내리는 소설 속 내용보다는 현명했고 정치 감각도 있었다. 정적에게 가혹하고 과거의 원한을 잊지 않고 반드시 복수했다는 평도 있지만, 모두에게 그러지는 않았다. 전반적으로는 조조의 총애를 받았던 전통 세력을 대우하면서 가후, 정욱, 사마의같이 탁월한 능력을 보유하고도 불합리한 이유로 권력의 핵심까지 들어오지 못했던 사람들과 손을 잡았다. 문치를 내세웠지만 법은 여전히 가혹했고, 대외전쟁은 잠시 늦춰 오와 촉이 재정비할 여지를 주었다. 그러나 이 부분은 그가 좀 더 오래 살았더라면 달라졌을 것이다. 조비가 자신의 정치를 하기 위해서는 기반을 다지는 작업이 필요했다.

226년, 조비는 재위 7년 만에 갑작스러운 병으로 사망하고 말았다. 40세였다. 그의 장남 조예曹叡가 뒤를 이어 즉위했다. 총명하고 고독한 은둔자였던 조예(명제)는 소설에서 묘사한 제갈량을 닮았다. 왕자 시절에는 신하들도 잘 만나지 않고 독서와 사색에 몰두했다. 이는 그의 불운한 가정사와도 관련이 있다. 조예의 어머니 견씨는 뛰어난 미인이었다. 원소의 아들 원희의 신부가 되었는데, 조조와 조비가 업을 함락하자 포로가 되었다. 조비는 그녀에게 한눈에 반했고 조조는 자신의 맏아들과 유부녀의 결혼을 허락했다. 조비와 견씨의 사이는 매우 좋았고, 견씨는 보기 드물게 훌륭한 아내였다는 기록들이 남아 있다. 하지만 황제에 즉위한 조비가 믿을 수 있는 외척을 만들기 위해 헌제의 두 딸을 후궁으로 맞은 뒤 견씨를 살해했다. 조예는 이런 가정환경으로 고독한 왕이 되었다.

조비 때 잠시 잠잠했던 천하는 조예가 즉위하자 다시 시끄러워졌다. 제갈량의 북벌이 시작되고 아직 살아 있던 손권이 온 힘을 모아 북벌을 시도했다. 조예는 침착하게 양면 공격을 받아냈고, 호들갑 떠는 신하들에게 절대 휘둘리지 않았다. 그는 앉은 자리에서 전황을 예측했으며 자기 판단에 확신이 분명했다.

234년에 제갈량과 손권이 동시에 위를 공격했다. 조예는 사마의를 보내 촉을 막고 합비로는 자신이 직접 출정했다. 손권은 조예의 대군이 도착하기 전에 철수했다. 대신들은 바로 장안으로 가서 사마의를 돕자고 했다.

"괜찮소, 손권이 도주했으니 제갈량도 기가 꺾였을 거요. 대장군(사마의)은 능히 제갈량을 제압할 수 있소. 나는 걱정하지 않소이다."

제갈량이 떠오르는 모습이지만 그의 머릿속에는 정치적 계산도 있었다. 조예의 시대에는 조조의 구신들이 하나씩 세상을 떠났다. 자연스럽게 세대교체가 이루어졌는데 제후가 된 선대의 신하들은 아들과 손자를 낳아 권력층을 두텁게 만들어 놓았다. 그들 속에 갇힐 수 없었 조예는 사마의와 손을 잡았다. 그리하여 의도적으로 사마의가 공을 세울 기회를 몰아주었다. 오나라와 촉나라, 요동의 공손씨 정벌까지 사마의는 세 방향의 전쟁을 모두 주도했다. 외척이 아닌 대신가와의 동맹이었다.

정사에서 진수는 조예의 성격을 정확히 진단한다.

"명제(조예)는 침착하고 굳세며 결단력과 식견을 갖추어 자기 생각에 따라 행동했다. 군주다운 지극한 기개가 있었다."

조예의 행적을 보면 비범한 지력을 지녔던 것은 분명하다. 다만 천재와 바보는 종이 한 장 차이라는 말이 있는데, 골방의 천재들은 늘 자충수로 망한다. 조예의 불행하고 위태로운 소년시절과 가끔 보여주는 제갈량 놀이는 조예가 자기 세계에 빠진 위험한 권력자임을 암시한다. 조예는 점차 자신감에 파묻혔다. 군주다운 기개를 갖췄으나 오용할 위험성이 높고, 결국 그렇게 되었다. 물론 그에 관한 훌륭한 기록도 많다. 아침부터 밤까지 열심히 노력하고, 사법이 바로 서야 나라가 제대로 운영되고 백성이 고통을 받지 않는다며 재판을 모두 참관했다. 패전한 장수도 그럴 만한 사정이 있으면 이해하고 오히려 기를 살려주기 위해 관작과 예우를 더 높였다. 선조의 장군과 신하들을 존중하고 좋은 머리를 살려 예상 밖의 행동으로 사람들에게 감동을 주었다. 하지만 조예는 후궁을 엄청나게 두었고 궁도 화려하게 증축했다. 이를 두고 비난과 간언이 많았다.

리더십의 관점에서 보면 의외로 이렇게 머리 좋은 리더가 실패할 확률이 더 높다. 리더는 자신감과 책임감, 추진력이 있어야 하지만 그것은 겸손이란 토양 위에서 자라야 한다. 성공하면 성공할수록 두려움도 커져야 한다. 천재 한 명이 바보 10명을 이길 수 없고, 100층짜리 건물을 세웠다고 10층 건물 10채를 무너트린 실수를 만회할 수 있는 것이 아니다. 겸손을 모르는 조예는 점점 엇나갔다. 조예는 멋있는 군주가 되려고 했지만 신하들에게는 점점 감정적이고 종잡을 수 없는 군주로 보이기 시작했다.

이 잘못된 자신감의 대표적인 사례가 후계자 조방曹芳이다. 명제는 아들을 낳지 못했는데, 어디선가 남자아이 두 명을 데려와 아들로 키웠다. 그들의 부모가 누구인지는 아무도 몰랐다. 조방의 출신이 불분명하다는 것은 훗날 진나라를 세운 사마씨 가문의 조작일 수도 있다. 고려의 우왕이 공민왕의 아들이 아니라 신돈이 반야와 내통해 낳은 아들이라고 주장한 조선의 건국자들처럼 말이다. 아니면 명제 자신의 아들인

데 어머니를 비밀로 했을 수도 있다. 외척을 두지 않고 다음 대에서는 황제를 천상천하 유아독존의 지위로 올려놓겠다는 의도였던 것 같다. 하지만 권력은 하늘에서 떨어지는 것이 아니다. 과거 황제가 외척의 위험을 몰라서 외척을 끼고 살았을까? 조예의 행동은 자신감 넘치는 사자가 들소와 하이에나가 우글거리는 벌판에 새끼를 던져 놓은 격이었다. 그는 신하들에게 휘둘리지 않고 절대 권력을 세우겠다는 욕심에 자기 자신을 소외시켰다.

238년 12월 초, 35세였던 조예의 건강에 이상이 생겼다. 조예는 한 달을 버티지 못했다. 정월 초하루 요동 정벌을 마친 사마의가 황명을 받고 급히 궁으로 달려왔다. 조예는 숨이 넘어가고 있었다. 이 순간 자신이 저지른 실수를 해결하는 법은 인정에 호소하는 방법뿐이었다. 평생의 신조와 맞지 않는 태도지만 다른 선택지가 없었다. 조예는 사마의의 손을 붙잡고 말했다.

"그대에게 뒷일을 부탁하오. 조상(대장군 조진의 아들)과 함께 어린 태자를 보필해 주시오. 그대를 보았으니 어떠한 여한도 없구려."

사마의는 고개를 떨어트리고 눈물을 흘렸다. 그날 조예는 사망했다. 후계자 조방은 8살이었다.

정사는 조예의 궁전 건축을 비평하는 척하면서 마지막 일격을 날린다.

> 천하가 분열된 와중에 대업을 계승하거나 왕업의 기반을 개척하지 않고 (중략) 진시황이나 한무제를 성급하게 모방했다. 나라를 다스리는 원대한 계획과 목표를 기준으로 헤아려 볼 때 아마도 성급한 것이다.

조방의 치세에 사마씨의 권력은 급속히 성장했다. 조예는 사마의의 대항마로 조상을 남겼지만 그는 사마의의 적수가 되지 못했다. 조상이 패하면서 조씨 왕가는 허수아비가 됐고, 254년에 조방은 황태후의 명령으로 폐위되었다. 일은 않고 주색만 밝힌다는 이유였다. 폐위를 주도한 사람은 사마의의 아들 사마사司馬師였다.

사마사는 조비의 손자이자 조림曹林의 아들인 조모曹髦를 후계로 세웠다. 허수아비 왕이었던 조모는 즉위할 때 14세였고, 6년 뒤인 260년에 사망했다. 265년 마지막 왕 조환曹奐이 사마소司馬昭의 장남 사마염司馬炎에게 왕의 자리를 물려면서 조조의 나라는 멸망한다.

오나라의 운명

이릉 전투 후 손권은 황제로 즉위하라는 신하들의 요청을 받았으나 미루다가 229년에 즉위한다. 이때부터 중국은 세 명의 황제가 통치하는 시대로 접어든다. 황건적의 난(189)에서 유비의 죽음(223)까지가 34년이다. 소설은 여기서부터 제갈량의 북벌과 죽음(234), 강유의 마지막 분전과 촉의 멸망(263)까지 다루지만 사실상 제갈량의 죽음에서 대단원의 막을 내린다.

제갈량이 북벌을 추진할 때 제갈량은 오나라가 호응해 주기를 바랐다. 그러나 손권은 적극적인 행동을 하지 않았다. 위와 촉이 서로 싸우다가 아무것도 얻지 못하는 양패구상이나 소모전을 바랐을 수도 있고, 북방 전투에서 자신감을 완전히 잃었을 수도 있다.

제갈량이 사망한 뒤 촉나라와 오나라는 천하 이분지계라고 할 수 있는 동맹을 맺었다. 함께 위나라를 공격해서 중국을 동서로 양분하자는 계획이었다. 이후 촉과 오는 평화를 유지하지만 거창한 전략에도 불구하고 위를 공격하기보다는 안정을 추구하는 태도로 나갔다. 그 사이에 위는 점점 강해졌고, 이와 반비례해서 조씨 왕조의 정치적 장악력은 점점 약해졌다.

오나라도 손권이 사망한 이후로 정치는 혼란해지고 리더십은 약화되고, 사회는 현실 안주에 빠졌다. 여기에는 손권의 책임이 크다. 그는 황제의 권력을 강화하기 위해 원로 대신가들을 너무 성급하게 숙청했고 종실(왕의 친족) 세력마저 약화시켰다.

263년, 위는 촉을 멸망시켰다. 265년에 위는 사마의의 손자 사마염에게 멸망해 진나라가 되었다. 그 뒤로도 오는 제법 버텼지만 이상할 정도로 위기감이 실종되었다. 280년에 진은 촉에서 배를 띄워 장강을 따라 남하해 오나라를 직격했다. 최후의 왕이자 자포자기 수준으로 방탕했던 황제 손호孫皓는 순순히 항복했다. 이렇게 해서 삼국의 내란기는 끝났다.

소설은 삼국시대의 성립 과정에서 전반부만을 다루는 셈인데, 위·촉·오 세 나라 중에 진정한 승자가 없는 것이 삼국지의 영원한 매력일 수도 있겠다.

戰略三國志

三國志

2부

삼국지 영웅들의 전략

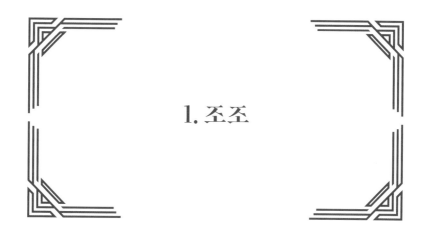

1. 조조

도그마를 깨부숴라

정사 《삼국지》의 저자 진수는 중국 전통 역사가의 관점에서 보면 이 단아다. 그는 유가의 형식적인 규범에 얽매이지 않고 어떤 리더가 난세의 지도자, 난세의 승자가 될 수 있느냐는 기준으로 인물을 보았다. 다만 자신의 평가에 대한 설명을 자세히 붙이지 않았다. 자신의 판단에 대한 이유를 밝히지 않는 것은 옛 지식인들의 보편적인 태도이다. 다만 진수의 경우 당시 지식인 사회에서 이단아로 낙인찍힌 입장이었기에 자신의 철학을 고스란히 드러내기 어려웠을 것이다. 지금부터 정사 《삼국지》 속 인물들에 대한 평가를 해석하면서 그들의 승부 전략과 패배의 원인을 살펴보려 한다.

한나라 말기 천하가 크게 어지러워 영웅호걸이 동시에 군대를 일으켰다. 그중에서 4개 주를 차지한 원소의 강성함을 대적할 자가 없었다. 조조는 책략을 이용하고 계획을 세워 무력으로 천하를 정복했다. 신불해申不害와 상앙商鞅의 치국 방법을 받아들이고 한신韓信과 백기白起의 기발한 책략을 사용하여 재능이 있는 자에게 관직을 주고, 사람마다 가진 재능을 잘 살려 자기의 감정을 자제하고 냉정한 계획에 따랐다.

(인재의) 옛날의 악행은 염두에 두지 않았기에 마침내 국가의 큰 일을 완전히 장악하고 대사업을 완성할 수 있었다. 이는 오직 그의 명석한 책략이 다른 사람에 비해 가장 우수했던 덕분이다. 따라서 그는 비범한 인물이며 시대를 초월한 영웅이라고 할 수 있다.

위의 글은 〈무제기〉에서 진수가 위나라의 조조를 평가한 내용이다. 진수는 촉나라 출신이지만 위나라에서 등용되었으므로 조조를 치켜세운 것이라 짐작하는 사람도 있다. 그러나 그가 말한 조조의 능력은 거짓이 아니다. 소설 《삼국지연의》에서는 조조를 간사하고 교활한 책략의 일인자로 묘사한다. 하지만 조조의 능력이 없었다면 삼국시대의 치열한 경쟁 속에서 결코 승리할 수 없었을 것이다.

조조는 통솔력과 리더십, 전략, 전술에서 최고의 장수였다. 소설은 조조의 실무 능력보다는 정치력에 방점을 두었고 통솔력과 리더십에서도 유비와 대조될 수 있도록 냉혹하고 비정한 모습을 강조했다. 그러다 보니 그가 가진 군사적, 전술적 역량이 제대로 드러나지 않았다. 조조는 상황을 정확히 파악하고 형식과 관념에 얽매이지 않으며 현실적이고 실용적인 대책을 세운 군주였다. 정사《삼국지》역시 유비와 비교해 평가하면서 조조의 임기응변 능력이 최고라고 말했다.

조조의 능력 중 특별히 강조하고 싶은 것은 뛰어난 실행력이다. 그는 두려움 때문에 판단을 그르치지 않았다. 삼국지 속 등장인물 중 결단을 실행으로 옮기는 데 누구보다 빨랐던 인물이 조조다. 그가 연주를 평정했을 때 사방이 적이었다. 모두가 그를 노리는 6 대 1의 상황이었는데 조조는 적의 일부와 동맹을 맺기보다 싸움을 벌이기로 했고 원소와 대결했다. 그 결과 헌제 옹립이라는 결실을 맺고 크나큰 권력을 얻었다.

오나라의 손권은 조조가 장수를 부리는 능력이 예로부터 보기 드문 것이었다고 평가했다. 정사에서 조조는 인재를 적재적소에 등용하고 그들이 최대한 능력을 발휘하게 만든다. 눈에 띄는 점은 능력만 있다면 과거의 악행을 문제 삼지 않는다는 것이다. 이는 조조가 매우 냉철하며 자신의 감정을 최대한 자제한다는 의미다. 물론 조조가 승상이 되어 권력을 손에 쥔 다음에는 자제력이 이기적인 권력욕으로 바뀌었지만 말이다.

아무리 뛰어난 능력을 갖춘 인재라고 해도 그의 도덕성을 문제 삼지 않고 악행도 품는 것은 어려운 일이다. 특히 당시의 특수한 상황에서는 더욱 그러했다. 한나라의 인재 등용 방식은 여론과 공론에 의한 평가를 기준으로 하는 추천제였다. 시간이 지나면서 형식적이고 표준적인 틀이 생겼는데 유가적 명분과 윤리 등이 지나치게 강조되었다. 환관들의 부패한 정치로 벼슬길이 막히고 소외당한 지식인들은 자신들의 장점인 윤리적 청결함과 예의범절, 의례를 과도하게 내세웠다.

"악화가 양화를 구축한다"라는 말이 있다. 16세기 영국에서 엘리자베스 1세가 즉위할 무렵에 영국의 물가가 몇 배나 폭등했다. 이때 영국의 제정 고문 토머스 그레셤Thomas Gresham이 한 말로 '나쁜 화폐가 양질의 화폐를 쫓아낸다'라는 뜻이다. 엘리자베스 1세의 아버지인 헨리 8세가 전쟁 비용을 충당하기 위해 이물질이 섞인 주화를 대량으로 발행해 화폐 가치가 떨어질 대로 떨어졌기 때문이다. 엘리자베스 1세는 그레셤의 조언에 따라 이물질이 섞인 주화를 가져오면 실제 가치에 해당하는 새 주화로 교환해 주겠다고 약속했다. 그 결과 70만 파운드, 현재 가치로 약 2,500억 원에 달하는 악화를 회수했다고 한다.

그런데 환관들의 부패 정치와 당고의 화라는 악화는 양화를 구축하는 정도가 아니라 악화끼리의 경쟁을 불러일으켰다. 난세가 닥치면 실용주의가 부활할 것 같지만 그렇지 않다. 오히려 극단적인 두 경향이 대립한다. 한마디로 유가는 더욱 예의를 강조하고, 법가는 더욱 냉혹해진다.

이때 조조는 유가에 빠지지 않고 냉혹한 법가와 실용주의를 선택했다. 그는 추천제에서 강조하는 기준보다 실력을 우선시했다. 출중한 실력을 갖춘 사람들을 찾아 자신의 휘하에 배치했다.《삼국지》에서 결정적 역할을 하거나 활약한 인물인 곽가, 순유, 제갈량, 방통, 법정, 정욱, 가후 등의 공통점은 격식 파괴자라는 것이다(제갈량이 격식 파괴자였다는 말이 이상하겠지만 이는 제갈량 편에서 설명하겠다). 덕분에 후대에서는 비난받았지만 현세에서는 승자가 되었다.

난세는 변화의 시대다. 난세에 생존하려면 혁신이 필요하고, 이는 구시대에 만든 도그마(독단적인 신념이나 학설)를 찾아 깨뜨렸을 때 가능하다. 그러나 대부분은 새로운 도그마를 개발하기는커녕 과거의 도그마라는 고치 속으로 파고 들어가 누에처럼 움츠리는 것을 선택한다. 조조는 그러지 않았다. 자신이 거느릴 인재의 실용적 기준을 제시하고, 조건을 충족하는 인재를 얻으면 적재적소에 활용했다. 덕분에 엄청난 병력 차이를 보였던 원소와의 전투에서 승리했다. 정리하자면 조조가 세력을 키울 수 있었던 것은 정확한 분석과 판단력, 실패를 두려워하지 않은 빠른 실행력 덕분이었다. 또한 도그마에 얽매이지 않고 상대의 도그마를 찾아 이용하고 파괴했던 과감함이었다.

숨은 의도를 파악하는 것이 곧 능력이다

조조는 여러 번 위기를 맞았다. 소설은 가해자 조조와 피해자 유비라는 구도를 자주 사용하다 보니 조조의 위기를 제대로 묘사하지 않았다. 여기서 말하는 위기란, 전투에서 목숨을 잃을지도 모르는 상황이 아니라(조조가 죽을 뻔한 장면은 양념처럼 간간이 잘 써먹었다) 그가 쌓아 올린 체계의 붕괴를 말한다.

신하와 장수들의 신뢰를 잃고, 백성들이 전쟁에 쏟는 세금과 병력을 더는 감당하지 못하겠다고 폭발할 때 말이다. 조세와 징병 시스템은 삐걱거리고, 백성들은 다른 나라로 도주하며, 아무리 훌륭한 전략을 세워도 공격은 예리함을 잃고 전선은 쉽게 붕괴한다. 이런 현상이 쌓여 곳곳에서 삐걱거리는 소리가 들리기 시작하면 붕괴는 연쇄반응을 일으키고 최후의 날은 급속히 다가온다.

체계가 붕괴하는 가장 큰 원인은 패배다. 한 가구에 전사자가 발생하면 형제, 친인척, 이웃 등 10가구 이상에 충격을 준다. 전쟁에서 전사자가 발생하지 않을 수는 없다. 하지만 적벽대전과 같은 대패를 겪으면 출전한 마을의 젊은이가 집단으로 돌아오지 못하는 경우가 생긴다. 5만 명의 전사자가 15개 주에 골고루 나누어 분포하는 경우보다 하나의 주에 1만 명의 전사자가 집중할 때 체계가 무너질 가능성이 더 크다. 이러한 정신적·사회적·경제적 손실은 회복하는 데 최소 1세대에서 2세대가 걸린다.

이런 관점에서 보면 조조 최대의 위기는 적벽대전의 패배였다. 정확한 통계는 알 수 없지만 수많은 정규군을 잃었는데, 이는 조조의 전쟁사를 통틀어 가장 큰 피해였다. 희생자 중에는 요서 정벌까지 감행해서 끌고 내려간 북방군단의 전사도 상당수가 포함되었을 것이다. 본래 피해가 크면 전쟁을 중지하고 휴양 정책을 펴야 한다. 삼국지 전반기 동안 가장 큰 피해를 입고, 오랫동안 전란에 휩싸여온 지역은 조조의 근거지인 화북이었다. 그러나 조조는 쉴 수 없었다. 적벽대전의 실패가 순식간에 두 마리 용을 키워냈기 때문이다.

북벌의 야심은 있으나 오랫동안 토호들을 설득하지 못했던 손권은 적벽대전으로 그들을 일으켜 세울 명분과 권력을 얻었다. 더 이상 예전의 오나라가 아니었다. 방랑하던 용, 유비는 비록 형주의 절반이지만 영토를 얻었다. 그리고는 손권과 동맹을 맺었다. 유비가 서쪽을, 손권이 동쪽을 공략한다는 동맹이었다. 양측의 영토와 군대를 합쳐도 조조의 군대를 넘을 수 없지만 양면 전쟁은 몇 배의 전력이 필요하다. 게다가 북방의 유목 기병들이 조조를 불신하기 시작했다. 동시에 잠잠했던 서쪽의 관중, 한중, 촉의 야심가들이 움직이기 시작했다.

조조는 초조했다. 오랜 전쟁으로 기진맥진한 화북 지역 주민들은 휴식과 위로를 요구했다. 당장 사방에서 일어나는 불길을 막아야 하는데 군대를 다시 불러 모을 수도 없었다. 조조는 이 난국을 어떻게 타개했을까? 적벽대전이 일어난 다음 해에 조조는 다음과 같은 교서(왕이 신하, 백성, 관청 등에 내리던 문서)를 내렸다.

> "전사자 집안으로 생계를 유지할 수 없게 된 자는 현의 관리가 창고를 열어 나누어 주는 일을 끊지 말라."

이는 너무도 당연한 조치다. 눈여겨봐야 할 부분은 그다음 구절이다.

> "고을의 향리들은 (관의 재정과는 별도로) 그들을 구휼하고 위로하여 나의 뜻을 실천하라."

문장 속 향리는 조선시대 향리와 다르다. 한나라의 지방에서 세력을 키운 지방 토호와 씨족공동체의 우두머리에게 하는 말이다. 그런데 문장 내용만 놓고 보면 새로운 게 없다. 이런 상황에서는 향리들이 나서서 돌보는 것이 일반적인 사회구조다. 문제는 관청의 창고를 열어 구제하려 해도 전쟁에 재정을 쏟아붓느라 남은 게 없을 가능성이 크고, 관리들의 부정부패가 심각하다는 것이다. 그러니 구제가 제대로 이루어질 리 없다. 즉 조조의 교서는 "분명 관청의 구제가 부실할 테니 당신들이 좀 도와라"라고 토호들에게 부탁하는 것이다.

당시 이 교서를 읽었던 관리와 토호 중에는 뻔하고 형식적인 소리로 여기는 사람도 많았을 것이다. 그런데 6개월 후 조조의 대대적인 인재 등용을 보면 그의 말에 숨은 속셈이 있었음을 알 수 있다. 6개월 후 조조는 대대적인 인재 등용령을 발동한다. 여기서 "도덕적 결함에 너무 구애받지 말고 능력과 재능을 기준으로 한다"라는 파격적인 선언을 했다.

> "꼭 청렴한 선비가 나라를 구할 수 있는 것은 아니다. 능력은 있어도 도덕적 비난을 받아(누명을 써서) 침체된 인재를 찾아라."
> "오직 재능만이 추천의 기준이다."
> "그동안 추천을 받지 못하고 (사회적 제약 탓에) 낮은 지위에 있는 사람, 소국에 사는 인재를 찾아서 추천하라."

그런데 조조는 여기서 한 걸음 더 나간다. 교서의 마지막 내용인 '낮은 지위에 있는 사람, 소국에 사는 인재를 찾아 추천하라'가 그것이다. 이는 또 무슨 말일까? 조조는 춘추전국 시대의 고사를 인용한다.

> "조나라나 위나라 같은 대국의 가신이 되면 여유로울 수는 있지만 등나라나 설나라 같은 소국의 대부를 이길 수는 없다."

간단히 비유를 들자면 프랑스 혁명기에 귀족들은 부유한 시민인 부르주아 계급에 정치, 재정, 군사 등 모든 면에서 뒤처졌다. 특히 군대는 이제껏 왕립 군사학교나 사관학교 출신의 귀족이 독점하다시피 했으나 이제는 부르주아 출신 장교에게 상대가 되지 않았다. 시대가 변했기 때문이다.

조조는 이전부터 미래의 주인이자 시대를 움직이는 에너지가 어디에 있는지 알고 있었다. 그가 원소를 '지는 별'로, 유비를 '잠룡'으로 평가한 것도 "귀족은 부르주아를 이길 수 없다"라는 소신의 결과였다. 즉 조나라나 위나라 같은 대국의 대신은 귀족이며, 등나라나 설나라 같은 소국의 대부는 부르주아라는 것이다. 조조는 적벽대전의 패배로 나라가 위기에 빠지자 아직 대지 속에 엎드려 있는 잠재력을 뽑아내기로 했다. 하지만 아무리 난세라고 해도 부르주아를 대대적으로 등용하는 개혁은 쉬운 일이 아니었다.

또한 부르주아 출신이라고 모두 적극적이고 능동적인 사람은 아니다. 결국 조조의 말은 그동안 문벌과 지역 차별로 무시당하고 억눌리며 살아온 인물 중 난세를 보며 '이 상황은 나에게 기회다'라는 것을 스스로 깨닫고 적극적으로 나설 의지를 지닌 사람을 추천하라는 뜻이다.

그런데 그런 사람을 어떻게 찾고, 그 추천이 올바른 것인지 확인할 수 있을까? 당시 상황을 고려하면 누군가가 조조에게 인재를 추천하려는데 혈연, 지연, 학연을 배제할 수 없으니 추천장에 '유서 깊은 가문에서 자란 효자'라고 쓰는 대신 조조가 원하는 대로 '적극적이고 창의적인 인재'라고 쓰면 그만이다. 이럴 때 가장 좋은 방법은 일을 주고 성과를 확인하는 것이다. 조조의 교서 속 문장을 다시 떠올려 보자.

> "고을의 향리들은 그들을 구휼하고 위로하여 나의 뜻을 실천하라."

제대로 돌아가는 공동체라면 위로와 구제는 알아서 이루어질 것이다. 하지만 황건적의 난 이후 많은 공동체가 파괴되고 난민들이 뒤섞였다. 지역의 인구 구성과 전통적 질서는 망가지고 기존의 복지 시스템은 통하지 않는다. 구제할 사람은 늘었고 관청은 제 기능을 못 한다. 이럴 때 인재는 난세를 기회라고 생각하며 적극적 의지를 가지고 해결책을 찾을 것이다. 자기 재산과 노력을 투자해 주민들을 돕고 마을을 재건할 방법을 찾아 자신의 명성을 높일 것이다.

조조가 찾는 인재, 즉 소국의 대부는 바로 이런 사람들이다. 각 고을의 향리들에게 위와 같은 미끼를 던져 놓고 조조의 뜻을 적극적으로 실천할 도전적인 인재를 찾았던 것이다. 삼국지 전반부의 역동성은 구체제의 품 안에서 자란 사람들이 아니라, 조조가 찾는 인재와 같은 사람들이 만들어낸 작품이었다.

시간이 지나 삼국지의 영웅들이 대국의 가신이 되고 자신의 2세와 3세에게 권력을 물려주면서 삼국지의 역동성은 떨어진다. 이때 다시 삼국지를 주도하는 인물은 주어진 권력에 안주하지 않는 소수의 훌륭한 2세와 등애와 강유처럼 바닥이나 외지에서 일어난 평민 출신의 인물들이다.

삼국시대는 신흥세력이 등장하고, 그들이 권력을 잡고 다시 보수화하는 양면적인 모습을 보인다. 하지만 조조가 발굴하고자 했던 역동적 인재의 위력과 중요성은 역사가 충분히 증명한다. 적어도 조조의 시대에 이런 노력은 보답받았다.

조조가 적벽에서 대패한 것은 208년 겨울이었다. 얼마 후인 211년, 북방 산서성에서 상요商曜가 반란을 일으켰고 한중에서는 오두미교 교주었던 장로가 지역을 장악했다. 이때 모두 조조가 회복하려면 아직 시간이 더 필요하다고 생각했다. 그러나 조조는 이미 전투에 나설 준비가 되어 있었다. 다만 전력을 완벽히 회복하지 못했기에 양면 전쟁을 치르지는 못했다. 그는 즉시 하후연과 서황을 파견해 속전속결로 상요를 토벌했다. 그러고는 곧바로 하후연 군단을 한중으로 돌렸다. 한중에 전력을 집중하면 손권의 공세를 막을 방법이 없었기 때문이다.

불과 3년 만에 대패를 회복하고 재기한 것은 대단한 일이다. 이런 조조 덕분에 삼국지는 더욱 재미있어진다. 그의 놀라운 회복력에는 치밀하고 획기적인 인재 등용이 결정적인 역할을 했다고 믿는다.

실수는 받아들이고
과거의 잘못은 묻지 않는다

장수로서 조조의 능력을 말할 때 기동전을 빼놓을 수 없다. 조조는 기동전에 관한 당대 최고의 능력자였을 뿐만 아니라 선구적인 전략가였다. 잔혹했던 서주 침공은 큰 실수였고 비난받을 일이었으나 사방에서 연주를 노리는 여포, 원술, 장수, 원소와의 전투에서 승리하고 단숨에 형주를 삼켜 통일 직전까지 갈 수 있었던 것은 기동전의 의미를 제대로 알고 활용한 조조의 전술적 천재성이 아니면 설명할 수 없다.

사람들은 불패의 장군, 무적의 장군을 좋아한다. 그러나 패전과 실수를 경험하지 않는 장군이 있을까? 중요한 것은 지지 않는 것이 아니라 패배에 좌절하지 않고 실수를 부정하지 않는 것이다. 조조 역시 삼국지에서 수많은 패배를 경험했다. 아쉬운 점은 소설 속 조조는 행실이 얄밉고 상대의 분노를 자아내는 캐릭터인데, 그러다 보니 조조의 패전이 독자들에게 통쾌함은 주지만 그의 중요한 장점은 놓친다는 것이다.

조조는 홀로 낙양으로 진군하다가 서영에게 패했을 때와 연주에서 여포군의 습격을 받아 고전할 때 등 위기를 맞이한 순간에도 적이 근접할 때까지 버텼다. 이는 맹목적인 저항이 아니다. 최대한 끝까지 포기하지 않고 싸우며 자기 한계를 끌어올리는 것이다. 조조는 그만큼 더 빨리, 더 높게 성장했다. 그는 실수를 통해 끊임없이 발전했고 자기 분석과 평가를 게을리하지 않았다.

순욱은 조조의 장점이 과거의 잘못을 묻지 않는 것이라고 했다. 많은 리더가 흔히 하는 실수는 실패나 잘못을 남의 탓이나 불운으로 돌리는 것이다. 그들은 다시 같은 기회가 오면 과거 자신의 판단이 틀리지 않았음을 증명하려고 한다. 수렁에 빠지면 실수를 인정하고 냉정하게 탈출할 방법을 찾아야 하는데, 계속 몸부림을 치다가 더 깊이 빠져드는 격이다.

조조는 자신에게도 냉혹했다. 보통 사람들은 한 계단 미끄러지면 더 낮은 계단에 도전하거나 원래 자리로 다시 올라서려 한다. 하지만 조조는 철저히 반성하고 분석한 뒤 마치 승자인 양 한 단계 더 높은 계단에 도전했다. 이런 성격과 삶의 자세 덕분에 조조는 결정적 순간에 승부를 겨룰 줄 아는 승부사가 될 수 있었다.

조조의 지휘는 예리하면서도 용감하고 단호했다. 관도대전의 승부를 역전시킨 오소 습격전은 원소와 순우경淳于瓊의 어리석음을 강조하다 보니 쉽게 얻은 승리처럼 보인다. 그러나 병력도 적은 상태에서 앞에는 성채를 두고, 뒤에서 적 기병의 습격을 받는 조조가 보여준 사생결단의 승부수는 명장이 아니면 보여줄 수 없는 경지였다.

통솔력은 잘 드러나지 않는 지표다. 하지만 가장 넓은 영토와 전선을 지닌 조조는 웬만해서는 기습을 허용하지 않았고 패전도 빨리 수습했다. 충성심 높은 부하들과 이들을 이끄는 통솔력 없이는 불가능한 일이었다. 실제 조조는 소설처럼 패전했다고 가차 없는 처벌을 내리지 않았으며, 그보다는 늘 합리적으로 승리와 패배를 분석했다. 전투에서 졌을 때는 병사를 이끈 무장이 이번의 패배를 경험 삼아 실력을 키울 수 있는 인물인지를 판단했고, 더욱 실력이 좋은 무장을 찾아 나서기도 했다. 손권은 〈오서〉 제갈근전에서 사람을 다루는 조조의 능력을 다음과 같이 평가했다.

> "조조가 부하 장수들을 다루는 능력-이것은 통솔력뿐 아니라 조조의 전술 능력까지 포함한 의미라고 판단된다.- 예로부터 보기 드문 것이었다. 아들 조비의 능력은 조조의 만분의 일도 되지 못한다."

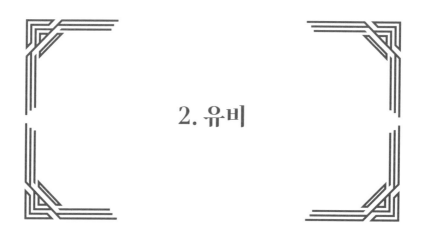

2. 유비

때를 기다릴 줄 아는 정치인

정사 《삼국지》에서 진수는 유비를 다음과 같이 평가한다.

> 유비는 도량이 넓고 의지가 강하고 마음이 너그러우며, 인물을
> 알아보고 선비를 예우했다. 그가 나라와 태자를 제갈량에게 부
> 탁할 때 (제갈량에 대한) 한 점의 의심도 없었던 것은 고금을 통해
> 임금과 신하 사이의 마음가짐에 관한 가장 훌륭한 모범이었다.
>
> (중략)
>
> 유비는 임기응변의 재간과 책략이 조조에게 미치지 못했기 때문
> 에 국토도 좁았다. 그러나 좌절해도 굴복하지 않으며 끝까지 조

조의 신하가 되지 않았다. 아마 조조의 도량으로는 틀림없이 자신을 받아들이지 못할 것으로 예측하여 그와 이익을 다투지 않았으며 또한 해를 피할 수 있었던 것 같다.

소설에서 유비는 조조의 반대 캐릭터다. 천하와 백성을 권력의 수단으로 보는 조조와 달리 유비는 "백성이 없으면 나도 없다"라고 선언한다.

신하에 대한 관용과 존중의 자세도 비교된다. 이릉 전투에서 패한 황권이 위나라로 망명하자 누군가 황권에게 유비가 촉에 있는 그의 가족을 몰살했다고 전했다. 이를 들은 황권은 유비는 그럴 사람이 아니라고 말했다. 조조가 마등의 일가족을 몰살한 것과 대비된다. 사실 마등은 역모 혐의도 확실하지 않았다. 그렇기에 조조가 그의 가족을 모조리 죽인 것은 상당히 잔혹한 행동이었다. 그에 반해 유비와 그의 아들 유선은 황권이 위나라로 망명했음에도 그의 아들을 중요한 자리에 임명했다.

유비는 세상을 떠날 때 제갈량에게 태자이자 아들인 유선이 불초不肖(아버지를 닮지 않았다는 뜻에서 나온 말로, 못나고 어리석다는 뜻)하면 당신이 왕이 되어도 좋다고 말했다. 그 조건은 천하통일이라는 대업을 이루는 것이었다. 비정한 아버지 같지만 유비가 평생을 싸워 얻은 촉한의 황제로 즉위한 것이 권력욕이 아니라 시대의 대의를 위한 것이었음을 증명하는 것이다.

유비의 말과 생각은 이상적인 정치인이란 무엇인가를 보여준다. 더욱이 그가 살았던 시기는 약육강식의 난세였다. 이상주의자 유비는 현실주의자 조조를 이기지는 못했지만 그를 상대할 수 있을 만큼 성장했다.

군사와 영토, 백성들까지 몇 배는 열악한 상황에서 원칙에 따라 대항해 기적을 이룬 것이다. 유비의 놀라운 성공 비결은 무엇일까?

"좌절해도 굴복하지 않았다"라는 유비의 리더십에 답이 있다. 유비는 여포에게 배신당해 가족을 잃고, 조조라는 넘을 수 없는 벽에 봉착해도 자신의 신념을 버리지 않았다. 그동안 많은 역사가가 유비를 향해 '때를 기다릴 줄 아는 정치인'이라고 말했다. 이는 아무 곳에나 낚싯대를 드리우고 가만히 앉아서 무작정 기다리는 게 아니다. 사냥감의 습성을 분석한 사냥꾼이 잠복하며 표적을 기다리는 가능성 높은 확률에 도전하는 행위를 뜻한다. 그의 기다림은 적절한 시기를 헤아리고 목표를 이루는 수단이다. 많은 사람이 유비를 착한 원칙주의자라고 표현하지만 그는 지극히 전략적인 인물이다. 다만 그가 택한 전략은 조조와 정반대의 방법이었다.

난세라고 하면 현실적이고 냉철한 인물이 세상을 장악할 것이라 생각한다. 그런데 어둠이 세상을 덮으면 사람들은 이를 밝혀줄 빛을 찾는다. 유비는 약탈과 살인, 가혹한 징발까지 서슴지 않는 살벌한 현실주의 세상에서 백성들이 소망하는 지도자상을 읽었다. 난세에 전혀 어울리지 않는 방법 같지만 난세이기에 원칙과 도덕을 사랑하는 지도자에 대한 갈망도 그만큼 컸다. 유비는 두 갈래 길 중 자신에게 적합한 길을 선택했다. 탁상에서 비교하면 유비의 길은 불가능할 것 같고, 효율성도, 성공 가능성도 떨어지는 방법이다. 실제로 유비는 수차례 실패를 겪었다. 그럼에도 절대 포기하지 않았다. 아무리 험하고 비현실적인 길이어도 자신이 정상에 오를 수 있는 가장 빠르고 가능성 있는 유일한 방법이었기 때문이다. 이것이 유비의 성공 전략이며 그의 리더십의 본질이다.

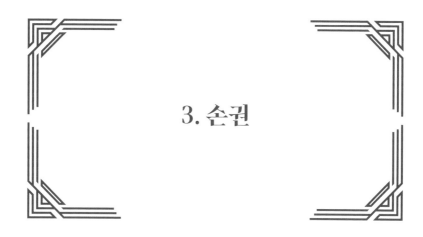

3. 손권

창업의 군주에서 수성의 군주로

삼국지의 인기 비결은 위·오·촉 세 나라의 교묘한 역학 관계다. 만약 두 나라의 양자 대결이었다면 역동적인 힘의 관계를 연출하지 못했을 것이다. 여기에 《삼국지》의 저자가 신의 한 수를 더한 덕분에 수백 년이 지난 지금까지도 꾸준히 사랑받고 있다. 세 나라의 삼각관계에서 주인공의 개성비를 2 : 2 : 2가 아닌 2(유비) : 2(조조) : 1.5(손권)로 설정한 것이다.

이는 《삼국지》의 긴장감을 극대화한 절묘한 배합이었다. 다만 오나라의 손권은 피해자가 되었다. 촉의 유비와 위나라의 조조에 비해 물에 물 탄 듯 술에 술 탄 듯 애매하고 어정쩡한 캐릭터가 되고 만 것이다. 대신 조조의 사악함을 중화하지 않으려 손권의 사악한 부분은 조금이나마 가려주었으니 손권이 마냥 억울하기만 한 것은 아니다.

손권의 형 손책은 세상을 떠나기 전 "나라를 세운 창업의 군주는 자신이지만 그 나라를 지키는 수성의 군주로는 손권이 더 적합하다"라고 말했다. 나라를 처음 세운 '창업'의 손책과 그 나라를 지키고 유지하는 '수성'의 손책은 대비되는 이미지다. 그러다 보니 투사이자 전사였던 손책과 달리 손권은 온건하고 행정적이며, 조심스러운 인물일 것이라 생각하기 쉽다.

하지만 이는 지나치게 단순한 사고다. 손권은 담력과 배짱이 두둑하고 지휘 능력도 갖춘 인물이었다. 소년 시절부터 전장을 돌아다녔으며 야전을 두려워하지 않았다. 왕이 된 뒤에도 그 긴장감을 잊지 못해 호랑이 사냥에 자주 나서곤 했다. 외국 사신을 만난 자리에서는 과격한 말싸움을 즐겼는데 상대가 멋지게 반격하면 호탕하게 웃으며 좋아했다고 한다.

그렇다면 손책은 왜 손권을 수성의 군주라고 했을까? 손책의 정치력은 예리한 칼날과 같았다. 그를 따르는 사람들은 시원했겠지만 정치는 무딘 칼날과 같아야 한다. 손권에게는 이 능력이 차고 넘쳤다. 그런데 소설은 손권의 이런 면모를 삭제해 버리고 '얌전한 수성의 군주'로 포장했다. 실제로 손권은 독재자 기질이 강한 군주로 강건한 성격의 신하를 좋아하지 않았다.

오나라에는 두 명의 재상감이 있었는데, 손책의 유언을 받들어 손권을 보좌한 장소와 제갈량의 친형인 제갈근諸葛瑾이다. 장소는 강직함과 직언의 대명사였다. 손권의 면전에서 자신이 손권을 섬기는 이유는 자신이 손권을 존경해서가 아니라 오태후와 손책이 자신에게 손권을 도우라고 부탁했기 때문이라고 말할 정도였다.

장소와 손권은 전설에 남을 만한 자존심 대결을 벌이기도 했다. 손권이 거기장군 공손연公孫淵과 우호 관계를 맺기 위해 사신과 보물을 보내려 하자, 장소는 공손연을 믿어서는 안 된다며 말렸다(실제로 공손연에게 보물을 빼앗기고 뒤통수를 맞았다). 그러자 손권이 칼집을 어루만지며 말했다.

"나는 그대가 나를 위협할 정도로 권력을 누리고 있는 걸 알면서도 지극히 존경해 주었다. 그러나 그대는 사람들 앞에서 여러 번 나를 모욕했소. 내가 이제야 말하는데 지금까지 여러 번 당신을 죽이고 싶은 걸 참고 참았소."

이렇게까지 말했으나 장소는 꿈쩍도 하지 않았다. 두 사람은 옥신각신한 끝에 손권이 눈물을 흘리며 화해를 신청하는 것으로 마무리했다. 하지만 모두 손권의 연기였다. 그는 끝내 장소의 의견에 따르지 않았다. 그러자 장소는 병을 핑계로 출근을 거부했다. 화가 난 손권은 사람을 보내 장소의 집 대문을 흙으로 막아 버렸다. 죽이고 싶은 마음을 다시 참는다는 사인이었다. 이를 본 장소는 집 안에서 흙으로 문을 봉인해 버렸다. 죽일 테면 죽여보라는 화답이었다. 당장 쳐들어와 장소의 목을 베도 이상하지 않을 상황이었으나 손권은 뛰어난 연기자였다. 그는 꾹 참고 사자를 보내 사과를 표시했다. 그것도 여러 번을 말이다. 그럼에도 장소는 고집을 꺾지 않았다. 이번에는 손권이 직접 장소의 집을 찾았다. 다만 곧장 장소의 집으로 가는 것은 너무도 체면이 상해 다른 곳에 가는 척하며 우연히 장소의 집 앞까지 간 것처럼 꾸몄다. 이렇게까지 하며 손권이 장소를 불렀으나 그는 끝내 나오지 않았다.

이쯤 되자 손권은 자신이 할 수 있는 도리를 다했다고 생각했다. 왕이 무릎을 꿇고 빌 수는 없는 노릇이었다. 최후의 보루로 손권은 장소의 집 대문을 불태웠다. 이번에도 장소는 꿈쩍도 하지 않았고 안에서 문을 닫아걸었다. 손권은 이를 악물었다. 하인들에게 불을 끄게 한 뒤 문 앞에 서서 장소를 기다렸다. 그 모습이 마치 반성문을 쓰고 용서를 구하는 학생처럼 보였다. 그래도 장소는 모습을 보이지 않았다. 이 상황에서 누구보다 겁을 먹은 사람은 장소의 가족이었다. 분노가 폭발한 손권이 왕을 모욕한 죄로 삼족을 멸한다고 해도 이상할 게 없었기 때문이다. 결국 장소의 아들들이 집 안으로 달려 들어가 장소를 일으켜 밖으로 데리고 나왔다. 손권은 장소를 수레에 태워 궁으로 가는 길에 몇 번이고 자신이 잘못했다며 자책했다. 그러자 장소는 마지못해 출근했다고 한다.

나관중은 이 기막힌 장면을 《삼국지연의》에서 유비의 '삼고초려'로 재창조했다. 유비가 제갈량을 3번이나 찾아간 것은 맞지만, 유비가 낮잠을 자는 제갈량의 방문 앞에서 기다린 적은 없다. 이를 보고 분노한 장비가 제갈량의 집에 불을 질러버리겠다고 소리친 적도 없다. 모두 손권과 장소의 기 싸움이 모티브가 되어 삼고초려로 탄생한 것이다. 앞의 에피소드만 보면 손권은 독재자와 어울리지 않는 인물인 듯하다. 하지만 장소를 향한 손권의 행동은 그가 겸손해서가 아니라 단순히 필요에 의한 것이다. 그만큼 오나라의 단결력은 모래와 같았기에 손권은 내키지 않아도 꾹 참고 연기까지 하면서 신하들을 다스려야 했다. 이것이 손권이 수성의 군주로 평가받는 이유다.

사실 손권은 천성이 겸손하지 못했다. 이 성격을 가장 잘 알았던 사람이 제갈근이다. 제갈근은 장소와는 전혀 다른 방식으로 손권을 대했다. 무언가를 권유하더라도 손권이 싫어하는 눈치를 보이면 끝까지 주장하지 않고 화제를 돌렸다. 그러나 손권의 잘못된 부분을 꼭 고쳐야 할 때는 간접화법으로 강도를 조절하며 반드시 원하는 바를 이뤘다. 덕분에 제갈근은 오랫동안 손권의 사랑을 받았다.

손권의 입장에서 보면 장소와 제갈근은 극과 극의 부하지만, 두 사람은 사돈을 맺을 정도로 사이가 좋았고 한다. 두 사람의 공통점이자 접점은 대하기 어려운 손권이었다. 이처럼 손권은 천성이 강한 인물이었지만 뼛속까지 정치적 기질이 강한 정치가였다. 그는 인내의 한계를 넘어 감정싸움을 벌이고 극한의 대치 상황까지 가도 결정적인 순간에 폭발하지 않고 최선의 양보를 보냈다. 대단한 자제력이고 뛰어난 정치력이다.

그러나 손권과 장소의 대결에서 진짜 승자는 손권이다. 그의 연기력과 인내심 덕분에 다른 술수가 통했기 때문이다. 손권의 신하는 장소하나가 아니다. 장소에게 굽혀주는 대가로 다른 신하들에게는 자신이 원하는 대로 권력을 휘두를 수 있었다. 말 바꾸기, 오리발 내밀기, 둘러대기, 뒤통수치기의 대가였다. 그중에서도 최고의 능력은 타인의 이기심을 이용하는 능력이었다.

손권이 권력을 장악하고 점점 폭군으로 변해갈 때도, 신하들이 '이 정도로 그치겠지', '내게는 해당하지 않겠지'라고 생각하도록 만든 것이다. 오나라의 공신들과 명문가에 대한 숙청이 조금씩 자행될 때도 사람들은 장소의 대문에 불까지 질렀다가도 끝내 참고 먼저 사과했던 손권의 모습을 떠올리면서 '이제 그만하겠지', '이 선은 넘지 않겠지'라고 추측했다. 그런 식으로 하나씩 제거하고 밀어내면서 손권은 자신의 권력을 키워나갔다.

손권은 삼국지의 세 주인공 중 가장 어리고, 권력도 약했으며, 흐릿한 캐릭터다. 하지만 황제의 삶을 제대로 누린 사람은 손권뿐이다. 조조는 황제가 되지 못했고, 유비도 황제에 오른 지 몇 해 지나지 않아 사망했다. 이들과 달리 손권은 타고난 정치력과 하늘이 준 수명 덕분에 무려 23년간 황제 자리를 지켰다.

손권의 전략은 장기전이었다. 삼국시대는 반세기 넘도록 전시체제가 이어졌다. 특권과 신분제가 존재하는 사회에 전쟁이 더해지자 인재들은 반평생을 전쟁터에서 보내야 했다. 그런데 시간이 지날수록 그들의 2세와 3세가 교만하고 오만해지는 경우가 생겼다. 제갈근과 제갈량 형제는 조용한 처신으로 명성이 높았지만, 두 사람의 아들들은 거칠고 오만했다. 손권은 2세, 3세가 문제를 일으키면 적당히 용서하고 이해하는 척하면서 건국공신과 세력가들의 권력을 교묘하게 약화시켜 나갔다.

주유의 아들 주윤周胤은 행실 문제로 외방으로 쫓겨났다. 제갈근과 보즐步騭이 주유의 공을 생각해서 용서하자고 상소를 올렸고, 손권은 이렇게 대답했다.

"내가 주유를 생각하는 마음이 여러분과 다르겠소. 아들이 주색에 빠지니 내가 보기 답답해서 반성하고 성격을 고치게 하려는 뜻이오."

그렇게 주유의 아들과 조카들은 오나라 조정에서 사라져 갔다. 육손은 오나라를 구한 영웅이지만 최고의 문벌이기도 했다. 승상을 역임한 고담顧譚 집안은 육손의 외숙이었다. 그럼에도 육손은 항상 공정하게 처신했으며 관리들에게 인망이 높았다. 손권은 태자 문제를 핑계로 육손을 핍박했다. 처벌하지는 않았지만 무던히도 몰아세웠다. 육손은 화가 나서 탄식하다가 죽었다. 이후 손책의 외손자이자 육손의 아들 육항陸抗이 지위를 이어받았다. 그러자 손권은 이미 죽은 육손의 잘못을 내세우며 온갖 트집을 잡아 육항을 몰아붙였다. 육항은 겨우 20세였지만 기죽지 않고 당당하게 버텼다.

손권이 육손의 집안마저 숙청하려 들자 사람들은 분노했다. 왕을 향한 부정적 여론이 형성됐다. 이를 눈치챈 손권은 즉시 태도를 바꿨다. 기록에는 "내가 모략을 믿고 그대 아버지에게 실수하고 그대를 버렸소"라며 눈물까지 흘렸다는데 이 또한 연기였을 것이다. 여론 덕분에 손권의 육손가 숙청은 실패로 끝났다.

육항은 인재였다. 아버지에게 부끄럽지 않도록 문무에 공을 세우며 육씨 가문을 지켰다. 하지만 손권도 절반의 승리를 거뒀다. 아니 어쩌면 100%의 승리일지도 모르겠다. 육항은 소심할 정도로 조심스럽게 처신하며 손권을 자극하지도 자기 세력을 확대하지도 않았다. 손권 입장에서는 부담스러운 육손 집안을 최고로 활용한 셈이다.

한나라는 소수의 권세가와 외척에 의지하다가 나라를 망쳤다. 손권이 사돈가인 주유와 육손가를 견제하는 것은 당연한 행동이며 정치력이다. 그러나 손권은 손씨 집안인 왕실을 통제하지 못했다. 게다가 오나라의 권력구조는 생각보다 훨씬 분산되어 있었다. 멸망할 때까지 장군들이 사병을 보유한 것이 그 증거다. 때때로 손권은 무서운 면모를 보였지만 오나라 장수 중에는 감녕甘寧이나 정봉丁奉처럼 제멋대로인 사람들이 많았고, 왕도 참고 살아야만 했다. 즉 손권은 귀족을 견제해 자기 권력을 강화했지만 오나라의 통치 구조와 분권적인 문화까지는 바꾸지 못했다. 아니 개선한다기보다는 그 약점에 교묘하게 기생했다. 덕분에 본인은 원하는 대로 살 수 있었지만, 다음 대에 이미 약효가 떨어졌다.

241년에 태자 손등孫登이 죽어서 3남 손화孫和를 다시 태자로 삼았다. 그러자 신하들은 4남 손패孫霸를 왕으로 책봉할 것을 요청했다. 춘추전국 시대로 돌아가자는 말과 다름없었다. 손권은 거부했지만, 오나라의 수준은 이 정도였다. 그나마 손권이 살아 있을 때는 왕가가 안정적이었지만 다음 대부터는 암살과 살해 음모로 왕실은 분열했다. 유독 왕실 분열이 심했던 오나라는 결국 자멸했다.

리더 중에는 순발력과 사람 다루는 능력에 탁월한 재능을 보이는 사람이 있다. 허나 항상 재주가 과하면 기본과 멀어진다. 손권은 초인적인 노력을 했지만 오히려 너무 과한 노력에 땀을 흘렸기에 본질을 놓쳤던 것은 아닐까?

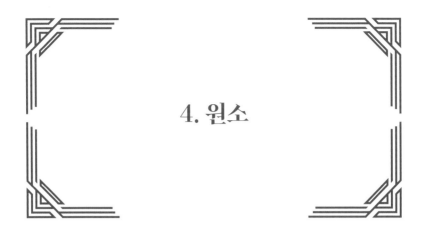

4. 원소

먼저 자신과 환경의 벽을 넘어야 한다

삼국지 초반에 천하 패권에 가장 근접했던 인물은 원소였다. 원씨 가문은 한나라에서 4대에 걸쳐 재상을 지냈다. 후한 말의 극심한 부정부패와 협소한 권력구조, 한나라의 추천제 덕분에 전국 관리의 반의반 이상이 원씨 가문 사람이라는 말이 있을 정도였다.

원소는 명문가 출신이지만 신분이 낮은 사람의 마음을 헤아릴 줄 알았다. 천인 출신의 어머니를 두었기에 그들의 한과 괴리감을 몸소 체험한 것이다. 그는 어머니가 사망하자 낙향해 삼년상을 치렀는데, 당시로서는 흔하지 않은 일이었다. 특히 원소처럼 최고위 관직으로 빠르게 승진할 수 있는 사람이 3년을 허비하는 것은 매우 귀한 모습이었다. 물론 반대로 생각하면 원소가 마음만 먹는다면 언제든 다시 관직에 오를 수 있었다. 그래도 사람들 눈에는 어머니를 위해 3년이나 시간을 들여 효도하는 원소의 모습만 보였다. 덕분에 원소의 명성은 널리 퍼졌는데 '당고의 화' 이후 극도로 탄압받던 청류파와 유가 사상을 존중하는 지방 지식인들의 호감을 얻었다. 여러 대에 걸쳐 삼공(최고의 관직에서 황제를 보좌하던 세 벼슬)을 지낸 원소의 소문을 듣고 찾아온 사람들이 줄을 이었다. 《후한서》 원소전은 당대 원소의 인기를 다음과 같이 기록했다.

> 원소는 외모도 빼어나고 위엄이 있었다. 명사들을 아끼고 봉양하였다. 이미 조상이 여러 대에 걸쳐 삼공을 지냈으므로 몰려드는 빈객이 많았다. 그럼에도 원소는 더욱 마음을 기울여 자신을 굽히고 빈객을 모으니 현명한 인사들이 그의 집으로 앞을 다투어 달려왔다. 원소는 선비들이라면 귀하고 천한 신분을 무론하고 자신과 대등한 예로 대하니, 원소를 찾아온 빈객들의 귀하고 낮은 여러 가지 수레들이 잇대어 거리를 가득 메웠다.

원소는 신분에 상관없이 자신을 찾아온 사람에게 예를 갖춰 대하는 파격적 행보를 보였다. 아마도 그는 시대의 변화를 감지하며 더는 명문가라는 안락의자에 안주하면 안 된다고 생각한 것 같다. 상황 판단이 빠르고 지략도 갖췄던 원소는 아랫사람에게는 겸손했으나 귀족답게 명예와 체면을 목숨보다 소중히 할 줄도 알았다.

원소가 공손찬과 결전을 벌일 때의 일이다. 삼국지에는 등장하지 않는 원소의 명장 국의麴義가 공손찬의 백마부대를 격파했다. 국의는 공손찬이 도주하자 쉴 새 없이 밀어붙였다. 원소는 전선에서 5km가량 떨어진 곳에서 100여 명의 병사와 휴식을 취하고 있었다. 이때 공손찬의 패잔병 2천 명이 갑자기 나타나 원소군을 포위했다. 화살이 비 오듯 쏟아지자 책사 전풍이 원소를 부축해서 담장 뒤로 피신시키려고 했다. 그러자 원소는 투구를 벗어 땅에 내던지며 소리쳤다.

"대장부가 싸우다 죽을지언정 어찌 담장 뒤로 도망치란 말인가."

원소는 병사들을 정돈해 사격전으로 대응했다. 공손찬군은 상대가 원소인 줄 모르고 소극적으로 싸우다가 국의가 도착하자 패주해서 흩어졌다. 만약 원소가 담장 뒤로 숨고 경호원들이 그를 엄호했다면 적들은 거물급 인물이 있음을 눈치채고 맹렬하게 공격했을 것이다. 원소의 자존심이 그를 구했다.

이후 동탁 토벌전에서 원소는 맹주로 추대되었다. 낙양이 불타고 군웅할거 시대가 열렸을 때 미래의 경쟁자들은 대다수가 하나의 주를 장악했지만 원소는 발해와 기주, 유주를 장악하고 있었다. 이런 원소가 끝내 실패한 원인은 무엇일까? 원소에 대한 가장 아픈 지적은 〈위서〉의 순욱전에 있다.

> "원소는 일을 처리할 때 지지부진합니다. 여러 가지를 생각하느라 결단이 느려 기회를 포착하고도 행동이 늦어 기회를 상실합니다. 공(조조)은 큰일을 도모할 때 결단력이 있으며, 변화에 맞추어 고정된 전략만 따르지 않습니다."

원소와 조조가 대립하던 시기, 조조를 찬양했던 양부楊阜는 간략하지만 따끔하게 원소를 평가했다.

> "원소는 관대하지만 과단성이 없고, 책략을 좋아하지만 결단을
> 내리는 법이 없다."

한마디로 원소에겐 승부사적 기질이 없었다는 내용이다. 이는 예리한 지적이며, 조조와의 대결에서 충분히 증명되었다. 조조가 여포, 유비와 대결할 때 원소가 조조를 처리할 수 있는 기회가 여러 번 있었지만 머뭇거렸다. 반면 조조는 원소의 약점을 믿었기에 대담한 기동전을 펼칠 수 있었다. 관도대전 때도 잔꾀정이 많은 원소는 병력을 집중해서 일도양단의 승부를 펼치지 못하고 이리저리 복잡하게 판을 벌이다가 패배하고 말았다.

원소는 명문가라는 배경에 겸손하고 빠른 판단력까지 갖췄다. 남들보다 훌륭한 조건을 갖춘 그는 왜 패배했을까? 인간이 앞으로 나아가기 위해서는 다양한 경험이 필요하다. 여기서 말하는 경험은 틀 밖에서의 경험, 즉 주어진 환경이 아닌 야생에서의 경험을 말한다. 주어진 것이 많다는 핑계로 틀 안에서 안주하면 야생에 던져진 순간 해낼 수 있는 게 없다.

게다가 원소에게는 이보다 더 치명적인 약점이 있었다. 진취적이고 적극적이거나 성취욕 높은 부하를 꺼리는 것이다. 단도직입적으로 말하면 똑똑한 부하를 싫어하고 결점이 있는 부하를 선호한다. 대표적인 사례가 장합이다. 관도대전에서 백마를 공격할 때 안량 대신 장합을 투입했더라면, 오소의 식량고를 사수할 장수로 순우경 대신 장합을 파견했

더라면 조조가 패배했을 것이다. 장합은 이미 공손찬과의 전투에서 충분히 능력을 발휘했다. 그럼에도 원소는 장합을 필요로 하는 가장 결정적인 전투에 그를 투입하지 않았다.

원소를 향한 순욱의 평가를 다시 살펴보자.

> "원소는 겉으로는 관대하나 안으로는 꺼리는 것이 있어서 사람을 임용하고도 그가 충성스러운지 의심합니다. (중략) 원소는 조상이 물려준 자금에 의지하여 얼굴빛을 부드럽게 하고, 지혜를 꾸밈으로써 명예를 얻었으며, 선비 중에서 재능이 부족해도 논의하기를 좋아하는 자들이 그를 따릅니다."

순욱은 원소의 부드럽고 겸손한 태도가 거짓이라고 말한다. 위와 같은 표현은 보통 아첨꾼에게 사용한다. 다른 사람의 환심을 살 필요가 없던 원소는 왜 저렇게 행동했을까? 〈위서〉 곽가전에 기록된 다음의 비판과 연결해 보면 순욱이 말하는 거짓이 '본질을 놓쳤다'라는 의미임을 알 수 있다.

> "원소는 주공의 행동을 모방하려고만 하고 인재를 등용하는 기본을 모르오. 일을 처리할 때 생각은 많으나 요령이 적고, 모략을 좋아하지만 결단력이 없어 난세를 구하고, 패왕의 대업을 달성하기 어려울 것이오."

곽가의 말에 따르면 원소가 명성을 구하는 이유는 난세를 함께 헤쳐

나갈 인재를 찾기 위함이다. 그런데 원소 주변에는 재능은 부족하고 말만 번지르르한 인재만 모였다. 즉 자신의 대업을 달성하는 데 도움이 되지 않는 사람들만 곁에 두려 하는 원소의 모습이 진짜이고, 겸손한 태도는 거짓이라는 것이다. 다음의 글은 순욱이 원소의 모사들에 관해 이야기한 내용이다.

> "전풍은 강인하나 윗사람을 거스릅니다. 허유는 탐욕스러워 자신을 다스리지 못합니다. 심배는 독단적이고 계획성이 없고, 봉기逢紀는 과단성은 있지만, 자기 고집이 강합니다."

인간이 완벽할 수는 없지만 원소의 모사들은 하나같이 커다란 결격 사유를 가졌다. 원소는 아랫사람을 대할 때 재능보다 태도를 앞에 두었다. 야심 있고 성취욕이 강한 인재를 보면 불안해했기 때문이다. 세상에 타고난 리더는 없다. 자기 단련 없이는 리더십도 얻을 수 없다. 야생마를 다루려면 날뛰는 말에 올라야 한다. 정복자 알렉산드로스는 명마 부케팔로스를 얻기 위해 사람을 잡아먹는다는 소문이 날 만큼 난폭한 이 말에 목숨을 걸고 올랐다. 인류 역사상 가장 전설적인 명마인 부케팔로스는 무려 30년 동안 알렉산드로스를 태우고 전장을 달렸다. 말의 평균 수명은 25~30년이지만 경주마의 생명이 길어야 8년이라는 사실을 생각하면 믿을 수 없는 기록이다. 히다스페스 전투에서 30세가 넘은 부케팔로스는 치명적인 부상을 입고도 맹렬하게 싸워 쓰러진 알렉산드로스의 생명을 구했다.

귀족인 원소는 욱하는 성질이 있어서 동탁의 면전이나 적의 화살 앞에서 용기를 보였지만, 고분고분하지 않은 인재를 다루려는 용기는 없었다. 원소의 모사 중 가장 뛰어난 인물은 전풍으로, 유일하게 만만하지 않았던 그는 관도대전을 반대하다가 투옥되었다. 원소는 조조에게 패배하자 전풍을 살해했다. 자신이 전풍의 말을 듣지 않아 패배했는데, 그를 석방하면 틀림없이 자신을 비웃을 것이라는 이유였다.

소설에서 조조는 독선적이고 잘난 부하를 용납하지 않는 성격이다. 만년에는 그런 모습을 보이기도 하지만 실제는 달랐다. 조조의 모사 순욱은 동생이 원소의 관료였으나 조조를 선택했다. 순욱이 조조를 택한 이유는 지금까지 말한 원소에 대한 비판에서 잘 드러난다. 신평과 곽도도 원소를 버리고 조조에게 갔다. 곽가 역시 원소가 발탁하려 했지만 그를 버리고 조조에게 갔다. 순욱과 같은 이유에서다. 장수의 모사였던 가후도 원소의 동맹을 거절하고 조조에게 귀순하라고 권했다. "원소는 우리를 푸대접할 것이고, 조조는 우대할 것"이라는 이유를 붙였다.

리더는 자신의 사람이 능력을 발휘할 수 있도록 장애물을 치워주고 암초를 만나면 극복할 수 있도록 도와야 한다. 그래야 자신의 재능을 마음껏 펼칠 수 있다. 그 과정에서 불편한 일이 생길 수도 있지만 승리만큼 값진 보상은 없다. 조조는 불편함을 감수하더라도 승리를 가져다줄 사람을 택했고, 원소는 승리보다 불편함을 우선시했다. 그것이 원소가 승리를 쟁취하지 못한 결정적인 이유다.

5. 공손찬

말에서 내리지 못하면
아무것도 할 수 없다

공손찬은 요서 사람이다. 산해관에서 요하 사이가 요서다. 북쪽의 변방으로 선비족 일파인 오환족의 세력권이다. 공손씨 집안은 이곳의 토호였지만 어느 정도 세력가였는지는 확실하지 않다.

체격도 당당하고 용모가 뛰어났던 그는 요서군의 말단관리인 문하서좌가 되었다가 태수의 눈에 들어 사위가 되었다. 태수는 공손찬을 노식에게 보내 공부를 시켰다. 노식 학당에서 만난 공손찬과 유비는 금세 형, 아우 하는 사이가 되었다.

요서 같은 변방을 다스리려면 이 지역 세력가와 협력이 필수다. 공손찬은 장인의 후임으로 온 유태수와도 각별했는데 유태수가 귀양을 가자 수레꾼을 자원해서 그를 모셨다. 비범한 의리라고 할 수도 있지만, 공손 찬은 공손찬대로 투자였다. 한나라의 신임을 얻어 이 지역의 패자가 되 려는 야심이 대단했다.

난세의 영웅이 되려면 변화를 읽는 눈도 중요하지만, 모험심과 실천력 이 따라줘야 한다. 제갈량, 순욱, 가후가 책사, 승상으로 만족한 것은 눈 보라가 올 것은 알아차리지만 눈보라 속에 뛰어들어 헤치고 나갈 행동 력이 부족하기 때문이다.

공손찬은 눈보라 속으로 뛰어들 수 있는 사람이었다. 전쟁터에서의 그는 과감한 기병 돌격의 대가였다. 한족 기병과 선비족 기병의 역량 차 이는 상당히 큰데 공손찬은 정예 기병을 끌고 요동의 선비족, 오환족 기 병을 맞상대하며 요동에서 세력을 넓혔다.

얼마 후 공손찬은 1만의 병력을 거느리는 군벌로 성장했지만 쉬지 않 았다. 공손찬이 강하게 나가자 오환족은 그들의 장기인 약탈 기병을 보 내 후방으로 침투, 화북 일대를 약탈했다. 한나라 조정에서는 유우를 유주목으로 임명했다. 이 단계에서 원소나 공손찬은 유우가 도움의 손 길을 요청하기를 기대했던 것 같다. 하지만 유우는 두 사람 모두 무시했 다. 유우는 수완을 발휘해 오환족 지도자와 평화 교섭을 맺고 약탈을 끝냈다.

유우는 충성스럽고 능력 있는 관리였지만 난세에는 맞지 않았다. 그 는 동탁, 원소, 원술, 공손찬의 야망 사이에서 한나라 황실에 대한 충성 을 지켰다. 하지만 공손찬은 자신이 차지하려고 했던 유주를 유우가 차 지하고 자신은 3분의 1의 영역만 지배하는 것이 불만이었다. 원소의 성장도 위협적이었다. 상황을 뒤집기 위해 공손찬은 원술과 동맹을 맺고, 원소와 대적했다. 유우는 군건히 자신의 자리를 지켰고 원소와 공손찬 모두 전력을 집중하지 못하고 우왕좌왕하게 했다.

그러던 중 청주의 황건적이 봉기하자 공손찬은 사촌 공손범公孫範과 함께 청주로 원정해 황건적을 소탕했다. 그리고 전해와 유비를 남겨 원소를 남북에서 견제하게 한다. 이때가 공손찬의 최전성기였다.

이 무렵 원소는 유우와 타협에는 실패했지만, 무능한 한복의 부하와 장수들을 모조리 수용하면서 세력을 키웠다. 공손찬은 유우, 한복, 원소의 공적이 되었지만, 우물쭈물하면서 전력투구하지 못했다. 요서인이었던 그가 중원의 내부 사정을 잘 몰랐던 것이 기회를 놓친 이유가 아닌가 싶다.

그 사이에 한층 강해진 원소가 공손찬에게 도전했다. 공손찬은 3만 명의 병사들을 사각형으로 배치해 진을 치고, 돌격 기병 1만 명을 좌우에 포진하는 전술로 대응했다. 교과서적인 포진이지만 원래 뻔한 것이 가장 무서운 법이다. 요동 기병 1만 명은 관도대전 때도 볼 수 없는 장대한 군대였다.

원소는 한복에게 반란을 일으켰다가 자신에게 귀순한 국의麴義에게 지휘를 맡겼다. 국의는 겨우 정병 800명과 강노병 1천 명을 선두로 삼아 전선 앞으로 내밀었다. 공손찬은 국의의 부대를 서전(전쟁이나 시합의 첫 번째 싸움)을 훌륭하게 장식해 줄 먹잇감으로 보았다. 그는 기병을 풀어 일제 공격을 감행했다. 그러나 국의의 정예병들은 침착하게 방패진을 세우고 강노(한 번에 화살 여러 개를 쏠 수 있는 위력이 센 활)로 응수했다.

기병 공격에 대한 전통적인 금언은 '보병이 창과 방패를 세우고 군건하게 버티면 기병은 절대 돌파할 수 없다'라는 것이다. 다만 '기병이 사납게 달려들 때 자리를 고수할 수 있는 보병도 없다'라는 말도 있다. 이는 "이 창은 뚫지 못하는 물건이 없다"와 "이 방패는 어떤 무기도 막아낸다"라는 모순된 논리처럼 보인다. 진짜 의미는 정예 보병대라면 기병의 정면 공격에 저항할 수 있다는 것이다. 실제로 여러 전쟁에서 보병이 기병 돌격을 무찌른 사례가 있다.

공손찬의 기병은 국의의 부대에 심각한 타격을 입고 격퇴당했다. 사기가 오른 원소군은 공손찬을 향해 달려 나갔다. 이 공세에 공손찬은 갑사 1천 명을 잃었다. 게다가 오환족 같은 이민족 기병들은 전세가 불리해지면 지휘를 무시하고 각 방향으로 튀어 버리는 특징이 있다. 공손찬은 후퇴하면서 병사를 정돈해 반격해 보았지만 국의에게 연거푸 패했다. 국의는 공손찬의 본영까지 점거했다.

패주한 공손찬은 유우와 다시 싸워 유우를 죽였지만, 원소와 국의의 공격을 받고 탁현 동쪽에 있는 역경까지 후퇴했다. 여기서 공손찬은 생각을 바꾼다.

'내가 세상을 쉽게 보았구나. 내 능력으로는 할 수 있는 일이 아무것도 없다. 이제부터 난공불락의 요새를 만들어 버티자. 천하의 정세를 관망하면서 다시 기회를 잡아야 한다.'

공손찬은 성 밖에 10겹의 참호를 파고, 높이가 30m가 넘는 흙산을 쌓아 그 위에 전각을 짓고 머물렀다. 비축한 군량은 300만 석이나 되었다.

공손찬의 전략은 성공하는 듯했다. 원소는 몇 번이고 공격했지만 역경의 요새를 공략하지 못했다. 공손찬은 원소가 지치기를 기대했지만 원소는 성장했고, 공손찬은 상대적으로 약화되었다.

199년, 조조가 위협적으로 성장했다. 원소가 조조를 공격하려면 먼저 후방의 공손찬을 처리해야 했다. 원소는 끝장낼 각오로 전군을 동원해 역경을 침공했다. 공손찬의 전투 본능이 마지막에 깨어났다. 그는 정예 기병으로 원소의 진을 돌파한 뒤 황건적의 잔당인 흑산적 병력을 모아 원소의 본거지인 기주를 습격하는 승부수를 던졌다. 그러나 출동 직전에 부하 관정關靖이 기존 전략대로 역경을 사수하자는 안을 내놓았다.

요서의 청년 장수일 때 공손찬은 대담한 돌파와 기동 전술을 거리낌 없이 사용하는 대담한 기병대장이었다. 그러나 이젠 야성을 잃은 사자였다. 잠시 깨어났던 본능이 사그라들었다. 원소군이 참호를 넘어 공손찬이 있는 중앙 누각까지 접근하자 공손찬은 처자식을 모두 죽이고 자결했다.

삼국지에는 세 종류의 사람이 등장한다. 현실에 안주하는 사람, 현실에 도전하지만 어느 정도 성과를 이루면 관망하면서 기회를 보는 사람, 끝까지 도전을 멈추지 않는 사람이다. 공손찬, 유표, 도겸 등은 두 번째에 해당한다.

현재의 성취에 만족했기 때문이다. 그러나 공손찬은 만족하지 않았다. 이들이 관망세로 돌아선 데는 이유가 있다. 타협한 이유를 찾아야 한다. 강력한 기병대를 거느린 공손찬이 천하를 제패하려면 전술적 확장을 이루어야 했다. 그러지 못했기에 유주를 벗어나자 국의의 보병과 강노군에게 대패하고 말았다. 공손찬은 여기에서 좌절했다. 매일같이 선비족 기병과 전투를 벌이는 마당에 그럴 여지가 없었을지도 모르겠다.

그러나 따지고 보면 이런 딜레마도 모두에게 동등하다. 천하를 가지려면 천하군을 육성해야 한다. 조조는 장강을 넘을 수군이 없었다. 오나라 병사는 발에 물갈퀴라도 달린 것처럼 뭍에만 오르면 형편없는 군대로 변했다. 유비는 산악 방어는 잘 해내지만 땅에서는 위군보다 못하고, 물에서는 오군보다 약한 군대를 보유하고 있었다. 조조의 적벽, 손권의 합비, 유비의 이릉. 모두 다 수치스러운 패전을 기록하면서 자신을 키워나갔다. 반면 공손찬은 패전 후에 요새에 틀어박혔다. 유표는 패전을 예감하고 시도조차 하지 않았다.

변화에 동의하는 사람은 많다. 그러나 말로만 동의할 뿐 말에서 내리려고 하지 않는다. 공손찬의 실패는 우리에게 행동하는 리더십의 중요성을 보여준다.

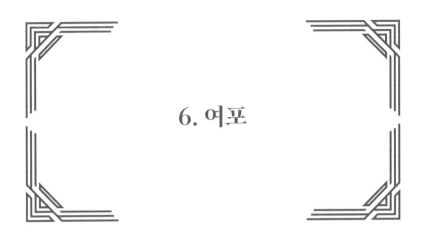

6. 여포

껍질을 깨지 못하면
그 안에서 죽는다

소설이 아닌 실전에서 여포가 조조의 용장 전위나 허저, 그리고 관우와 결투를 벌였더라면 어땠을까? 여포가 유리했을 것이다. 백병전(칼이나 창, 총검 같은 무기를 가지고 적과 직접 몸으로 맞붙어서 싸우는 전투) 실력은 막상막하일지 몰라도 여포에겐 적토마와 몽골 초원에서 닦은 기마술과 궁술이 있었기 때문이다. 실전에서 화살 공격의 위력은 생각보다 강력하다.

하지만 지휘관으로서 군을 이끌고 손견과 맞붙은 첫 실전에서 여포는 경험 부족으로 실수를 했다. 이를 마음에 새겼는지 다음부터는 거침이 없었다. 지휘력도 뛰어났던 여포는 조조와의 맞대결에서 조조의 특수부대인 청주병을 짓밟고 엄청난 기동으로 조조를 포위했다. 다만 전투 규모가 커지면 조조군에게 전술적으로 밀리는 경향을 보였다. 지리를 읽고 전략을 세우거나 판세를 읽는 능력이 부족했고, 상대적으로 적은 병력 탓이었다. 병력 차이가 심하지 않고 한곳에서 싸울 때 여포와 그의 부대는 천하무적이었다. 그럼에도 원소와 조조에게 버림받았던 여포는 유비를 내쫓고 서주를 장악한 뒤에도 독자 세력을 형성하지 못하고 패망하고 말았다.

여포가 세력을 장악하지 못한 원인은 크게 세 가지다. 첫째, 전투 지휘관으로는 탁월했으나 정치력과 통솔력, 지략이 부족했다. 둘째, 정원丁原을 배신하고 부자의 연을 맺은 동탁까지 배신한 도덕적 결함이다. 셋째, 이민족에 가까운 여포에 대한 한족의 반감이 컸다.

사실 여포로서는 세 번째 요인은 무척 억울할 것이다. 그러나 세상은 항상 불합리하며 편견이 지배하고, 외지인을 배격한다. 부당하게 설치한 장벽이라도 생존하려면 그것을 넘어야 한다. 여포는 여기서 실패했다. 여포가 원소의 휘하로 들어갔을 때, 그에게는 기회가 있었다. 원소는 유능한 인재를 찾으면서도 막상 탁월한 인재를 보면 견제하고 시기하는 버릇이 있었다. 여포처럼 결함이 많은 사람은 원소의 눈에 들기에 딱 좋았다.

기회를 잡은 여포는 전투에 나가 맹활약했다. 여기서 여포가 중대한 실수를 한다. 가장 중국적인 지휘관인 원소 밑에서도 버릇을 고치지 못한 것이다. 여포의 병주 기병들은 승리의 홍이 오르자 적과 아군을 가리지 않고 약탈했다. 여포는 '이 정도쯤이야. 내가 세운 공이 더 크잖아!'라고 생각했겠지만, 원소는 자기 이미지가 훼손되는 것을 참을 수 있는 사람이 아니었다. 제멋대로 구는 부하는 더더욱 용납할 수 없었다.

원소는 여포를 죽이려고 했다. 여포는 도주에 성공했지만 자신이 실패한 이유를 알려고도, 고치려고도 하지 않았다. 이후에도 여포는 투박하고 자신에 찬 행동을 했는데 스스로는 씩씩하고 호걸스럽다고 생각했지만 정권을 다투는 중원인의 눈에는 건방지고 어리석게 보였다. 본래 사악하고 계산적인 사람과는 거래가 가능하지만 아둔하고 고집 사람과는 거래가 어려운 법이다. 게다가 여포는 자신에 관한 편견이 억울하면서도 문화적 차이와 장벽을 극복하려는 노력이나 시도를 하지 않았다. 송나라 역사가 배송지가 정사 《삼국지》에 남긴 주석에 이를 확인할 수 있는 일화가 남아 있다.

어느 날 여포는 유비를 만나 다음과 같이 하소연했다.

"내가 동탁을 제거한 것은 그가 불의하고 사방에서 의병이 일어나 호응한 것이다. (그런데) 관동의 장수들은 모두 나를 죽이려고만 든다."

유비는 여포의 말을 받아주었고, 여포는 그날 이후 유비를 매우 존경하게 되었다. 여포는 존경의 의미로 유비를 안방으로 안내해 부인의 침대에 앉히고 부인에게 술잔을 따르게 했다. 그러고는 유비를 자신의 동생으로 삼았다. 유비는 여포에게 감정을 드러내지 않았지만 기분이 좋지 않았다.

만일 여포에게 당신의 행동에 유비가 불편함을 느꼈다고 말하면 여포는 화를 낼 것이다. 자신은 성심성의를 다했다고 생각하기 때문이다. 아내를 불러 침실에서 손님을 접대하는 것은 그가 자란 유목 문화권에서는 일상적인 관습이다. 유비를 동생이라고 한 것 역시 여포의 입장에서는 안다(의형제)를 맺는 초원의 관습을 따른 것이다. 하지만 중원의 문화에서 보면 유비를 형님으로 모시지 않은 것은 매우 거만한 행동일 뿐이었다. 본질은 여포가 중원에 와서 중원인이 될 생각이 없다는 것이다.

'로마에 가면 로마법을 따라야 한다'라는 말은 세상을 살아가는 데 큰 도움이 되는 전략이다. 이는 선진 문화가 후진 문화에 동화되어야 한다는 뜻이 아니다. 시간이든 공간이든 변화한 환경에 처했을 때는 기존의 방식대로 판단하고 대응하는 습관을 버려야 한다는 것이다. 삼국지에서 자기 방식만 고수하느라 승리할 기회를 놓치고 패배한 인물은 여포만이 아니다. 원소와 공손찬의 실패 역시 방식은 조금씩 달라도 본질은 같다. 과거의 관습과 문화의 벽에서 나오지 못해 자신이 지닌 탁월한 강점조차 발휘하지 못한 것이다.

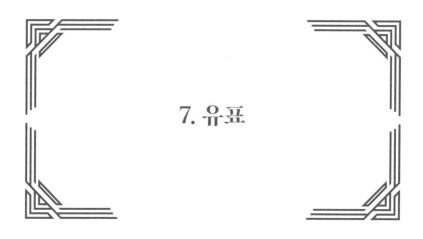

7. 유표

야망이 있다면, 관망은 버려라

형주는 중요한 곳이다. 낙양에서 남쪽으로 직진해 장강을 건너면 형주다. 장강은 촉에서 오를 지나 황해까지 흐른다. 중국의 남과 북, 동과 서를 연결해 무역이 활발하고 식량 생산도 풍부하다. 누군가 뜻을 품는다면 장강을 방어선으로 삼고 형주의 부를 이용해 대군을 육성해 낙양까지 밀고 올라갈 수 있다. 아니면 강을 따라 올라가 익주(촉)를 정복하거나 반대로 강을 따라 내려가 오를 병합할 수도 있다.

화북 지역이 동란에 휩싸이자 야심가들의 관심이 형주로 쏠렸다. 형주의 중요성을 알았던 조정은 이곳을 안정시킬 만한 비범한 인물을 파견했다. 드디어 형주에 나타난 사나이는 한눈에도 특별해 보였다. 큰 키에 좋은 체격, 준수한 외모를 갖춘 그는 도량이 넓고 인자한 풍모를 지닌 사람이었다. 대화를 해보니 과연 대범하고 마음이 넓은 인격자였다.

형주의 실력자였던 괴월蒯越과 채모蔡瑁도 이 인물인 유표에게 반했다. 유표가 형주에 왔을 때 행정은 무너지고 실권은 하나도 없었다. 괴월과 채모는 자진해서 유표의 협력자가 되었다. 괴월의 유일한 걱정은 유표가 난세에 어울리지 않는 인격자로, 너무 올바른 사람이라는 것이었다. 그는 유표에게 이렇게 조언했다.

"평화로운 시대에는 인의(어짊과 의로움)를 앞세워야 하지만, 난세를 다스릴 때는 권모술수를 써야 합니다."

유표는 괴월의 의견을 받아들여 형주에 난립한 무장 세력을 한자리에 모았다. 유표의 도덕군자 이미지는 그들의 신뢰를 얻는 데 큰 역할을 했을 것이다. 모인 사람은 모두 15명이었다. 유표는 인격자의 탈을 벗어던지고 난세의 룰에 따라 이들을 붙잡아 참수하고 단숨에 형주를 접수했다. 비정하지만 어쩔 수 없는 선택이었다. 그러고는 곧바로 인자무적(어질고 덕을 베풂으로써 세상에 적이 없음)의 정치로 돌아왔다.

얼마 후 서북 초원지대 출신인 장제가 이각과 곽사의 난 이후 중원을 떠돌다가 형주를 침공했다. 양성 지역을 공격하던 장제는 화살에 맞아 사망했다. 형주 사람들이 장제를 물리친 것을 축하하자 유표는 이렇게 말했다.

"어려운 시대에 영웅호걸이 형주로 왔으면 내가 빈객의 예로 맞이해야 했다. 그렇게 하지 못해서 그만 장제가 죽게 만들었다. 그를 죽인 건 내 본의가 아니다."

이 말에 감동한 장제의 부하들 다수가 유표에게 귀순했다.

유표의 명성은 전국으로 뻗어나갔고 더 많은 인재가 형주로 모여들었다. 조조가 1만 군대를 거느리고 연주를 차지하기 위해 여포와 사투를 벌이고 있을 때, 유표의 병력은 이미 10배에 달했다고 한다. 실제로 10만 병력은 아니었겠지만 몇 배나 우위에 있던 것은 사실이다. 이러면 당장이라도 천하 패권을 다투는 싸움에 뛰어들 것 같지만 그는 10만 대군을 거느린 채 구경만 했다. 화북의 패권이 원소, 조조, 여포, 원술, 손책의 싸움으로 좁혀져도 꼼짝하지 않았다.

승자가 결정된 다음에 행동해도 늦지 않는다는 속셈이었다. 문제는 인격 뒤에 숨어 있는 역량의 한계였다. 그는 소심하고 의심이 많았다. 전국에서 명성이 자자한 인재들이 형주로 찾아왔지만 유표는 그들을 품기보다는 두려워했다. 순식간에 형주는 인재의 풀이 아니라 고인물이 되었다. 물론 유표가 아무것도 안 한 것은 아니다. 동쪽으로는 손책을 견제하며 일종의 공세적 방어로 조조를 공격한 적도 있다. 하지만 유표는 끝내 무책임한 중립 정책으로 하늘이 내린 기회를 스스로 걷어찼다. 마침내 화북의 승부가 조조와 원소의 양강 대결로 굳혀졌을 때도 유표는 바라보고만 있었다. 그는 용과 호랑이의 싸움에서 양쪽 모두 지치고 부상 입을 것이라 생각했던 것 같다.

그러자 부하들이 불안해하기 시작했다. 누가 이기든 다음 타깃은 형주였기 때문이다. 관도대전이 벌어지기 직전 한숭韓嵩과 유선劉先은 유표의 무책임함을 비판하고 나섰다. 대결의 승자는 부상은커녕 형주도 한 주먹에 날릴 만큼 강력해질 것이었다. 아차 싶었겠지만 유표는 이미 때를 놓쳤다. 이제 남은 선택은 조조와 원소의 전쟁을 이용해 화북을 공격하거나 모두 포기하고 조조에게 항복하는 것이었다. 유표의 오랜 신하였던 한숭과 유선, 괴월은 유표에 대한 기대를 접었다. 이제껏 기회주의자였던 사람이 마지막 승부를 걸 리 없었다. 그들은 소심한 주군에게 조조에게 항복할 것을 건의했다.

결국 유표는 조조에게 한숭을 파견했다. 조조는 유표의 제안을 받아들이는 대신 아들을 인질로 보내라는 조건을 걸었다. 이에 유표는 한숭이 모반을 꾸민다고 분노했다. 아마 유표는 처음부터 싸울 용기도, 항복할 마음도 없었을 것이다. 괴월마저 항복을 권유하니 어쩔 수 없이 따르는 척하다가 트집을 잡아 무산시켜 버린 것이다. 그는 천하가 저절로 떨어진다는 기대를 아직 포기하지 않았다.

괴월이 처음 유표를 지지했을 때, 그는 유표가 겉으로는 온화하지만 배짱과 포부를 가졌다고 생각했다. 하지만 실상은 대업을 추진할 배포도 없이 욕망만 큰 우물 안 개구리였다. 이기적인 지도자에게 실망한 모개毛玠는 방향을 전환해 조조에게 향했다. 조조를 만난 그는 원소와 유포를 이렇게 평가했다.

"백성이 많고 세력이 강성하지만 둘 다 천하를 다스릴 원대한 생각이 없으며, 기초와 근본을 세울 능력도 없습니다."

모개의 말에 더 적합한 사람은 원소보다는 유표다. 세상에 꿈과 야심을 가진 사람은 많다. 그러나 야심을 향해 발을 옮기는 사람은 극히 드물다. 누군가는 자신이 가진 것만 보고 그것을 잃을 걱정만 하며 안주한다. 어떤 이는 자신에게 없는 것만 보며 한탄한다. 유표가 대표적이다. 반면 조조와 유비는 자신이 가져와야 할 것에 집중했다. 모두가 야망을 가졌으나 그것을 마음에 품은 채 관망하기만 했던 유표는 스스로 무너졌고, 나아가야 할 때를 알았던 조조와 유비는 세상을 손에 넣었다.

8. 주유

운명을 탓하기보다 미래를 설계하다

오래전 어느 삼국지 영화에서 잘생긴 배우가 하얀 망토를 두르고 멋진 포스로 주유를 연기한 적이 있다. 정사 《삼국지》도 주유를 멋진 사나이로 기록하고 있다. 실제로 주유는 명문가 출신으로 잘생긴 외모에 공부, 노래, 운동 등 못 하는 게 없고 카리스마 넘치면서도 정 많고 겸손한 성격까지 갖춘 똑똑한 야심가였다. 한마디로 리더의 미덕은 모조리 갖춘 인재였다. 이 멋진 사나이는 36세의 젊은 나이에 여간해서 화합이 되지 않는 손견의 옛 장수들과 손권이 키운 신에 장수들을 인솔해 적벽대전을 승리로 이끌었다. 그러고는 유비의 부하들까지 흡수해 촉 정복을 시도하다가 그만 요절하고 만다.

사실 주유는 소설《삼국지연의》의 최대 피해자다. 나관중은 적벽 대전 속 주유의 활약과 촉 정복의 야망을 제갈량에게 넘겼다. 그뿐 아니라 오나라에서는 1등이지만 외지인인 제갈량에게는 무엇 하나 이기지 못하는 주유의 모습을 보여주었다. 실제로는 완벽함 그 자체였던 주유가 소설에서는 우물 안 개구리, 동네 챔피언 정도로만 그려진 것이다. 그는 끝내 비운의 말을 토하며 죽는다.

"하늘이시여! 저를 두고 어찌하여 제갈량까지 세상에 태어나게 하셨나이까?"

하지만 정사에서 주유는 이와 비슷한 말조차 하지 않았다. 주유는 하늘을 원망하지 않았으며, 손권에게 자신이 이루지 못한 꿈과 오나라 앞에 놓인 숙명을 승리로 이끌어 달라는 당부를 남기고 죽었다. 그중에서도 다음의 문장이 오랫동안 회자되었다.

"원컨대 주군께서는 아직 일어나지 않은 일을 심사숙고한 뒤에 즐거운 생활을 누리십시오."

이는 징조가 보이면 이미 늦은 것이니, 그 전에 미래의 일을 생각하고 대비하라는 의미다. 동시에 정사《삼국지》에서 난세의 영웅과 패자를 나누는 기준이기도 하다. 조조가 패배만 하는 유비를 영웅이라 칭한 이유도 이런 자질을 보았기 때문이다. 생의 모든 순간 난세의 영웅이었고 승자였던 주유는 안타깝게도 짧은 생애에 꿈이 꺾이고 말았으나 운명을 탓하기보다는 미래를 설계하며 눈을 감았다.

비록 소설에서는 루저의 대명사가 되었지만 "하늘이시여! 저를 두고 어찌하여 제갈량까지 세상에 태어나게 하셨나이까?"라는 주유의 마지막 말은 그를 오랫동안 기억할 수 있게 해주었다. 사람들이 왜 이 말을 좋아할까? 전형적인 남 탓이기 때문이다. 누구나 실패를 겪지만 모든 좌절과 어려움이 내 탓이기만 한 것은 아니다. 운이나 부당한 환경, 기울어진 운동장은 우리 실패와 고난의 많은 부분을 차지한다. 하지만 이것들은 우리가 관리할 수 없는 영역이다. 인간과 인간의 관계는 공정하게 만들 수 있을지 몰라도 자연과 인간의 관계, 즉 주어진 상황을 공정하게 만들 수는 없다. "나는 야맹증이 있으니 밤에는 전투하지 말자"라고 적에게 요구할 수는 없는 법이다. 이를 알면서도 눈 감는 순간 끝내 아쉬움을 토로할 수밖에 없었던 소설 속 주유의 캐릭터가 많은 사람들이 처한 현실과 비슷해 공감하는 게 아닐까?

주어진 상황을 바꿀 수 없다면 불공평한 상황에서 나의 승리를 추구하는 노력이 필요하다. 삼국지 속 위대한 영웅은 모두 자신에게 주어진 1%의 가능성을 이용해 승리를 쟁취하고자 했다. 조조와 유비, 주유도 처음 시작할 때의 조건으로 보면 승자의 여건을 전혀 갖추지 못했다. 이때 "하늘이시어 왜 나를 성공 확률 1%의 땅으로 이끄셨습니까?"라고 탄식한다면 알렉산드로스 대왕이나 나폴레옹도 자신의 국경 밖으로 한 발자국도 나가지 못했을 것이다. 소설 속 주유의 마지막 대사가 심금을 울리는 이유는 이해하지만, 이는 우리의 성공을 방해하기 위해 존재하는 악습이다. 그러니 우리는 소설 속 주유가 아닌 정사 속 주유가 되어야 한다.

9. 제갈량

탁월한 현실주의자

어느 날 유비에게 손권의 누이와 혼담 요청이 온다. 자신을 제거하려는 음모임을 눈치챈 유비는 혼담을 거절하기로 한다. 그런데 제갈량은 유비에게 혼담을 받아들이라고 권하며 호위로 조운을 붙여주었다. 조운에게는 비단 주머니 세 개를 주며 이렇게 말했다.

"강을 건넌 뒤에 첫 번째 주머니를 풀어보고, 어려운 일이 닥칠 때마다 주머니를 열어 보시오."

비단 주머니 속의 세 가지 묘한 계책 덕분에 조운은 난관에 부딪힐 때마다 문제를 해결했다. 그리하여 유비를 보호하는 임무를 무사히 마치고 형주로 돌아올 수 있었다. 금낭묘계錦囊妙計라는 말의 어원인 이 이야기는 물론 사실이 아니다. 소설에서만 존재하는 이 사건은 우리에게 각인된 제갈량의 이미지를 정확히 보여준다. 세상사를 꿰뚫고, 상대의 전략을 간파하며, 미래를 예측하고, 연못가에 앉아서 천리를 내다본다. 소설《삼국지연의》는 제갈량의 이런 이미지를 마음껏 뽐낸다.

소설 속 제갈량은 실존 인물에 순욱, 순유, 정욱, 곽가를 합친 다음 다양한 능력을 쏟아부은 캐릭터다. 그리하여 조조와 붙는 장면도 많고 다양한 책사들과의 에피소드도 몰아서 가져갔다. 실제 제갈량은 순욱에 곽가를 약간 섞은 인물에 가깝다. 다만 이는 소설 속 캐릭터와 실존 인물의 스펙 비교에 불과하다. 실제 인물의 성공 여부는 삶의 태도와 도전정신에 따라 얼마든지 달라질 수 있다. 정사《삼국지》속 제갈량은 소설의 신산 귀모(뛰어난 계략과 귀신같은 꾀) 만큼은 아닐지라도 자신만의 독특한 DNA를 가지고 있었다.

제갈량은 지금의 산동성에 있는 양도현 출신이다. 어려서 군승(부군수 격)을 지냈던 부친을 여의는 바람에 작은아버지 제갈현諸葛玄의 밑에서 자랐다. 설상가상으로 제갈현마저 일찍 사망했다. 당시 상황은 〈촉서〉제갈량전에서 확인할 수 있다.

> 제갈현이 죽자 제갈량은 직접 밭에서 농사를 지으며 살았다. 제갈량은 키가 8자로 늘 자신을 관중과 악의에 비유했지만 그때 사람들은 이 말을 받아들이지 않았다.

여기서 의문이 생긴다. 소설은 제갈량을 엎드린 용(와룡)으로 부르며 누가 불러도 세상 밖으로 나가지 않는 신비의 인재로 포장했다. 그러나 위의 기록을 보면 제갈량은 스스로를 관중管仲과 악의樂毅에 비유했다. 관중은 춘추시대 최초의 패자(황제로부터 일정한 지역을 다스릴 권한을 부여받은 제후의 우두머리)인 제나라의 환공桓公을 보좌한 재상이며, 춘추시대의 국가 모델을 제시한 경세가였다. 악의는 조나라와 연나라에서 활약한 전국시대의 명장이다.

제갈량이 자신을 관중에 비교한 것은 단순히 국왕 다음의 일인자인 재상이 되겠다는 포부를 밝힌 게 아니다. 한나라 왕조라는 한 시대가 끝나는 시기에 새로운 국가를 창조할 역량을 갖췄음을 드러내는 야망이다. 다음으로 악의에 비교한 것은 자신이 문무를 겸비했음을 알리는 의도이다. 그런데 이게 조금 이상하다. 역사 속 진짜 제갈량은 소설처럼 군사의 귀재도, 천재 전술가도 아니었다. 게다가 전국시대는 수많은 명장이 활약했는데 왜 하필 악의였을까? 다양한 해석이 가능하지만 아마도 악의가 강대국의 틈바구니에서 외교와 전략으로 위기를 모면하고 상대를 정복했기 때문이 아닐까 싶다.

삼국이 서로 패권을 다투는 시기에는 군사력이나 정치력 중 어느 하나만으로 승부를 겨룰 수 없다. 무작정 많은 병력을 가지고 나선다고 이기는 것도 아니고, 조정에서 민정을 다스리면서 전장에서 활용할 작전을 고민한다고 이기는 것도 아니다. 민정과 군사가 결합해야 원하는 것을 이룰 수 있다. 전쟁에 대비해 외교를 펼치고, 전략을 짜고 군대를 육성하는 것이 민정과 결합해야 한다. 제갈량이 스스로를 관중과 악의에 비유한 것은 난세를 경영할 재능(관중)과 전장에서 활약할 포부와 도전정신(악의)이 있다는 의미다.

난세란 과거의 제도와 현실 사이에 괴리가 발생하면서 만들어진다.

과거의 법과 제도를 맹목적으로 따르는 사람은 변화가 가져올 새로운 기회를 손에 넣을 수 없다. A라는 제도가 어떤 환경에서 왜 만들어졌는지 아는 사람만이 B라는 환경이 닥쳤을 때 적합한 제도를 창출할 수 있다. 그런 의미에서 관중과 악의는 창조자였고, 제갈량은 이들을 롤 모델로 삼은 인재였다.

그러나 세상은 키만 훤칠한 이 백면서생(한갓 글만 읽고 세상일에는 전혀 경험이 없는 사람)을 인정해 주지 않았다. 청류파 지식인이나 보수적인 지방 호족의 눈에 제갈량은 특별할 게 없어 보였다. 이런 인물들이 대개 그렇지만 제갈량도 개혁의 방법과 가치를 모르는 사람들 밑에서 일할 마음은 없었다. 즉 제갈량은 세상을 거부한 와룡이 아니라 틀에 박힌 기준으로 인재를 선별한 탓에 세상 밖으로 나갈 수 없는 강요된 와룡이었다. 이런 사정을 이해해야 〈출사표〉의 다음 문장을 제대로 이해할 수 있다.

> 신은 본래 관직도 없는 평민 신분으로 남양에서 직접 농사를 짓고 있었습니다. 혼란스러운 세상에서 구차하게 목숨을 보존하면서 제후에게 가 명성을 구하려고 하지 않았습니다. 그런데 선제께서는 신을 비천하다고 생각하지 않으시고 송구스럽게도 몸소 몸을 굽히고 세 번이나 신의 오두막으로 찾아오셔서 그때의 세상일을 물으시기에 이 일로 감격하여 선제께 신명을 다할 것을 허락하였습니다.

〈출사표〉는 관우의 죽음을 시작으로 조조, 장비, 유비까지 차례로 죽고 촉나라에 제갈량만 남았을 때 유비가 못다 이룬 천하통일의 꿈을 위해 전장으로 떠나면서 황제 유선(유비의 아들)에게 바치는 글이다. 제갈량은 소설 속 묘사처럼 신비스러운 전략가는 아니었다. 오히려 탁월한 행정가였다. 행정가라고 해서 관공서에서 서류 작업을 하는 사람이라는 뜻이 아니다. 국정과 민정을 총괄하는 지위를 뜻한다. 유비는 제갈량에게 승상이라는 특별한 지위를 부여했다. 이는 왕의 권력과 중복되는데, 왕이 최종 권력을 지닌 통치자로서 국정의 총괄자라면 승상은 최고 전문가로서 국정의 총괄자였다.

제갈량은 촉군을 직접 지휘하며 북벌을 단행했으니 그의 말처럼 관중과 악의처럼 문무를 겸비한 능력자가 맞다. 다만 전장에서 적진을 바라보기만 해도 그들의 의도를 꿰뚫고 적을 격파하는 비법을 찾아내는 전술가는 아니었다. 그보다는 전략을 세우고 군을 통수하며, 보급과 조직을 관리하는 데 탁월했다. 사마의가 제갈량을 천재라 칭한 것도 촉군의 진영을 보고 이러한 그의 능력을 파악했기 때문이다. 승상으로서의 제갈량은 탁월한 현실주의자이자 실용주의자였다. 촉을 지배하면서 한족의 법과 제도를 강요하지 않았다. 그렇다고 촉의 현실과 대강 타협하지도 않았다.

난세라는 현실과 촉의 사정을 고려해 법을 간소화하고 천하통일이라는 목표를 향해 꼭 필요한 제도만 세웠다. 대신 법 집행은 엄격하게 했다. 법과 정책의 본질을 이해하고 자신의 현실에 맞춰서 창의적으로 적용한 것이다.

그러나 정사 《삼국지》의 저자 진수는 제갈량에 대해 두 가지 비판을 했다.

첫째, 제갈량이 기록물 정리나 역사 편찬 같은 일은 소홀히 한 것이다. 덕분에 《삼국지》에서 〈촉서〉가 가장 부실하다. 제갈량이 촉에서 활약했던 시기는 겨우 20년으로 당시 촉의 역량과 인재는 다른 나라에 비해 크게 부족했다. 이런 상태에서 모든 역량을 전쟁에 쏟아 부어야 했으니 기록을 남길 시간이 턱없이 부족했을 것이다.

둘째, 임기응변이 장점이 아니었다고 한다. 이는 군사적 임기응변을 의미하는 듯하다. 제갈량은 세상을 다스리는 이치를 터득한 뛰어난 인재로 관중과 소하에 비길만하나 해마다 군대를 움직이고도 성공하지 못했다.

실제로 제갈량은 소설처럼 비어 있는 성으로 적을 유인하기, 계곡에 적을 몰아넣어 압살하기, 적을 밖으로 유인해 텅 빈 성을 차지하기와 같이 현장을 지휘하는 장수는 아니었다. 그렇다면 제갈량은 무武에는 재능이 없었을까? 제2차 세계대전에서 미군을 지휘한 조지 S. 패튼George S. Patton이 한 말이 있다.

"전술은 대대장에게 맡기면 된다."

사령관이 전술을 이야기하면 간섭이 된다. 소설의 내용이지만 박망파 전투나 사마의를 계곡에 몰아넣고 지뢰를 터트리는 전술은 대대장의 영역이다.

과감함에도 여러 가지가 있다. 제갈량은 현대에 기동전의 개념을 창시한 하인츠 구데리안Heinz Guderian이나 패튼처럼 전격전을 전략으로 채택하는 과감함은 부족했던 것 같다. 하지만 제2차 세계대전 당시 횃불 작전, 시칠리아 상륙작전, 노르망디 상륙작전 등을 진두지휘하며 적군의 심리를 파악하고 공격을 감행하는 아이젠하워Eisenhower와 같은 과감함은 차고 넘쳤다. 불리한 상황에서도 촉산을 넘어 관중을 공격한 제갈량의 모습은 담력과 과감성이 없다면 할 수 없는 행동이다.

앞서 제갈량을 비판했던 진수의 말을 곱씹어 보자. 그는 제갈량의 임기응변 지략이 '부족하다'라고 말하지 않았다. '장점이 아니었다'라고 했을 뿐이다. 이는 과감함에도 다양한 방식이 있으며, 자신이 생각하는 과감함과 다르다고 지적하는 것은 잘못된 평가임을 인지한 것이다. 제갈량에게 아이젠하워의 과감함은 있었으나 애석하게도 패튼과 롬멜의 과감함은 없었던 것이다.

그렇다면 제갈량은 왜 성공하지 못했을까? 손자의 말이 답이 될 듯하다.

"패망하지 않는 것은 내게 달렸지만 승리하는 것은 적에게 달렸다."

내가 아무리 지피지기하고 탁월한 계책을 세워도 상대 역시 똑똑하고 모든 조건이 우월하다면, 아군을 보존하고 위태롭게 하지는 않을 수 있어도 승리할 수는 없다는 말이다.

제갈량은 승산이 없는 상황에서도 유비가 남긴 사명을 다하고 유비에 대한 충성과 의리를 끝까지 지켰다. 그래서일까. 제갈량의 전략적 오류와 패배가 아쉽다.

10. 가후

자신의 선택을 최선으로 만드는 자신감

1980년대 전까지만 해도 삼국지를 읽은 사람들 사이에서 가후의 존재감은 크지 않았다. 소설 속 가후는 아주 잠깐 반짝였던 정도의 캐릭터였다. 그런데 언제부턴가 가후가 주목받기 시작했다.

가후는 지금의 돈황 일대인 무위군 사람이다. 한족과 유목민 문명의 접경지대로 다양성이 공존하고 재물이 현란하게 움직였던 곳이다. 가후는 매우 현실적인 처세술과 상대의 수를 읽는 판단력을 지녔다고 평가받는데 아마도 돈황에서 자란 환경이 자양분이 되었을 것이다. 다만 특정한 환경에서 자랐다고 그에 맞는 특정한 능력을 갖추게 되는 것은 아니다. 동탁도 가후와 비슷한 환경에서 자랐지만 그는 유목민의 탐욕과 잔혹함만 배웠다.

가후는 소설 《삼국지연의》에서 가장 평가 절하된 인물로 꼽힌다. 그가 이민족이기 때문이라는 해석도 있지만 그보다는 성리학적 가치관이 더 큰 이유라고 생각한다. 가후는 수차례나 주군을 바꿨다. 포로가 되거나 강요에 의해서가 아니라 항상 주도적으로 자신이 나서서 다른 주군에게 갔다. 아이러니하게도 이것이 그의 성공 비결이다. 나관중은 지나치게 실리적인 그의 모습이 유교 가치관이 팽배한 명나라 시대의 소설에는 어울리지 않는다고 판단했던 것 같다.

가후의 첫 주군은 동탁이었다. 그가 여포에게 피살당하자 가후는 부교위였던 이각의 밑으로 갔다. 그런데 단위 부대로는 당시 최강의 실력을 갖췄지만 도둑 떼 수준을 벗어나지 못한 인성도 함께 가졌던 이각과 곽사는 동탁이 죽자 군을 해산시키고 샛길로 달아나려 했다. 지휘관이란 자들이 부하들을 버리고 자신의 목숨만 지키려 하자 가후는 한심함을 누르고 충고했다.

"지금 군대를 분산시키고 도망치면 우린 모두 죽습니다. 군을 끌고 뒤로 이동하십시오. 그렇게 상황을 보다가 적이 결집해서 쫓아오면 그때 도망쳐도 늦지 않습니다. 적의 군세가 약해지면 다시 돌아가 정복해야 합니다."

도망칠 준비만 하던 이각과 곽사는 가후의 조언을 받아들였고 장안을 다시 장악했다. 사실 가후의 책략은 극히 평범한 것이다. 하지만 가후가 특별한 이유는 주어진 상황에서 최선의 선택을 결정하고 어떻게든 그것을 해결할 방법을 모색한다는 데 있다. 삼국지 속 주인공들은 수많은 선택을 한다. 선택의 결과로 실패를 경험하기도 하고 성공을 손에 넣기도 한다. 때로는 치명적인 실패로 삶을 마감한다. 실패의 원인은 한결같다. 결정적 순간에 최선의 선택이 아닌 욕망에 이끌린 선택을 한 탓이다.

이각과 곽사에게 실망한 가후는 단외段煨에게 갔다. 하지만 단외도 그를 품을 그릇은 되지 못했다. 겉으로는 가후를 존중했지만 속으로는 그의 재능을 두려워했다. 이를 알아차린 가후는 그의 곁을 떠나 변방(양주) 출신 가운데 중원에 가장 성공적으로 안착한 장수의 휘하가 되었다. 장수는 완성에 거주했는데 조조가 압박해 오자 투항했다. 그런데 완성에 입성한 조조가 장수의 삼촌이었던 장제의 미망인을 후궁으로 맞이하자 분노한 장수가 친위대를 이끌고 조조를 기습했다. 조조는 간신히 탈출했지만 그를 경호하던 장남 조앙과 조카 조안민 등 많은 장병을 잃었다.

분노한 조조는 당시 원소, 원술, 서주의 여포와 일전을 앞둔 상황임에도 연달아 장수를 침공했다. 가후는 유표와 동맹을 맺고 조조에 저항했다. 198년 3월, 잠시 허도로 돌아갔던 조조가 다시 내려와 양현을 포위했다. 장수와 조조는 2개월간 지구전을 벌였는데 유표의 군대가 출동해 조조군의 퇴로를 끊어준 덕분에 포위가 풀렸다. 장수와 유표가 앞뒤로 양현의 요지를 틀어막자 이제는 반대로 조조가 포위당하게 되었다. 악전고투 끝에 간신히 포위를 뚫고 나간 조조는 적지 않은 타격을 입었다. 장수가 조조와의 대결에서 1승 1패를 나눠가진 것이다. 이는 물러갈 때, 공격할 때, 이길 때와 질 때를 정확히 꿰뚫은 가후 덕분이었다. 뛰어난 지략에 감탄한 장수는 마치 유비가 제갈량을 대하듯 가후를 존중하고 그의 의견을 경청했다.

조조와 원소가 피할 수 없는 대결인 관도대전을 앞둔 199년, 장수가 조조를 상대로 선전하는 것을 본 원소는 그에게 동맹을 요청했다. 장수와 조조는 원수지간이 되었고, 전력상으로도 원소가 우위였으므로 장수는 동맹을 받아들이려 했다. 가후 역시 원소의 동맹 제안을 기다리고 있었다. 이는 곧 조조가 장수를 공격할 시간이 되었다는 신호와 같았기 때문이다. 조조는 서주의 여포와 결전을 앞두고 있었고 여기에 발맞춰 원술과 원소가 움직이기 시작했다. 모두가 병력을 최대한 끌어모아야 하는 빅뱅의 순간이었다. 이는 곧 모두가 장수의 병력을 원한다는 뜻이기도 했다. 가후는 장수의 몸값이 최고로 오른 지금 조조에게 귀순하자고 제안했다.

장수는 조조의 아들과 조카를 죽인 자신을 조조가 받아주겠느냐고 말했다. 가후는 이미 죽은 아들은 돌아오지 않는다며, 원소에게 승리하기 위해서라면 조조는 악마와도 손을 잡을 것이라고 말했다. 장수의 기병은 조조군의 최정에 부대와 견주어도 손색없을 만큼 실력이 뛰어났다. 이용 가치가 높은 장수의 기병을 탐낼 것이 분명했다. 게다가 장수는 여포나 유표, 손책처럼 크게 될 인물은 아니었다. 조조의 원한만 풀어준다면 장수를 크게 경계하지도 않을 것이었다. 가후의 말을 들은 장수는 조조에게 귀순하기로 결심한다. 아무리 멀리 내다본다고 해도 중원에서 이런 상황에 부닥쳤을 때, 원소를 포기하고 조조를 선택할 용기와 냉정함을 가진 사람은 없을 것이다.

장수는 관도대전에서 목숨 걸고 싸워 큰 공을 세웠고 가후도 조조가 순우경의 오소를 습격하는 대담한 결정을 내리도록 도왔다. 군량은 떨어져가고 모든 면에서 열세인 상황이었지만 가후는 조조에게 이렇게 말했다.

"공은 모든 면에서 원소보다 낫습니다. 그럼에도 전투를 반년이나 끌면서 승리를 거두지 못하는 이유는 완벽을 기하기 때문입니다."

보통 사람이라면 조조를 이렇게 설득하려고 했을 것이다.

"객관적 상황은 우리가 절대 불리하지만 이것이 기회가 될 수 있습니다. 원소는 소심하고 안전 제일주의를 추구하니 과감하게 허를 찌르면 우리가 이길 수 있습니다."

비슷한 말이지만 확실한 차이가 있다. 오소 습격은 쉬운 승부가 아니었다. 조조는 앞뒤로 적을 두고 치킨 게임 수준의 승부를 펼쳤다. 이 같은 전투 현장에서 승부를 벌이려면 자신의 능력과 판단에 대한 확고한 신념이 받쳐주어야 한다. 후자의 설득이 일반적이라면 가후의 설득은 오소 습격과 지휘관 조조에 대한 맞춤형 조언이다. 이렇듯 가후는 언제 어디서나 최선이 무엇인지를 고민했다. 그의 선택은 조조가 후계자를 결정할 때도 어김없이 적용되었다. 다음은 정사 《삼국지》의 〈위서〉 가후전 속 기록이다.

> 가후는 다른 사람들에게 시기를 받는 것이 두려워 항상 문을 걸어 잠그고 스스로를 지켰다 (중략) 사사로운 교분을 맺지 않고, 자식을 결혼시킬 때도 권문세족과 혼인을 맺지 않았다.

조조의 아들들은 왕위 계승을 두고 경쟁을 벌였다. 가후는 장수를 조조에게 귀순시킬 때와 마찬가지로 자신의 몸값을 최대한 끌어올릴 방법을 찾고 있었다. 그 수단으로 조조의 아들 중 장남인 조비를 선택한 가후는 그가 태자로 임명되는 데 결정적인 역할을 했다. 후계 문제를 논의하는 조조에게 원소와 유표의 이야기를 꺼낸 것이다. 두 사람 모두 첫째 아들을 후계자로 삼지 않았고 내분으로 인해 망했다. 가후의 말을 들은 조조는 마침내 조비를 태자로 정했다.

시간이 흘러 즉위한 조비는 가후를 제후로 책봉했다. 가후의 큰아들 가목賈穆은 부마로 삼았고, 막내아들 가방賈訪도 제후로 책봉했다. 여기에도 가후의 큰 그림이 숨어 있다. 앞서 가후전에서 가후가 권문세족과 혼인하지 않았다는 구절을 살펴봤다. 이는 가후가 권문세족에 혼인을 구걸하지 않았을 뿐 아니라 들어오는 혼담도 거절했다는 의미다.

왕과 권문세족의 관계는 애증의 관계다. 협력자인 동시에 잠재적 위협 세력이다. 위나라의 순욱, 오나라의 육손 집안이 숙청당한 것도 같은 이유였다. 조조가 태자를 임명할 때 가후의 충고를 받아들인 것은 그의 배후에 권문세족과의 이해관계가 없기 때문이었다. 만일 가후가 권문세족과 혼맥을 형성했다면 조비가 가후의 아들 가목을 부마로 삼는 일도 없었을 것이다.

이처럼 가후는 언제나 현실을 냉정하게 보고 자신의 약점도 장점이 되도록 활용했다. 이것이 그를 완벽한 승자로 만들었다.

11. 손책

나에게 꼭 맞는 사람이라면 끝까지 믿는다

전투에서 승리하는 제일의 요건은 최상의 전술을 채택하는 것이다. 어떤 전술이 가장 적절한지를 판단하는 기준은 여러 가지다. 그중 첫 번째는 자신에게 맞아야 한다는 것이다. 쉽게 말해 전술이 옷이라면 내 몸에 잘 맞는 옷을 입고 나가야 잘 싸울 수 있다는 뜻이다. 만일 누구보다 좋은 옷을 가졌다고 해도 그 옷이 나에게 맞지 않으면 아무 소용이 없다. 피나는 노력으로 내 몸을 옷에 맞추려는 노력이 필요하다.

강동을 정벌해 오나라의 기반을 닦은 손책은 자신에게 꼭 맞는 사람이라면 과감하게 선택하고 확실한 신뢰를 주는 사람이었다. 시원한 성격과 호탕한 말투에 의리까지 갖춘 손책은 쾌남아 그 자체였다. 그가 아버지 손견의 부하들을 이끌고 동오를 정벌할 때 귀하게 얻은 인재가 있다. 끝없는 전투가 벌어지는 삼국지에서는 무장이 귀할 것 같지만 의외로 문관이 더 귀했다. 손책처럼 탁월한 무장은 용사들을 모으는 데 어려움이 없고 실력도 확실하게 검증할 수 있지만 탁월한 전략을 세울 문관은 좀처럼 발굴하기 어려웠다. 유비가 누구보다 제갈량을 아끼고 존중한 것도 이런 이유에서였다.

당장 1천 명의 전사들과 출전해야 하는 손책의 큰 꿈은 나라를 세우는 것이었다. 그의 뜻을 이루기 위해서는 뛰어난 전략과 지략과 정치력을 가진 인재가 필요했다. 그때 조조의 서주 침공을 피해 동오 지역으로 피난을 온 팽성 출신의 선비가 있었다. 그의 재능을 알아본 손책은 집까지 찾아가 그 선비를 자기 사람으로 만들었다. 그가 바로 오나라의 제갈량 격인 장소다.

장소는 재능으로는 자타가 공인하는 승상감이었다. 하지만 성격이 굉장히 강했다. 거칠고 공격적이었다는 의미가 아니라 원칙과 명예를 목숨처럼 중시하고 자부심이 굉장히 강했다. 이런 인물은 독촉하지 않아도 최선을 다하고, 감시하지 않아도 절대 배신하지 않는다. 자신의 부족함과 잘못을 스스로 용납하지 못하기 때문이다. 꼬장꼬장하고 굽힐 줄 모르는 원칙주의자인 장소와 쾌남 손책은 전혀 어울리지 않을 것 같지만 그 반대였다. 사람 보는 눈이 뛰어났던 손책은 장소의 성격을 단숨에 파악했다. 그를 등용한 뒤에는 문무의 모든 정사를 그에게 일임했다. 모든 권리와 임무를 너무 믿고 맡겨서 오히려 장소가 긴장했을 정도였다.

당시 손책은 20대의 청년 장수로, 자존심 강한 화북의 명문가와 지식인들은 그를 제대로 상대해 주지 않았다. 따라서 이들과 교류하며 정보를 얻고 인재를 발굴하는 일은 모두 장소가 맡아서 했다. 그렇게 거래를 하거나 은공을 입고 관직에 등용된 자존심 강한 화북인들은 결코 손책에게 감사를 표하지 않았다. 그들은 모든 공로를 장소에게 돌렸다. 화북인들이 보낸 감사 편지와 상소를 본 장소는 난감함에 어쩔 줄 몰랐다. 이를 드러내자니 손책의 질시를 받을 것 같고, 숨기자니 의심을 받을 것 같았다. 장소가 전전긍긍하는 사이 소문이 손책의 귀에 들어갔다. 이야기를 들은 손책은 껄껄 웃으며 이렇게 말했다.

　"봤느냐. 장소가 천하에 명성을 얻고 있다. 이게 내 공로가 아니면 무엇이겠는가. 이번 일로 나는 더욱 명성을 떨칠 것이다."

　손책은 이런 사람이었다. 자신에게 꼭 맞는 사람을 보는 눈이 탁월했으며, 내 사람이라 생각하면 끝까지 믿고 그의 능력을 키워주었다. 그러한 손책의 주변으로 단숨에 인재들이 모여들었고, 그를 한 번이라도 만난 사람은 끝까지 의리를 지켰다. 심지어 삼촌 격인 아버지의 부하들까지 목숨을 아끼지 않고 손책을 지켰다. 장소 역시 평생 손책과의 의리를 지키며 받들었다. 훗날 손책이 죽고 그의 동생 손권이 제위에 오르자 그를 보좌했다. 쾌남이었던 형님과 달리 뼛속까지 정치인이었던 손권은 장소를 지독하게 견제했다. 두 사람 사이에는 잦은 간언과 갈등이 반복됐다. 손권의 속셈을 알았던 장소는 모욕감을 참으며 끝까지 최선을 다했는데, 나중에 말하기를 자신이 손권에게 충성을 바치는 이유는 오직 손책의 부탁 때문이라고 하였다.

12. 방통

어떻게 부하의 위화감을 해소할 것인가

소설에서 수경선생 사마휘는 유비에게 천하의 인재로 와룡과 봉추를 추천한다. 와룡은 제갈량이다. 봉추는 방통이다. 봉추는 봉황의 새끼라는 뜻이다. 물론 이 이야기는 창작이지만 사마휘가 방통과 친했던 것은 사실이었다. 두 사람의 공통된 취미는 인물 평가였다. 방통은 뛰어난 안목을 지녔지만 지나치게 거침없는 태도가 흠이었다.

유비가 한중에서 회군해서 성도를 향해갈 때의 일이다. 승리를 확신한 유비는 큰 잔치를 벌였다. 길었던 고난의 세월을 생각하면 유비가 흥분할 만도 했다. 그는 일등 공로자인 방통에게 "맘껏 즐기자"라고 말했다. 그러자 방통이 찬물을 끼얹었다.

"다른 사람의 나라를 토벌하고 즐겁게 여기는 건 어진 사람의 군대가 아닙니다."

술과 기쁨에 취해 있던 유비는 이성을 잃은 상태였다. 방통의 간언을 들은 유비는 "내 앞에서 꺼져라"라고 소리쳤다. 잠시 머뭇거리던 방통은 유비의 말대로 그 자리를 박차고 나가 버렸다.

이런 상황이라면 보통 "저놈이 나를 만만히 보고 반항한다"라며 화를 냈겠지만 유비는 달랐다. 즉시 잘못을 뉘우친 그는 사람을 보내 방통에게 돌아오라고 부탁했다. 방통은 마지못해 자리로 돌아왔지만 삐친 그는 유비를 쳐다보지도 않고 앉아서 음식만 먹었다. 유비가 또 참고 말을 걸었다.

"조금 전의 말다툼은 누가 잘못한 겁니까?"

"주군과 신하가 함께 잘못했습니다."

여전히 솔직한 방통의 대답에 유비는 크게 웃고 처음처럼 연회를 즐겼다.

이처럼 방통은 언제 어디서나 솔직한 마음을 드러내는 데 주저함이 없는 인물이었다. 특히 정세를 판단하고 인물을 평가하는 데 있어서는 거짓이 없었다.

오나라에 갔을 때 육전과 고소顧邵를 평가해 달라는 말에는 이렇게 대답했다.

"육선생(육전)은 느리고 둔한 말이나 빠른 발힘이 있고, 고선생(고소)은 느리고 둔한 소지만 무거운 짐을 지고 먼 곳까지 갈 수 있겠죠."

오나라의 장수이자 정치가였던 전종全琮에 대해서는 다음과 같이 평가했다.

"당신은 펴기를 좋아하고(자기 과시, 자랑을 좋아한다는 뜻) 명성을 흠모하니 여남의 번자소樊子昭와 비슷한 점이 있습니다. 비록 지혜의 힘은 많지 않지만 역시 한 시대에 빼어난 인물인 것은 맞습니다."

전종은 무장이지만 지략과 통솔력을 갖춘 장수였다. 여몽처럼 손권에게 형주의 관우를 치자고 건의했고, 무장임에도 과격하지 않아 점령한 지역의 백성을 보호하고 잘 다스렸다. 삼국시대에는 보기 드문 인재로 문무를 겸비한 인재가 되고자 하는 야심을 가진 사람이었다. 방통은 이런 전종에게 역사에 길이 남을 인물, 전국적인 인재는 되지 못하고 한 시대와 한 지역의 인재는 되겠다고 평가한 것이다. 실제로 방통의 예언과 같이 정사와 소설에서 전종은 딱 그만큼의 위치를 차지한다. 그러나 당시 꿈이 넘치던 전종에게 이런 말을 했으니 전종의 입장에서는 끔찍한 악담과 같았다. 이렇듯 많은 사람들이 30대 초반의 방통이 내놓은 솔직한 평가를 받아들이지 못했다.

조직에서 자신의 생각을 잘 드러내지 않는 사람에는 두 부류가 있다. ①은 안목이 있음에도 숨기고 말을 하지 않는 사람으로 자신의 진짜 야심을 숨기는 사람이다. ②는 안목이 없어서 겸손을 미덕으로 포장하는 사람으로 무능한 경우가 많다.

반대로 솔직하고 자기표현에 거침없는 사람에도 두 부류가 있다. ③은 좁은 안목으로 문제를 단순하게 판단하는 사람이다. 이런 사람은 조직에 곧잘 분쟁을 일으키고 상사와 동료를 피곤하게 한다. 옛글에는 이런 경우를 '경박하다'라고 표현했다. ④는 안목과 판단력이 차고 넘쳐서 보이는 대로 말하지 않을 수가 없는 사람이다. 방통이 바로 ④형이다.

조직에는 ②형이 가장 많고 ④형이 가장 귀하다. 특히 ②형 인물은

④형 인재를 본능적으로 두려워하며 ③으로 단정하고 몰아간다. 또한 ④형이 팀워크를 해친다고 말한다. 개성이 강한 사람, 안목이 높은 사람이 위화감을 주는 것은 맞다. 그러나 그들이 특별히 교만해서 소외되기보다 ②형의 견제로 위화감이 조성되는 경우가 더 많다. 이때 무엇보다 중요한 것이 조직의 리더다. ③형과 ④형을 구분하고 ④형이 초래하는 위화감을 해소하는 것이 리더의 중요한 역할이다.

유비는 그러한 리더였다. 앞서 방통과의 일화에서 알 수 있듯이 유비는 자신이 거느린 인재가 어떤 역량을 가졌는지 파악하고 그것을 마음껏 발휘할 수 있는 환경을 제공해 주는 리더였다. 덕분에 평생을 유랑하느라 체계적인 짜임을 갖춘 관료 조직을 거느리지 못한 유비였지만 그의 주변에는 방통과 법정 같은 군계일학의 인재들이 모였다. 제갈량 또한 그런 유비의 가능성을 보았기에 자신의 형이 고관으로 있는 오나라를 버리고 유비를 따라 고난의 행군에 동참했다. 이는 소수 정예의 유비가 끊임없이 도전할 수 있었던 원동력이었다.

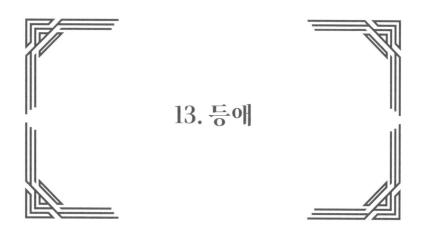

13. 등애

남이 가지 않으려는 길을 가라

촉나라를 멸망시킨 최고 공로자는 위나라의 무장 등애다. 그는 위·오·촉의 수많은 인물 중 가장 입지전적인 성공을 거둔 사람이다. 어려서 아버지를 잃은 등애는 농사를 지으며 살았다. 비록 집안은 몰락했지만 군사 운영에 관심이 많은 야심 찬 젊은이였던 그는 글과 무재를 익히는 일을 게을리하지 않았다. 주변의 비웃음에도 아랑곳하지 않고 직접 다양한 지형의 도면을 그려 홀로 전술을 연구하며 시간을 보냈다.

마침내 사마의가 서리(말단 행정관리)로 있던 등애의 자질을 발견하고 발탁했다. 위나라는 회하 북쪽에서 오나라의 공격을 막는 데는 부족함이 없었지만 오나라로 공격해 들어가기는 힘들었다. 사마의는 수춘에 등애를 파견해 돌파구를 찾아보도록 했다. 지역을 시찰한 등애는 조조가 설치한 둔전병(변경에 주둔 또는 정착시켜 평상시에는 농사를 짓게 하고, 전시에는 전투병으로 동원했던 군사)을 이용해 운하를 파고, 습지를 개간하면 막대한 식량을 얻는 동시에 운송 비용과 인력을 크게 절약할 수 있다고 제안했다. 그의 계산에 따르면 6~7년 사이에 10만 명의 병사가 5년간 먹을 군량을 비축할 수 있었다. 사마의는 즉시 그 제안을 따랐다. 241년에 운하가 개통되자 오나라의 공격을 신속하고 효율적으로 대응할 수 있게 되었다.

불공정한 세상에서 배경이 없고 권력이 약한 사람은 공을 세워도 가로챔 당하기 일쑤고, 일이 잘못되면 책임을 뒤집어쓰곤 했다. 이들은 어느새 소극적으로 변한다. '소극적'이라는 말의 함정은 안전한 일만 한다는 것이다. 성공 가능성이 분명한 검증된 길만 가고 보이지 않는 길, 새로운 시도를 요구하는 불투명한 모험은 하지 않는다. 이는 전쟁에서 패배를 부르는 큰 위험 중 하나다.

서기 9년, 지금의 독일 지역인 게르마니아의 토이부르크 숲에서 로마 제국과 게르만족 연합군 사이에 전투가 벌어졌다. 정복자였던 로마군은 이제껏 그들에게 유리한 지형에서만 전투를 치러왔다. 숲에서의 전투 경험이 전혀 없던 그들은 곳곳에 게르만족이 숨어 있는 울창한 숲에서는 제대로 전술을 펼칠 수 없었다. 결국 로마군은 숲을 빠져나오지 못한 채 전멸하고 말았다. 안전한 길, 익숙한 길만 걸어온 그들은 끝내 낯선 길에서 패배했다.

그런데 흙수저였던 등애는 오히려 남들이 가지 않는 길, 가려고 하지 않는 길을 찾았다. 수춘 지역에 운하를 개통하고 습지를 개간하는 것은 누구나 생각할 수 있는 일이었다. 다만 실행하려는 의지와 야심을 가진 사람이 없었을 뿐이었다. 도면을 그리며 홀로 전술을 짜던 등애의 노력은 기발한 아이디어나 군영을 설치할 적합한 장소 파악, 효율적인 이동 루트와 같은 군사 운영 기술만 키워준 것이 아니다. 자신의 노력을 비웃는 사람을 보면서 가진 자와 없는 자의 성향을 알게 되었다. 등애는 이들의 차이를 통해 자신이 원하는 권력을 손에 넣을 방법을 깨달았다.

남이 가지 않는 길을 과감히 선택한 등애의 최대 피해자는 촉의 강유였다. 제갈량의 뒤를 이어 북벌을 추진했던 강유는 제갈량처럼 조정에 형성한 인맥이 부족해 조직적인 지원을 받지 못했다. 그럼에도 제갈량에게는 부족했던 전술적 재기를 갖춘 덕분에 촉산의 복잡한 길목과 지형을 이용해 적을 교란하거나 양동했고, 위장 전술에도 능했다. 2세대로 넘어간 위나라 장수들은 이런 전투에 약했고 강유는 이를 노려 전략을 세웠다. 하지만 등애가 번번이 강유의 계획을 좌절시켰다.

249년, 강유는 촉에서 꽤 먼 서북쪽의 서평으로 진출했다가 곽회郭淮와 등애의 방어를 뚫지 못하고 후퇴했다. 위나라 무장들이 안심하고 있을 때 등애는 강유의 후퇴가 위장이라고 말했다. 사마의는 강유가 되돌아올 수 있다는 등애의 의견에 동조하며 촉산으로 가는 길목인 백수에 등애를 파견했다. 등애는 백수의 동쪽 강 언덕에 군사를 주둔시켰다. 아니나 다를까, 촉으로 후퇴하던 강유는 국경 근처에 다다랐을 무렵 다시 군대를 돌려 백수로 진군했다. 하지만 이는 강유의 위장 전술이었다. 백수를 공격하는 척하면서 동쪽의 조성을 습격하는 것이 강유의 진짜 목적이었다.

촉군이 강을 건널 장비나 배를 준비하지 않은 것을 확인한 등애는 강유의 계략을 간파했다. 등애는 즉시 병력을 조성으로 이동시켰다. 만일 등애의 판단이 잘못됐다면 촉의 무장 요화가 백수를 무혈 점령할 수도 있는 상황이었다. 하지만 자신의 판단을 믿은 등애는 밤새 조성으로 달려갔고 강유의 습격을 막아냈다. 이후에도 등애는 몇 차례나 강유를 상대로 승리했다. 등애는 "강유는 한 시대의 영웅이지만 나를 만난 게 인생의 불운이다"라고 말했다. 이를 들은 주변 사람들은 등애의 잘난 척이 지나치다며 비웃었다고 한다.

남들이 가지 않는 길을 발굴한 등애는 출세에 성공한 듯 보였지만 출신 때문인지 제대로 인정받지 못했다. 하지만 좌절하지 않고 더 높은 목표인 촉나라 정복에 인생을 걸었다.

263년에 위군은 촉으로 가는 요충지인 검각까지 진출했지만 강유의 저항에 막혔다. 이때 등애는 검각의 서쪽으로 우회해 사천 분지로 침투하는 대담한 전략을 제안했다. 무려 280km나 되는 산길을 행군하는 일생일대의 도박이었다. 정예 병사 대부분이 탈진하고 굶어 죽는 사람까지 나올 정도의 강행군 끝에 촉의 방어선을 돌파한 등애는 제갈첨이 지휘하는 촉의 마지막 군대를 격파했다. 등애가 성도 근처까지 다다랐다는 소식을 듣고 놀란 유선은 강유의 군대를 기다리지 않고 항복했다. 만일 유선이 조금만 저항했다면 등애는 회군한 강유군에게 격파되었을 것이다. 촉의 멸망에 가장 큰 공을 세웠지만 등애는 모반을 꾀했다는 누명을 뒤집어쓰고 참담한 최후를 맞이했다. 그의 군단은 토벌되었고 그와 아들들은 모두 처형당했다.

끝은 좋지 않았으나 등애는 사마의 아래서 외정과 내정을 통틀어 최고의 업적을 쌓으며 입지전적인 성공을 이룬 인물이다. 탁월한 정치적

감각과 전술로 그는 귀족들의 머리 위에 올라섰다. 평민으로서는 감히 이루기 어려운 성공을 이뤄낸 데는 무엇보다 그의 재능과 노력이 가장 큰 역할을 했다. 더불어 귀족들은 선뜻 가지 않으려 하는 길을 당당히 걸어가려 했던 열정 덕분이기도 하다.

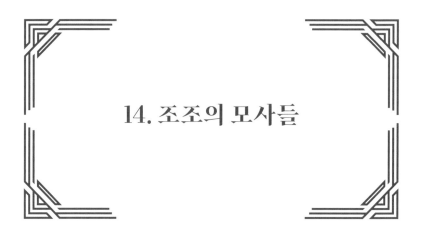

14. 조조의 모사들

조조는 황제를 끼고 중국 문명의 중심부를 통치했다. 덕분에 가장 규모가 크고 잘 정비된 관료 조직을 거느렸다. 하지만 이들은 역사에서는 제갈량처럼 빛나는 명성을 얻지 못했고 소설에서는 상대적으로 능력이 부족한 인물로 묘사되었다.

무엇보다 아쉬운 것은 그들의 능력이 모략, 음모, 계략과 같은 방면으로만 특화되어 알려진 것이다. 정사와 소설에서 알려진 조조의 수많은 모사 가운데 소설에서 비중 있게 등장하는 인물과 의미 있는 에피소드를 지닌 인물들을 선별해 보았다. 그들의 전략을 함께 알아보자.

순욱

과거의 기준에 나를 껴맞추지 말 것

순욱은 유비의 제갈량에 비견되는 조조의 대표적 모사다. 사실 순욱은 모사라기보다 촉나라의 승상이었던 제갈량처럼 위나라의 재상에 가까웠다. 예주 영천군 출신인 순욱의 집안은 지방과 중앙 정계 모두로부터 존중받는 명문가였다. 당시 후한 사회는 당고의 화 이후 탁류파와 청류파로 나뉘어 이분법적 선택을 강요하는 분위기였다. 이때 탁류파를 대표하는 십상시 중 하나인 당형唐衡이 순욱을 사위 삼고 싶다며 혼인을 제안했다. 십상시에게 저항할 용기가 없던 순욱의 아버지는 혼인을 허락했다.

뛰어난 성품과 명성으로 궁중 관리인인 수궁령이 된 순욱은 동탁이 집권하자 현령으로 임명되었다. 그러나 반동탁 연합이 결성되는 시기에 기주목 한복의 초빙을 받아 관직을 버리고 기주로 피난했다. 이때 청년 순욱은 세상의 변화를 예측했다. 난세의 경영자가 되기 위해서는 두 가지 능력이 필요하다. 첫째는 세상의 변화를 보는 눈이다. 우리는 난세라고 하면 전쟁, 내란, 폭력, 무질서 등을 떠올린다. 이것은 눈에 보이는 현상이다. 난세의 본질은 변화다. 건물의 부식은 오랫동안 진행된다. 임계치를 넘으면 급속히 무너진다. 이때가 난세. 부식이 진행되는 동안에도 건물 외벽에 생기는 틈새나 낡음의 징조는 볼 수 있다. 그러나 위험도를 판정하지 못한다. 전문가는 표면의 현상을 통해 보이지 않는 곳에서 진행되는 위험을 측정한다.

난세의 경영자에게 요구되는 자격도 같다. 변화를 감지한 청년 순욱은 고향으로 가 곧 내전이 벌어지고 이곳은 지리적 특성상 전쟁터가 될 것이라 충고했다. 그러나 고향 사람들은 미련 때문에 아무도 떠나려고 하지 않았다. 나중에 순욱의 충고대로 이각의 군대는 영천을 침입했고 엄청난 약탈을 자행했다.

두 번째 능력은 사람을 보는 눈이다. 단순히 사람의 능력과 인성을 평가하는 게 아니라 시대가 요구하는 새로운 인재상을 파악하는 능력을 말한다. 이는 세상의 변화를 보는 첫 번째 능력과 연관된다. 한복, 유요劉繇, 유장 등 삼국지 초반에 등장했다가 패배한 인물들도 인재의 소중함을 알았고 그들을 맞아들이고자 했다. 문제는 이들이 과거의 채점표만 손에 들고 있었다는 것이다. 이 기준에 따라 판단하니 변화하는 시대에 맞는 인재는 무례하고, 건방지고, 불안해 보였다. 결국 이들은 시대가 원하는 인재를 얻지 못했다.

유비가 조조나 손권 등 다른 이들에 비해 부족한 인재 풀을 가지고도 버틸 수 있었던 비결은 과거의 채점표에 연연하지 않은 것이다. 방통, 법정, 제갈량 등 파격적인 인재들은 기존의 채점표로는 결코 뽑을 수 없는 사람들이었다. 그러나 시대의 변화를 읽고 그에 걸맞은 인재를 파악하는 데 과거의 기준은 중요하지 않다. 오늘날에도 인재를 발굴하는 데 많은 노력과 비용을 투입하고 있다며 자부하는 리더들이 많다. 이들은 스스로에게 만족하기 전에 자신이 과거의 기준으로 사람을 평가하고 있는 것은 아닌지를 먼저 점검해야 한다.

순욱은 과거의 채점표에 따르면 최상위 득점자였지만 스스로 그 기준을 거부했다. 한복의 초빙을 받았지만 그를 떠나 원소에게로 갔고, 다시 원소를 떠나 조조에게 귀순했다. 이때 조조가 40세, 순욱은 29세였다. 조조는 순욱을 가리켜 "나의 장자방"이라고 했다. 이는 유방의 참모이자 전략가였던 장량을 말하는 것으로, 실제로 순욱은 장량과 소하(유방의 고향 친구로 재상이 되어 보급과 행정에 뛰어난 수완을 발휘했다)의 역할을 해냈다.

순욱은 조조에게 원소의 역량을 낱낱이 밝혔다. 특히 그의 모사들인 저수, 심배, 전풍, 허유 등의 장단점을 정확하게 짚어주며 원소의 인재 관리 능력을 이야기했다. 이는 원소가 관도대전에서 조조에게 패배한 가장 큰 원인이 되었다.

《삼국지연의》에서 순욱은 모략과 이간질로 서로 다른 세력이 싸우게 만드는 모사가로 활약했다. 하지만 그의 진짜 역량은 정확한 정세 분석과 인물평을 근거로 거시적인 전략을 세우거나 전략의 우선순위를 정하는 것이었다. 순욱은 이런 능력으로 조조의 역동적인 성장기이자 매일같이 생사를 건 선택을 해야 했던 서주 공방전을 전후한 시기에 조조를 도와 일을 처리했다. 그러던 중 196년에 헌제가 이각과 곽사에게서 탈출해 낙양으로 왔다. 황제를 옹립한다는 것은 무엇보다 큰 명분을 손에 넣는 것이었으나 수많은 대립이 난무하고 있는 상황에서 모두가 몸을 사렸다. 천하의 조조조차 우물쭈물했다. 황제를 옹립하는 순간 주변을 둘러싼 모두의 공적이 될 것이기 때문이다.

이때 순욱은 그 너머까지 들여다보았다. 조조의 예측은 맞지만 과연 누가 먼저 공격해 올지는 알 수 없었다. 모두 강적이지만 팽팽하게 대립해 서로를 견제하는 상황이기 때문이다. 게다가 황제를 먼저 차지하려는 용기가 없는 자들이라면 조조를 공격하는 일에도 똑같이 눈치를 볼 것이었다. 상황을 간파한 순욱은 "천하에 우리의 근심이 될 자는 없다" 라고 강경하게 외쳤다. 조조는 순욱의 전략을 따라 헌제를 차지했고 자신의 세력권인 예주의 허창을 수도로 정했다. 이는 조조를 삼국지의 승자로 만든 결정적인 판단이었다.

하지만 순욱과 조조의 관계는 영원하지 못했다. 212년에 조조의 측근이 조조의 작위를 국공으로 추대하려는 움직임을 보였다. 사실상 황제를 몰아내고 나라를 세우려는 사전 작업이었다. 오래전부터 황제는 허수아비에 불과했고, 유비와 손권은 이미 조조를 찬탈을 시도하는 역적으로 규정한 상태였다. 순욱은 조조의 국공 승진을 반대하며 한나라를 안정시키는 것이 우리의 목적이며, 황제에게 충정을 보여야 한다고 주장했다. 조조는 순욱의 태도에 분노했고 그에 대한 총애를 거뒀다. 이를 근심하던 순욱은 병을 얻어 50세에 사망했다.

후대 역사가들은 조조와의 갈등에도 아랑곳하지 않았던 순욱의 충언을 높이 샀다. 그런데 여기서 한 가지 의문이 든다. 순욱의 능력은 세상의 변화를 읽는 눈과 그 변화에 필요한 인재를 파악하는 것이었다. 당시 조조는 세상이 다 알 만큼 큰 권력과 야망을 갖고 있었다. 순욱은 대체 왜 조조에게 반대한 걸까? 이제껏 순욱이 조조에게 협력한 이유는 어디까지나 한나라의 황실을 보존하기 위해서였다고 보는 견해도 있다. 그러나 정말 그 정도로 순진했을까? 순욱이 조조의 국공 추대를 반대한 이유는 전략적으로 득이 될 게 없기 때문이었다.

212년은 유비가 촉을 성공적으로 공략하던 시기로 천하가 유비, 조조, 손권의 세 나라로 나뉘는 것이 기정사실로 받아들여지고 있었다. 삼국이 세워지면 유비와 손권은 조조를 역적으로 규정하고 자신을 한 황실의 수호자로 자청하며 정당성과 명분을 확보하려 할 것이었다. 실제로 유비는 한중왕으로 등극하면서 이 같은 수순을 밟았다. 여기서 명분을 확보한다는 것은 도덕적인 정당성을 확보한다는 추상적인 의미만이 아니다. 유학이 지배하는 사회에서 수많은 지방 인재와 명사들이 명분을 추종했다. 이는 유비의 노림수이기도 했다.

4년 전인 208년에 적벽대전을 벌일 때만 해도 조조는 천하통일을 눈앞에 두고 있었다. 하지만 엉뚱하게 그 결과는 삼국시대의 등장으로 이어졌다. 조조의 입장에서는 최악의 결과였다. 이런 상황에서 조조가 황제를 몰아내고 나라를 세우면 명분을 잃는 것은 물론이고 20년 가까이 계속된 내전을 끝내지 못하게 될 것이었다. 순욱은 삼국의 대결이 장기전으로 발전하는 사태를 걱정해 조조의 의견에 반기를 들었다. 조조가 순욱의 뜻을 몰랐을 리 없다. 하지만 이미 삶의 끝에 근접한 조조로서는 천하 삼분을 받아들이고 자신과 가문의 입장에서 그다음을 생각했던 것 같다.

이렇게 순욱과 조조의 관계는 갈등으로 끝났다. 하지만 조조가 관도대전에서 승리하고 헌제를 옹립해 다양한 정책을 펼치며 천하를 장악할 기반을 쌓은 것은 모두 순욱이 과거의 기준에 자신을 껴맞추지 않고 새로운 변화를 향해 나아가고자 했던 개척자 정신을 가졌기 때문이다.

곽가

정보는 수집보다 분석이 중요하다

곽가는 조조의 모사로 소설 속 제갈량의 이미지와 가장 비슷한 인물이다. 곽가는 순욱과 같은 예주 영천군 출신으로 처음에는 원소의 사람이었다. 그의 일족이 이미 원소의 진영에서 활약 중이었으나 얼마 지나지 않아 원소의 무능함을 깨달은 곽가는 원소를 떠났다. 그 후 순욱이 조조에게 곽가를 추천하면서 두 사람은 천하에 대한 의견을 주고받았다. 곽가의 생각을 들은 조조는 "나의 대업을 이룰 자가 바로 이 사람이구나"라며 크게 만족했다.

조조의 아래서 함께 뜻을 펼치기로 한 곽가와 순욱은 사이좋게 역할을 나눴다. 순욱이 재상의 역할을 하며 거시적인 전략을 세운다면, 곽가는 더 예리하고 현실감 있는 판단으로 활약했다. 당시 관도대전을 앞둔 조조의 가장 큰 근심거리는 손책이었다. 조조군이 북진하면 손책이 바로 허창으로 돌진할 상황이었기 때문이다. 이때 곽가가 조조의 근심을 덜어주었다.

"손책은 오래 살지 못할 것입니다. 저렇게 겁 없이 돌아다니다가는 언젠가 암살당할 것입니다."

놀랍게도 곽가의 말대로 손책은 암살로 생을 마쳤다.

조금은 가벼워진 마음으로 관도대전에 나선 조조는 승리했고 원소가 사망하자 그의 두 아들인 원담袁譚과 원상을 공격했다. 기세를 몰아 완전히 격파하려는 조조에게 곽가는 공격을 중단할 것을 요청했다.

"우리가 공격하면 둘은 단합할 것이고, 우리가 풀어주면 서로 싸울 것입니다. 두 사람은 내버려 두고 이 틈에 유표를 쳐야 합니다."

조조군이 유표를 치기 위해 남쪽으로 나아가면 원담과 원상이 힘을 합쳐 조조의 뒤를 칠 수도 있었다. 유표가 아무리 소심한 기회주의자라고 해도 이렇게 되면 방어에서 공격으로 태세를 전환할지도 모른다. 이 상황에서 조조는 곽가의 말을 따랐다. 과연 원상과 원담은 격렬하게 싸웠다. 원상이 승리하자 원담은 조조에게 항복했고, 조조는 군대를 다시 북으로 돌려 원상을 격파하고 기주를 점령했다.

기주 북쪽에는 흉노와 요동의 선비족이 있었다. 조조는 그들이 가진 강력한 기병을 탐냈다. 기주를 차지했으나 여전히 사방으로 달리며 싸워야 하는데 속전속결로 현란한 기동전을 펼치는 실력은 조조에게 꼭 필요한 전술이었다. 그들을 전리품으로 삼기 위해 조조가 기주를 넘어 요동으로 진격하려 하자 신하들이 손사래를 치며 말렸다.

"이미 유표라는 벌집을 건드렸는데 조조가 북진하면 유표가 유비를 보내 허창을 습격할 수도 있습니다."

충분히 가능성 있는 가정이었다. 이때 곽가가 도리질하며 다른 생각을 펼쳤다.

"유표는 걱정할 필요 없습니다. 그는 겉으로는 유비를 예우하는 듯하지만 속으로는 매우 경계하고 있습니다. 절대로 유비에게 군대를 빌려 줄 리 없습니다."

전략적 판단에는 두 종류가 있다. 본성에 근거한 판단과 현실적 조건에 의한 판단이다. 비유를 들어보자. A를 지방관으로 임명했다. A는 심성이 청렴결백하고 명예를 존중한다. 따라서 비리를 저지르지 않고 양심적으로 잘 통치할 것이다. 이는 인성이라는 인간의 본성에 근거한 판단으로 순욱은 이러한 판단을 즐겼다.

그런데 옛날에는 법과 인정의 경계가 현대보다 느슨하고 관용적이었다. 어느 날 A의 고향 친구가 찾아와 어려운 처지를 하소연하며 이 고을 시장에 자신이 만든 상품을 팔 수 있는 납품권을 허락해 달라고 부탁했다. 이 시기 이 정도 부탁은 관행이며 큰 부정도 아니다. 과연 A는 어떻게 할까? 순욱식 사고로는 판단이 어렵다. 이럴 때는 현실적 조건을 따져보고 판단해야 한다. 그 친구는 과거에 내 생명을 구해준 적이 있다. 그런데 지금 사기를 당해 통장 잔고는 바닥이고 아이는 병에 걸렸다. A는 당장 돈이 필요한 친구의 부탁을 들어줄 것이다. 이는 구체적 정보에 의해 행동을 예측하는 곽가의 판단 방식이다.

곽가와 순욱의 전략적 판단 중 어느 것이 정답이라고 할 수는 없다. 상황에 따라 좀 더 적절한 판단을 적용해야 한다. 다만 곽가와 관련한 다양한 일화를 살펴봤을 때 그가 엄청난 정보 수집력을 갖췄다는 사실을 확인할 수 있다. 아쉽게도 곽가의 정보 조직은 완전히 베일에 싸여 있다. 만일 곽가에게 현대의 직위를 부여한다면 CIA 국장이 적격일 것이다. 곽가가 유달리 뛰어났던 것은 정보를 모으는 실력뿐 아니라 그렇게 모은 정보를 해석하고 분석하는 능력이었다. 판단력이 뛰어난 사람만이 정보를 제대로 분석할 수 있는데 이 과정에서 곽가의 지력은 더욱 상승했던 것 같다.

곽가는 실전에서 전술을 운영하는 능력도 뛰어났다. 직접 말을 타고 군을 지휘하지 않아도 현장에서 통하는 전술과 조언을 아끼지 않았다. 조조는 "곽가만이 내 생각을 안다"라고 할 정도로 그의 판단력을 높이 평가했다. 하지만 불행하게도 곽가는 관도대전 이후 38세의 나이에 요절했다. 이후 적벽대전에서 패한 조조는 "곽가만 있었더라면 내가 패하지 않았을 것"이라고 한탄했다. 이는 황개의 거짓 항복에 속지 않았을 것이라는 뜻으로 추정한다. 훗날 조조는 곽가의 유족에게 식읍(고대 중국에서 공로에 대한 특별 보상으로 내려준 땅)을 하사하면서 그의 공적을 기리는 글을 지었다. 이것이 곽가에 대한 가장 정확한 설명일 듯하다.

> 곽가는 11년간 나를 따라다녔다. 중요한 논의마다 (참여해서) 적을 만나면 변화에 따라 대처했다. 내가 미처 책략을 정하지 못할 때도 곽가는 쉽게 처리했다.

정욱

원하는 것을 손에 넣는 대화법

거시적 정세 판단, 전략적 판단 능력, 적국의 정세와 정치구조를 분석해 계략과 모략을 세우는 능력, 전장에서 적의 수를 예측하고 전술을 결정하는 전술적 판단은 저마다 다른 재능을 필요로 한다. 소설 《삼국지연의》에서 제갈량은 정치력부터 군사 작전까지 이 모든 능력을 모두 갖춘 멀티플레이어였다. 그에 반해 조조의 모사들은 많은 인력과 체계적인 조직화로 각자의 능력이 분업화되어 있었다. 조조의 모사 중에도 다양한 능력을 겸비한 인물이 있었는데 정욱이다.

조조가 연주를 차지하고 거점으로 삼았던 견성 근처의 동아현 출신의 정욱이 아직 출세하기 전의 일이다. 황건적의 난이 발생하자 동아현의 관리였던 왕도라는 자가 반란을 일으켰다. 황건적과 결탁을 했는지 어디선가 군대를 모으고 현 밖에 진을 쳤다. 현에는 군사가 없었다. 모두가 어쩔 줄을 모르고 도망칠 생각만 하고 있을 때 정욱은 왕도의 군대가 허세임을 간파했다. 성안에는 군대가 없는데 성을 점령하지 않고 성 밖에 진을 쳤다는 것은 왕도 무리는 제대로 된 군대가 아닌 도적집단에 불과하다는 의미였다. 정욱은 관리와 주민이 성에 들어가 농성하면 공략하지 못할 것으로 판단했고, 그의 예상은 적중했다.

이처럼 예리한 판단력과 지략을 갖춘 정욱은 전략과 전술을 세우는 것뿐 아니라 실전에 참여해 지휘하고 싶은 마음도 강했다. 조조가 원담을 토벌할 때 군대를 따라 함께 전쟁터에 나간 정욱은 공을 세우기도 했다. 하지만 이런 능력은 그에게 화근이 되었다. 탁월한 모사에 전술까지 갖춘 사람은 유용한 만큼 위협적이었기 때문이다. 정욱은 재상직을 탐냈지만 그를 경계하는 눈초리가 너무 많았다. 실제로 그가 역모를 꾸민다는 모함까지 받았다.

그는 은퇴 후 사람들과 교류를 끊고 자신을 다시 불러주기를 기다렸다. 맹목적인 기다림은 아니었다. 조조의 아들 조비가 즉위하면 아버지의 신하 중에서 능력이 있음에도 억울한 일을 당하거나 권문세가와 화합하지 못하고 고립된 신하들을 찾을 거라 예측했던 것 같다. 대표적 인물이 가후다. 정욱의 예상대로 조비는 즉위하자 정욱을 재상으로 등용하려 했다. 그러나 아무리 뛰어난 책략가도 천수를 늘릴 수는 없었다. 정욱은 재상이 되기 전에 사망하고 말았다.

정욱은 인물 분석과 전황 분석에 뛰어난 인재였다. 유비의 위험성을 가장 먼저 알아본 사람도 정욱이다. 정세와 사람 보는 눈이 뛰어났던 정욱은 사람을 다루는 능력도 뛰어났다. 지금부터 정욱의 세 가지 대화법을 통해 그가 우리에게 남겨준 유산을 얻어 보자.

정욱의 대화법 1: 상대의 수준에 맞는 말로 설득한다.

연주는 황건적의 난 한복판에 있었고, 북쪽에서는 강적 원소와 공손찬이 다투고 있었다. 조조가 연주를 장악하기 전 연주를 다스린 사람은 유대였다. 그는 황족의 후손으로 책임감 있고, 이전 세상은 가고 난세가 도래한다는 상황도 인식하고 있었다. 난세의 영웅이 되어 보려는 야심도 조금은 있었던 듯하다. 그러나 난세가 요구하는 판단력, 배짱, 통솔력은 없었다. 유대는 관료답게 원소와 공손찬과 모두 화친 관계를 유지하고 있었다. 그런데 이들은 전투를 시작했고 유대에게 누구와 동맹할 것인지 명확히 할 것을 요구해 왔다. 군사력과 지략 등 객관적으로 평가하면 원소의 전투력이 월등했으나 하필 그때 공손찬이 전투에서 원소군을 격파했다.

선뜻 결정을 내릴 수 없던 유대는 정욱을 불러 자문을 구했다. 대결의 결과를 알고 있는 사람이라면 원소와 동맹해야 하는 이유를 10가지는 나열할 수 있을 것이다. 그러나 바로 직전에 공손찬이 승리했다는 사실이 유대를 함정에 빠뜨렸다. 사실 유대도 최종적으로 원소가 이길 가능성이 더 크다는 것을 알고 있다. 하지만 공손찬의 승리에 감정이 불안해진 것이다. 이를 간파한 정욱은 간단하고 단순한 논리를 제시했다.

"가까이 있는 원소를 버리고 멀리 있는 공손찬에게 도움을 청하는 것은 물에 빠진 사람을 구할 때 이웃을 놔두고 만주에 있는 사람을 불러오는 것과 같습니다."

원소가 공손찬보다 약하다는 불안감은 단숨에 공손찬이 멀리 있다는 불안감에 밀려 달아났다. 유대의 불안을 더 센 불안으로 치우고 그의 신뢰를 얻은 정욱은 진짜 논리를 전개했다. 두 사람을 비교해 볼 때 지금 공손찬이 이긴 것은 고작 전투일 뿐이라며 전쟁에서는 원소가 이길 수밖에 없는 이유를 논리적으로 설파했다. 처음부터 정욱이 이런 식으로 설득했다면 공손찬의 승리에 감정이 동요한 유대는 정욱의 의견을 받아들이지 못했을 것이다. 이처럼 상대를 설득할 때는 고민의 원인이 감성에 있는지 이성에 있는지를 먼저 구분해야 한다.

정욱의 예측대로 얼마 후 공손찬은 원소에게 크게 패했다. 감동한 유대는 정욱에게 관직을 내리지만 병을 핑계로 사양했다. 아마도 유대의 작은 그릇과 판단력에 회의를 느꼈을 것이다. 게다가 공손찬이 패하고 난 다음에야 정욱에게 관직을 내리는 것은 돌다리도 두드려 보고 건너는 것과 같은데, 이런 사람은 난세의 지도자가 될 수 없었다. 원소와 동맹을 맺은 유대는 이후에 황건적과 싸우다가 전사했고 조조가 연주를 차지했다. 조조가 정욱을 부르자 정욱은 즉시 조조의 휘하로 갔다.

정욱의 대화법 2: 상대가 하고 싶은 말을 대변한다.

조조 휘하의 정치가였던 진궁은 조조에게 의구심을 느끼고 반기를 들었다. 이때 조조가 차지한 현은 겨우 3개에 불과했다. 여기에 메뚜기 떼까지 덮쳐 식량난이 찾아왔다. 이때 원소가 조조를 도울 테니 가족을 인질로 보내고 조조는 자신의 영토와 가까운 업성으로 와서 거주할 것을 제안했다. 막막했던 조조가 원소의 제안을 받아들이려 하자 정욱이 나섰다.

"장군은 용과 호랑이를 합친 사람이고, 한신과 팽월彭越을 합친 인물입니다. 우리는 3개 현뿐이고 정예병은 1만 명뿐이지만 당신과 순욱과 제가 있으면 패왕의 대업을 이룰 수 있습니다."

조조는 원소에 비해 정치적·군사적 전력이 약했다. 때문에 조조의 부하들은 주로 원소의 약점을 이야기해 조조의 사기를 북돋웠다. 하지만 정욱은 원소의 약점 대신 조조의 강점을 부각했다. 이 말을 들은 조조는 정욱의 의견을 따르기로 했다.

조조의 결정은 정욱의 아부가 맘에 들었기 때문이 아니다. 리더가 의견을 구하는 데는 두 가지 목적이 있다. 고민 해결과 자신의 메시지 전달이다. 아무리 옳은 말이라도 리더가 직접 말하면 효과가 없는 메시지가 있다. 이럴 때는 다른 누군가가 대신 그 말을 해줘야 한다. 조조는 이를 노린 것이다. 동시에 원소의 전력에 위축되지 않고 그의 약점을 파고들어 도전할 용기를 가진 인물을 발굴하고 싶었다. 정욱은 조조의 마음을 간파해 그가 들려주고 싶은 이야기를 대신했다. 여기에 은근히 자신의 능력을 드러내며 조조의 믿음에 쐐기를 박았다.

정욱의 대화법 3: 상대의 실수를 지적하는 법

모사가 되려면 사람을 보는 눈이 탁월해야 한다. 이때는 상대가 가진 재능뿐 아니라 시대가 원하는 능력까지 파악해야 한다. 과거에는 주목받지 못한 재능도 새로운 상황에서는 도움이 될 수 있기 때문이다.

유비가 여포에게 서주를 빼앗기고 조조에게 왔을 때, 그가 위험하다는 사실을 가장 먼저 파악한 사람은 정욱이었다. 그는 유비를 죽여야 한다고 말했지만 조조는 유비가 영웅의 자질을 갖추긴 했으나 어딘가 부족하다고 느꼈다. 당장은 유비의 이용 가치가 더 크다고 생각한 조조는 유비에게 군사를 지원해 서주로 보냈다. 이 소식을 들은 정욱이 놀라 조조에게 달려왔다. 그리고 이렇게 말했다.

"주공은 전에 제 말을 듣지 않고 유비를 죽이지 않았습니다. 제가 주공의 식견을 어찌 따르겠습니까? 허나 지금 유비를 출정시킨 것은 실수입니다. 반드시 배신할 것입니다."

이때 다음과 같이 말했다면 정욱은 조조의 눈 밖에 났을 것이다.

"주공, 전에 유비를 죽이라는 말을 듣지 않더니 이번에도 제 말을 듣지 않고 유비를 출정시키십니까? 한 번도 아니고 두 번이나 실수하신 겁니다."

유비가 탈출했을 때 사건은 이미 끝난 것과 다름없다. 따라서 정욱은 조조에게 자신의 판단과 예측이 옳았다는 것을 어필하기로 한다. 그런데 군이 조조의 지난번 잘못까지 들쑤셔야 할까? 자신을 높이기 위해 상사를 깎아내리는 것만큼 어리석은 행동은 없다. 정욱은 슬쩍 첫 번째 판단은 조조가 옳았다고 말하고 이번만은 자신의 생각이 맞다고 말한다. 자기 판단력을 과시하는 동시에 자신이 주군을 아끼고 보살핀다는 충심까지 보여준 것이다.

사마의

어떻게 때를 기다릴 것인가

순욱, 곽가, 가후, 정욱 등이 조조의 분투기를 함께한 모사라면 이후의 위나라를 장악한 모사는 사마의다. 그는 조조를 시작으로 조비, 조예, 조방까지 4대에 걸쳐 모사로 활약했다. 역사는 그를 가리켜 '때를 기다릴 줄 아는 사람'이라고 표현한다. 신하로서 오를 수 있는 최고직인 태위까지 올라간 사마의의 행동을 통해 때를 기다린다는 것이 무엇인지 살펴보자.

사마의는 한나라 개국공신 사마앙司馬卬의 후손이다. 낙양에서 황하를 건너면 바로 나오는 하내군 온현에 살았다. 사마의는 파란만장했던 조조의 성장기에는 동참하지 못했다. 살던 곳이 낙양과 가깝고 전략적으로 중요한 지역이긴 하나 묘하게 격랑에서 벗어나 있었고 그 역시 난세의 혼란기에 뛰어들고 싶어 하지 않았던 듯하다. 당시 조조의 아래서 강력한 인사권을 가졌던 최염崔琰과 양준楊俊이 사마의를 높게 평가했지만 조조의 부름에 응하지 않았고, 훗날 조조의 협박을 받고서야 부름에 대답했다고 한다.

그러나 조조는 사마의가 남의 밑에 있을 사람이 아니라며 경계했다. 적벽대전 이전까지는 인상 깊은 활약을 보여주지 못한 사마의가 진가를 발휘한 것은 조조가 한중에서 패하고, 관우가 형주에서 북상을 시작했을 때다. 관우의 성공에 놀란 조조는 천도를 고민했다. 이때 사마의는 손권이 관우를 지원할 리 없다며 장제와 함께 천도를 반대했다. 예상대로 손권이 관우를 배신하자 조조는 안정을 찾았다. 사마의는 정확한 정세 분석으로 주요 인물의 행동을 예측할 뿐 아니라 군사 전략을 세우고 직접 참전해 군을 지휘하는 데도 탁월한 능력을 보였다. 덕분에 조조의 경계심을 풀었다.

보통 문관들은 이론과 행정에는 능해도 전장을 파악하고 임기응변을 발휘하는 능력은 무장에 비해 떨어진다. 제갈량이 후대에도 높이 평가받는 이유는 타고난 행정관리였음에도 수차례 북벌을 진행할 만큼 적극적으로 전장에 뛰어들어 끊임없는 자기 발전과 성취를 이뤘기 때문이다. 위나라에서는 사마의가 그러했다. 훗날 명제에 등극한 조예는 사마의를 다음과 같이 평가했다.

"사마의는 위기를 만나면 변화에 대응하여 대처할 수 있는 인물이다."

이는 젊은 시절 참전 경험도 없고, 조조의 격동기를 겪어보지도 못한 사마의가 제갈량의 북벌을 상대하고 위나라 최고의 군사 전략가로 성장한 비결이다.

사마의의 진짜 활약은 조비 때부터다. 그는 조비의 즉위에 공을 세웠지만 조비는 재위 7년 만인 226년에 40세로 사망했다. 죽음을 앞둔 조비는 조진, 진군, 조휴, 사마의를 불러 후대를 부탁했다. 조비의 장남 조예가 명제로 즉위하면서 이들 4대신의 권력은 군사권을 좌우할 만큼 크게 강화했다. 이때부터 사마의의 맹활약이 시작된다. 226년에 오나라의 제갈근과 장패臧覇가 양양을 침공하자 사마의가 격파하고 장패를 참수했다. 228년에는 맹달의 반란을 멋지게 진압하고 맹달을 처리했다.

최초의 실패는 조진과 함께했던 촉 정벌 작전이었다. 이때 오나라를 상대로 전략을 세우던 조휴와 촉나라의 전략을 상대하던 조진이 차례로 사망했다. 조예는 자신이 오나라를 맡고 사마의에게 촉나라를 상대할 전략을 맡겼다. 제갈량을 저지하기 위한 관중 방어전에 투입된 사마의는 촉과 위 모두 방어에는 극단적으로 유리하고 공격에는 불리하다는 사실을 간파했다. 따라서 방어전과 지구전에 유리한 장수를 선발하고 버티기 적합한 지형을 선택했다.

소설 속 대립구조 때문에 제갈량과 사마의의 우위를 가리려는 사람이 많다. 비슷한 능력의 장수가 맞붙었을 때는 지략이 아니라 객관적 조건이 유리한 사람이 우세하다.

사마의는 제갈량의 5차 북벌 지역인 오장원에서 기나긴 대치극을 벌였다. 촉군과 위군의 대치는 100일이 넘도록 이어졌는데 234년 8월에 제갈량이 병에 걸려 죽고 말았다. 이후 촉에 대한 경계심을 푼 사마의는 요동으로 가 관구검丑丘儉과 꺼림직한 존재였던 요동태수 공손연公孫淵을 격파했다.

사마의가 요동에서 돌아오자 바로 조예가 사망했다. 후계자인 조방은 거우 8세였고, 출신도 불명확했다. 아들이 없던 조예는 어느 날 갑자기 조방을 데려와 태자로 삼았다. 상황이 이러하니 조방은 의지할 대신이나 혈연이 전혀 없었다. 조예는 조방을 사마의에게 맡겼는데, 사실상 나라의 운명을 맡긴 것과 다름없었다. 사마의가 오랜 시간 권력을 키워나갈 수 있었던 이유 중 하나는 그만큼 오래 살았다는 것이다. 241년이 되자 조진, 조휴, 하후상, 환계, 진군, 종요 등이 모두 세상을 떠났다. 조진의 아들 조상曹爽이 실권을 쥐고는 있었지만 위나라 건국 세력의 세대교체가 이루어질 때 조조의 후손들이 연달아 요절하면서 황족과 원로대신 가문에 공백이 생기고 말았다. 이때 조방은 사마의를 태부로 임명하고 군대와 통솔권도 주었다. 이 시기 조방의 교서에는 "짐은 혈혈단신이어서 누구 하나 말할 상대도 없다"라는 구절이 있을 정도다.

244년, 위나라의 운명을 두고 조상과 사마의가 대결했다. 생각보다 조상의 반발이 거세자 사마의는 병이 든 것처럼 위장해 물러났다. 이런 소극적인 모습은 마치 사마의가 패배한 것처럼 보였다. 사실은 때를 기다리는 지난한 전략이었다. 5년 후, 그사이 훌쩍 자란 조방이 명제 조예의 능을 찾아 참배했다. 조상이 완전히 안심하고 있다는 것을 파악한 사마의는 그 순간 쿠데타를 일으켰다. 무기고를 점거하고 수도로 귀환하는 다리를 끊은 뒤 자기 손에 피를 묻히지 않고 황제에게 조상을 처벌하라고 상소했다.

쿠데타로 실권을 장악한 사마의는 2년 후 사망하지만 이미 세상은 사마씨의 것이 되었다. 254년 9월에 사마의의 아들 사마사는 23세의 조방을 폐위시켰다. 여색에 빠지고 무능하다는 이유였다. 그러나 사마사는 바로 즉위하지 않고 조모曹髦를 4대 황제로 세운 뒤 다시 폐위했다. 얼마 후 사마사가 질병으로 사망하자 동생 사마소가 정권을 이었고, 265년에는 그의 아들 사마염이 진나라를 건국하고 황제로 즉위했다. 진나라를 건국하기까지 제법 긴 시간과 많은 우여곡절이 있었지만 사실상 위나라는 사마의의 시대에 종말을 고한 셈이다.

사마의의 쿠데타는 차분히 때를 기다린 결과였다. 삼국의 항쟁기는 조조, 유비, 손권의 시대에 승부를 보거나 늦어도 다음 대에 빠르게 결정이 났어야 했다. 그러나 그러지 못했다. 국운을 건 전쟁이 계속되면 결국은 군사권을 쥔 사람이 권력을 장악하게 된다. 이런 상황에서 승부가 2세, 3세로 넘어가면 세습의 폐단이 나타난다. 삼국지가 매력을 지닌 이유는 황건적의 난 이후로 한나라 전역에서 능력과 실력 중심의 리턴 매치가 이루어졌고, 그 예선을 통과한 영웅호걸들의 승부가 이어졌기 때문이다.

그러나 삼국이 정립되자 상황은 급변했다. 조조, 유비, 손권, 제갈량, 관우, 하후돈과 하후연, 주유 등 헤아릴 수 없이 많은 실력자의 후손 중에는 이들만 한 능력자가 없었다. 이렇게 권력의 세습으로 2세, 3세의 세상이 되면 평민 출신의 능력자는 대부분 사라진다. 결국 군사권과 행정권은 극소수의 천재에게 집중될 수밖에 없다. 아마 위·오·촉 세 나라 중 누가 천하통일에 성공하든 그 왕조의 운명은 금세 끝나고 실질적 권력을 쥔 누군가에게 정권이 넘어갔을 것이다.

이 같은 상황에서 사마의는 능력과 노력, 그리고 기다림 덕분에 최종 승부까지 진출했다. 이것이 사마의의 성공 비결이다. 여기서 기다림이란 타이밍을 뜻한다. 세상은 우리의 의지만으로 움직이지 않는다. 수많은 사람과 사회의 법과 관습의 상호작용 속에서 움직인다. 즉 사회의 움직임과 나의 움직임을 맞추며 적절한 타이밍을 노려야 한다. 역사 속 위인 중 가만히 앉아서 때를 기다린 사람은 없다. 밭을 갈고 있었던 제갈량에게 유비가 저절로 다가온 것이 아니다. 세상은 어둠 속에서도 능력을 갈고닦으며 뛰는 사람에게 제 몫을 준다. 사마의가 '때를 기다릴 줄 아는 사람'이 된 것은 성급히 나서지 않았으며, 자신이 나설 순간을 기다리면서도 쉬지 않고 상황을 판단하고 전략을 세운 덕분이었다.

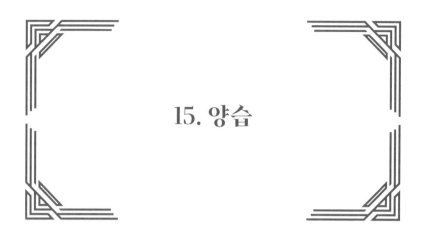

15. 양습

흡수력이 곧 생존력이다

원소가 죽은 뒤 조조는 북방 평정에 나섰다. 원상, 원담 형제의 내분을 틈타 기주를 정복하고 요서까지 원정해서 선비족 기병까지 복속시켰다. 이 과정에서 잘 알려지지 않은 상황이 있는데, 병주자사 고간高幹과의 전투다. 병주는 여포 군단의 근원지로 화북 지방의 정세를 한순간에 뒤집을 수 있는 강하고 위험한 지역이었다. 원소는 인척인 고간에게 병주를 맡겼다.

관도대전 전후에 고간이 제대로 활약했더라면 조조는 상당한 곤경에 빠질 수 있었다. 그러나 원소의 견제 때문인지, 고간의 기회주의적 성품 때문인지 알 수 없지만 고간은 늘 한발 늦거나 방관자적 태도를 취했다. 그러던 중 조조가 원상의 근거지인 업을 함락하자 그대로 태도를 바꿔 조조에게 항복했다. 조조에게 귀순한 듯했지만 고간의 속내는 따로 있었다. 조조가 오환으로 달아난 원상을 치기 위해 북방의 요서 원정을 계획하자 그 틈을 타 반란을 일으켰다. 악전고투 끝에 조조군의 거센 공격을 끝내 감당하지 못한 고간은 최후를 맞이했고 병주는 조조의 손에 들어갔다.

허나 병주는 손에 넣었다고 점령할 수 있는 곳이 아니었다. 그곳의 부족들은 사나운 데다 원한을 품으면 어떻게든 복수하려는 성질을 가졌다. 그런데 오랜 전쟁으로 조조군에게 피해를 입지 않은 부족이 없었다. 동양의 역사 기록은 이런 상황을 진솔하게 적지 않고 추상적으로 뭉뚱그려 정리하는 단점이 있다. 역사가 중에서도 비교적 덜 유가적인 진수도 이를 깨부수지는 못했다. 그는 정사 《삼국지》의 양습전에서 당시 상황을 다음과 같이 기록했다.

> 당시는 고간이 다스리던 때의 황폐하고 혼란한 여파가 남아 있었고 오랑캐들은 주 경계에서 위세를 떨치고 있었으며, 관리와 백성은 도망가거나 모반하여 오랑캐의 부락으로 들어가고 있었다. 병사를 인솔하는 자들은 사람들을 모아서 약탈하여 양민에게 해를 끼쳤고, 또 서로 선동하고 자주 분열하여 세력 간에 힘을 겨루었다.

앞서 이야기한 전후 사정을 알면 이 글의 의미를 이해할 수 있다. 이런 상황에서 조조가 선택한 인물은 두기杜畿와 양습梁習이다.

양습은 위나라 하남 사람이다. 196년에 조조가 헌제를 옹립해 사공이 되고 이듬해 진군을 포함한 연주와 서주 일대에서 장수, 원술, 여포, 유표와 격전을 벌여 승리했을 무렵에 조조와 양습이 만났다. 조조는 진군의 주부로 있던 양습에게 장현, 하비성 등 전략상 중요한 고을을 맡겼다. 이곳은 유비와 여포 등 여러 세력이 거쳐 간 지역으로 조조에 대한 반감이 가장 심했다. 조조의 걱정과 달리 양습은 가는 곳마다 상황을 수습하며 잘 다스렸다. 이 모습을 본 조조는 고간을 제거하자마자 양습을 병주자사로 임명했다.

반란과 혼돈의 땅에 도착한 양습은 유목 부족들을 설득하고 회유하는 데 최선을 다했다. 순응하는 자에게는 벼슬을 줘 자신의 막료로 삼았으나 끝까지 저항하는 부족은 신속하게 토벌했다. 이때만큼은 위나라의 기준을 버리고 유목 부족의 법과 문화를 적용했다. 유목 지역은 단순하지만 엄격하고 강경하게 통치해 온 지역이다. 양습은 뛰어난 흡수력으로 유목민에게 엄격하지만 공정한 법령을 적용하고 동시에 경제를 안정시켜줌으로써 신뢰를 회복했다. 어느새 그들을 한족처럼 정착시키고 조조 정권에 충성하게 만들었다.

그뿐 아니라 유목 부족 중에서 실력이 뛰어난 자들을 뽑아 조조군에 편입시켰다. 조조군에 편입된 전사들은 이방인으로 떠돌지 않고 조조군의 전력에 큰 보탬이 되었다. 일부 부족은 업성으로 이주시키기도 했는데 수만 명이나 되었다고 한다. 위나라 입장에서는 병주에서 유목민의 세력을 약화하는 훌륭한 정책이지만 병주의 백성들은 자신의 정체성이 무너지는 전형적인 식민지 정책으로 여겨졌다. 결국 곳곳에서 저항이 발생했고, 양습은 차분히 반란을 진압하고 추가적인 동요를 막았다.

양습은 병주 지역의 인재를 발굴해 조조에게 추천하기도 했다. 이는 지방관의 중요한 임무 중 하나다. 쓸 만한 인재의 발굴은 양습에게 조조의 신뢰를 얻고 지방 토호 세력의 인망을 다지는 밑거름이 되었다. 비록 《삼국지연의》에는 이름을 싣지 못했으나 실제 역사에서 중요한 역할을 한 인재는 수없이 많다. 조조의 정예 부대도 위협할 만큼 뛰어난 실력을 갖춘 병주군 중에서 양습이 발굴한 인재들은 분명 조조군에 큰 도움을 주었을 것이다. 양습 역시 소설에는 등장하지 않으나 그가 없었다면 위나라는 수많은 위기를 겪어야 했을 것이다.

양습의 유일한 불행은 그가 중요 지역과 군사력을 너무도 잘 다스린 까닭에 누구도 그의 자리를 대신할 수 없었다는 것이었다. 때문에 양습은 조비가 즉위한 뒤에도 병주자사를 유지하며 약 20년간 병주에서 치적을 쌓았다. 그가 주민들에게 보여준 신뢰는 유목민들에게 이민족을 지배한다는 이질감 대신 희망이라는 기대감을 주었다. 그 결과 업성으로 이주한 주민들은 조조 정부에 충성하고 군의 핵심 전력으로 성장할 수 있었다. 병주의 원로들은 "역대 관원 중에서 양습이 최고"라고 입을 모았으며, 진수는 정사 《삼국지》에서 조비 시절에 "양습의 치적은 항상 천하제일이었다"라고 평했다.

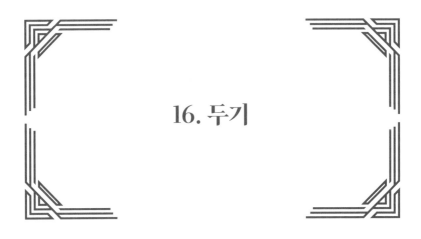

16. 두기

더 멀리, 큰 것을 바라볼 것

위나라에는 양습뿐 아니라 북방에서 활약했음에도 소설에서는 존재감을 드러내지 못한 장수들이 더 있다. 두기도 그들 중 한 사람이다. 장안(서안) 주변의 두릉현 사람인 두기는 어려서 어머니를 잃었다. 재혼한 아버지마저 일찍 사망해 계모 밑에서 자란 그는 비뚤어지기 쉬운 환경에서도 타락하지 않았다. 그의 장점은 더 멀리, 큰 것을 주시하는 자세다.

20세에 군의 관리가 된 그는 장안 동북쪽이자 섬서 분지(관중)의 입구에 해당하는 정현의 임시 수령이 되었다. 당시 정현에는 수백 명의 미결수가 있었다. 정식 파견이 아닌 갑작스러운 수령의 공백을 황급히 메우기 위한 임시방편에 지나지 않는 자리에 미결수까지 가득한 섬서 분지는 격동의 중심지였다. 기록에 정확한 이유를 남기지 않은 것을 보면 미결수는 아마도 민중 봉기로 인해 발생했을 가능성이 크다. 이런 곳에 파견되면 아무리 잘해도 본전조차 건지기 어렵고 훗날 어떤 보복을 당할지 모른다. 정상적인 사람이라면 어떻게 해서든 정현의 임시 수령을 피하려 할 것이다.

그런데 두기는 두려워하지 않고 정현으로 달려갔다. 그곳은 마치 강 사이에 널빤지만 깔아서 만든 다리처럼 위태로워 보였지만 그는 강을 건넜다. 정현에 도착한 두기의 첫 임무는 미결수의 처리였다. 그는 모든 위험 부담을 안고 직접 나서서 판결했다. 정사 《삼국지》의 두기전은 그 상황을 이렇게 묘사한다.

> 그의 판결이 모두 타당한 것은 아니었지만, 군 안의 사람들은 그가 나이는 적지만 큰 뜻을 가지고 있다며 기특하게 여겼다. 얼마 뒤에 그는 효렴으로 천거되었다.

위험하다는 것을 알면서도 앞장서 정현으로 달려간 두기의 모습을 본 사람들은 그에게 찬사를 보냈고 관료직에 추천했다. 난세의 안개가 세상을 뒤덮고 있던 시대에 가교를 건너간 그의 용기와 도전 정신의 가치를 알아본 것이다.

관직에 들어선 두기는 이제 스스로 주인을 고르기로 했다. 한중에서 수령을 하다가 관직을 버리고 형주의 유표에게 갔다. 하지만 제 발로 걸어 들어온 인재를 차버리는 게 특기였던 유표는 그를 손님으로만 대우할 뿐 등용하지 않았다. 유비, 장수, 제갈량 가문, 방통, 두기 등 한나라 정부를 구성할 만한 인재들이 유표에게 왔었다.

송나라 역사가 배송지가 정사 《삼국지》에 덧붙인 주석에 의하면 유표에게 실망한 두기는 허현(허창)으로 향했다고 한다. 그곳에서 경기를 만났고, 경기를 통해 순욱을 만났다. 두기와 밤새도록 대화를 나눈 순욱은 "이 사람은 나라의 동량(기둥과 들보로 쓸 만한 재목이라는 뜻으로, 집안이나 나라를 떠받치는 중대한 일을 맡을 만한 인재를 이르는 말)이 될 인재인데 어떻게 이렇게 지금까지 무명으로 묻혀 있었나"라고 말했다고 한다.

그즈음 조조가 관도대전에서 승리하는 것을 관망하던 고간이 움직이기 시작했다. 사실 원소가 완전히 패망한 것도 아니고 사방에 유표, 손책, 마등, 한수와 같은 관중의 군벌도 건재한 상황이었다. 한마디로 항아리에 여러 개의 구멍이 났는데 이를 막을 마개는 하나뿐인 셈이었다. 여기에 고간까지 가세하니 조조로서는 초조할 수밖에 없었다.

낙양은 황하 근처에 세워진 도시다. 황하는 하남성 평야에서는 구불구불하게 사행하지만 서쪽 상류로 가면 협곡을 깎아 내며 제법 호탕하게 흐른다. 이렇게 만든 협곡이 낙양 북쪽에서 동서로 긴 담장을 이룬다. 이 산맥 북쪽 너머는 농경 지역과 초원지대의 경계선으로, 이곳이 바로 병주다. 그리고 마치 산맥에 빨대를 꽂은 것처럼 산맥을 관통해 낙양으로 통하는 길이 있다. 그곳의 입구가 하동군이다. 하동군의 형태는 산맥의 북쪽 입구에 깔때기를 끼워놓은 듯한 모양이다. 이곳으로 병주 군단이 몰려들면 수도꼭지를 튼 것처럼 낙양으로 쏟아져 들어오게 된다.

이 구멍을 걱정한 조조는 하동의 세력들을 설득해 하동으로 연결되는 통로를 손에 넣으려 했다. 하지만 하동의 세력가인 위고衛固와 범선范先이 고간과 내통해 반역을 꾸미고 있었다. 위고의 모반 계획을 알아차린 조조는 하동을 다스릴 신임 태수를 파견하려 했으나 마땅한 인물을 찾지 못했다. 조조가 순욱에게 자문을 요청하자 순욱은 주저 없이 두기를 추천했다.

순욱이 두기를 추천한 이유는 무엇일까? 조조의 지휘 아래 유능한 관료는 많았다. 하지만 개척자의 용기와 도전 정신을 가진 사람은 드물었다. 앞서 조조가 소국의 인재를 등용하려 했다는 이야기를 떠올려 보자. 출세가 보장된 사람, 적당한 삶에 만족하는 사람은 모험을 하려 하지 않는다. 지금 조조에게 필요한 사람은 거침없이 가교를 건너는 두기였다. 그야말로 소국의 인재라 할 수 있다.

조조는 하후돈을 파견해 위고의 군대를 격파하고, 두기를 하동 군청에 앉히려고 했다. 하지만 하후돈 부대의 도착이 늦어지자 두기는 군의 호위 없이 하동으로 들어갔다. 위고와 범선은 전형적인 기회주의자였다. 두 사람은 서로를 견제했는데 이를 파악한 두기는 두 사람이 자신을 살해하고 조조에게 반기를 들기보다 정세를 지켜보다가 우세한 쪽을 따를 것으로 예측했다. 두기가 특별한 이유는 몸이 두뇌의 용기에 호응했기 때문이다.

하동으로 들어간 두기는 마치 위고의 모사처럼 행동하면서 그의 신임을 얻었고, 조금씩 위고와 범선을 이간질했다. 그러고는 술수를 써서 하동의 세력을 분열시키고 자신과 한나라 정권에 충성하는 세력을 가려냈다. 두기가 자신의 정체를 드러내고 군을 모았을 때 그를 따른 병력은 겨우 4천여 명이었다. 그 사이 고간은 조조에게 패해 세력이 꺾였다.

두기는 유목민의 문화와 법에 따라 엄격하게 다스렸던 양습과 달리 관용과 은혜를 통치의 신조로 삼았다. 원칙을 지키는 강력한 통치와 자애로운 통치 중 어느 것이 더 좋은 방법이냐는 물음에 정답은 없다. 상황에 따라 적절한 방식을 찾아내야 한다. 두기의 선택은 하동의 문화와 분위기에 적절한 방식이었다. 주민의 상당수가 한나라 정부와 한족에 비호감을 가지고 있는 격동의 시대에 두기는 하동을 굳건히 지켰다. 이곳에서 산업·교육·문화 정책을 펼치며 하동을 중원으로 편입시켰다.

두기는 16년간 하동을 다스렸는데, 그의 치하에서 하동은 낙양으로 통하는 깔때기에서 산맥의 입구를 방어하는 콘크리트 요새로 바뀌었다. 조조가 장로를 제거하기 위해 한중을 침공했을 때, 하동군에서는 사역병으로 5천 명을 파견했다. 놀랍게도 이들은 두기와의 의리를 지키기 위해 단 한 명도 도망가지 않았다고 한다. 위나라를 건국하고 조비가 황제로 즉위한 뒤에 두기는 중원으로 옮겨와 재상이 되었고, 훗날 제후로 봉군되었다.

17. 만총

지킬 것은 확실히 지킨다

소설 《삼국지연의》는 조조와 유비를 양대 산맥으로 다루고 손권은 의도적으로 소외시켰다. 그러다 보니 촉-위 전선에서 활약한 장수들이 두각을 보이고, 위-오 전선에서 활약한 장수들은 등장 기회가 적다. 대표적 인물이 만총이다.

타고난 전술가였던 만총은 상황분석이 빠르고 정확했다. 전술에서 중요한 것은 지킬 것과 포기할 것을 결정한 뒤 지킬 것의 우선순위를 확정하는 것이다. 많은 사람들이 다양한 경우의 수를 제시하는 사람을 탁월한 전술가로 착각하는데 이는 탁상공론으로 이어질 가능성이 크다. 실전에서는 확실하게 집중할 수 있는 전략을 결정하는 게 더욱 중요하다.

만총의 우선순위는 명확했다. 철저한 자기관리와 공정함이다. 삼국 시대는 한나라의 전통인 혈연과 지연에 의한 연고주의와 재능과 실력에 의한 능력주의가 혼재하던 시기였다. 삼국지에서는 능력과 실력에 따라 성장하는 인물을 부각하지만 세상이 완전히 탈바꿈한 것은 아니었다. 토호 집안 출신으로 중앙 권력과는 아무런 연줄이 없는 만총은 능력주 의라는 날개를 달아야 했다. 그런데 지위가 높아질수록 연고주의라는 다른 날개와 충돌하게 된다. 여기서 권력과 타협하지 않으려면 용기와 재능이 필요하다.

위나라 장수이자 조조의 사촌 동생인 조홍의 부하 중에 뒤를 믿고 행패를 부리는 자들이 있었다. 만총은 그를 체포해 재판에 넘겼고 사형 에 해당하는 죄목이 나왔다. 이 소식을 들은 조홍이 만총에게 선처를 요청하는 편지를 보냈지만 만총은 듣지 않았다. 조홍은 결국 조조에게 달려갔다. 양 날개의 균형을 잡아야 하는 조조는 조홍의 부하를 석방하 게 했으며 만총을 처벌하지도 않았다. 그러자 만총은 석방 명령이 내려 오기 전에 그들을 처형해 버렸다.

이때 조조는 어떤 반응을 보였을까? 조조의 장점은 엎질러진 물을 주워 담으러 하지 않고 현재의 시점에서 최선의 방법을 찾는 것이다. 이 미 죽은 데다 쓸모없기까지 한 사람을 위해 유용한 인재를 희생시킬 필 요가 없지 않은가? 조조는 "관리는 이래야 한다"라며 만총을 칭찬했다.

만총은 이런 식으로 난관을 극복하면서 자신의 우선순위를 지켰다. 그러던 중 그에게 기회가 찾아왔다. 조조가 만총을 여남태수로 임명한 것이다. 여남은 서주와 오나라 사이를 잇는 연결점이자 교통의 요지였 다. 원소의 본관이며 원술의 거점이기도 한 이곳은 원술이 망한 뒤에도 원씨 가문에 충성하는 독립 무장세력이 상당히 많았다. 지원은 적고 위험한 일은 많은 삼국시대에 이곳의 상황을 해결한다면 주목받을 수밖에 없었다.

만총은 자신이 키운 정예병 500명을 데리고 여남으로 갔다. 그는 여남의 무장세력이 허접한 민병대에 불과하다고 판단했다. 원래 권력의 핵심부에서 위세를 떨수록 실상은 허접한 경우가 많았다. 그의 예상은 적중했다. 단숨에 20여 개의 성을 공략한 만총은 크게 동요하는 원소의 잔당 중에서도 10여 명의 세력가에게 손을 내밀었다. 타협과 양보를 제안한 것이다. 만총의 위력을 확인한 그들은 그가 내민 손을 잡았다. 그 즉시 만총은 그들을 붙잡아 처단했다. 그러자 남은 세력이 모두 무릎을 꿇었다. 아름다운 방법은 아니지만 난세에는 이런 방법이 통했다.

여남을 평정한 만총은 이곳에서 2만 명의 인구와 2천 명의 병사를 얻었다. 그는 병사들을 둔전에 투입했다. 둔전은 변경이나 국경지대에서 전쟁이 없을 때 병사들을 동원해 농사를 지어 군량을 조달하는 것이다. 군대의 병력은 유지하면서 군량을 생산하고 수송하는 노고를 줄이는 좋은 방법이라고 여기지만 이는 큰 오해다. 군대는 농사에 병력을 투입할 정도로 한가한 곳이 아니며, 농사는 전문 지식과 경험이 없는 사람이 해낼 수 있는 영역이 아니다. 냉정히 말하면 둔전은 군대는 훈련 부족으로, 농사는 수익성 악화로 모두가 망할 수도 있는 방식이었다.

그럼에도 삼국시대에 둔전이 유행한 데는 특별한 사정이 있다. 전쟁으로 많은 사람이 죽거나 도망가면서 호구가 7분의 1까지 줄었다. 농사지을 사람이 사라지자 식량 생산이 대폭 감소했다. 이쯤 되면 전쟁 못지않게 중요한 것이 마을을 재건하는 일이다. 당장 황폐한 토지를 개간하고 수로를 복구해 사람이 살 수 있는 환경을 만들어주어야 한다. 그리고 추수 때까지 먹고 살 수 있는 식량도 마련해야 한다.

병사들을 농사에 투입하면 시간적 제약과 생산성 저하 등의 문제가 발생한다. 이때 관이 나서서 유통, 보관, 상업 등에 간여함으로써 수익성을 보장해 준다. 개발도상국의 초기 경제개발 단계에 정부나 도시가 주도하는 정책을 펴는 것과 비슷하다. 이렇게 먼저 주민을 모으고, 마을과 도시를 재건한 뒤 경제를 정상화하는 것이다.

이 같은 방법으로 여남에서 자신의 능력을 증명한 만총은 통치뿐 아니라 군사 전략에서도 발군의 능력을 발휘했다. 조인이 번성에서 관우에게 포위되었을 때 조인을 탈출시키는 대신 결사 항전을 주장했다. 그의 판단은 정확했다. 조인은 만총의 조언에 따라 농성을 계속했고 끝내 관우의 번성 포위망을 풀었다. 이후에도 만총은 오나라를 상대로 다양한 전선에서 활약했다. 물에서는 천하무적이지만 육지에서는 조조군을 도저히 당해낼 수 없었던 손권은 별별 술수를 다 썼지만 만총의 벽을 넘지 못했다.

놀라운 공적에도 만총은 소설에서는 두각을 나타내지 못했다. 동쪽에서는 오나라를 막고, 서쪽에서는 촉나라를 함락하는 것이 위나라의 전략이었다. 만총은 동쪽에서 집요하게 공격하는 손권을 막아내며 활약했는데, 소설이 상대적으로 긴장감이 떨어지는 수비보다 공격을 자세히 다뤘기 때문이다. 그럼에도 적의 책략을 간파하는 데 뛰어나 육손 같은 최상위 모사의 전략을 무력화하고, 어떠한 압력에도 굴하지 않고 자신의 원칙대로 행동하는 만총이 위나라 최고의 모사 중 하나라는 사실은 변하지 않을 것이다.

戰略三國志

3부

삼국지에서 찾는 삶의 지혜

1. 도원결의

내 사람을 가졌다면 성공한 것이다

전조에 낳은 장수 모두가 영웅이라 前朝出了英雄尉

도원에서 결의했으니 그 성은 유·관·장이다 桃園結義劉關張

그 셋이 뜻이 맞아 제갈량을 군사 삼고 他三人請了軍師諸葛亮

신야와 박망파를 불살라 버리고선 火燒新野博望屯

상양성을 또 깨뜨렸네 炮打上陽城

노천을 원망하건대 주유를 낳았으니, 제갈량이 또 웬일인고 怨老
天旣生瑜又生亮

위의 글은 연암 박지원의 《열하일기》의 일부이다. 박지원이 청나라에

갔을 때 한 청년이 조선에서 온 여행객을 접대하며 부른 노래라고 한다. 유비, 관우, 장비가 복숭아밭에서 의형제를 맺었다는 도원결의桃園結義는 수백 년 동안 많은 사람에게 감동을 주었다. 박지원뿐 아니라 우리나라 문인들의 글과 시에도 도원결의가 곧잘 등장한다.

하지만 앞서 이야기했듯이 도원결의는 사실이 아니며 세 사람의 의기 투합을 강조하기 위한 소설《삼국지연의》의 극적 장치다. 정식으로 의형 제를 맺은 사실이 없다고는 하지만 세 사람은 진짜 혈육보다 더 충성과 의리를 지키며 평생을 함께했다. 유비가 겪은 수없는 패배와 실패에도 관우와 장비는 유비를 버리지 않았다. 특히 관우는 조조로부터 유혹하 기 힘들 만큼 좋은 조건으로 스카우트 제의를 받았음에도 흔들리지 않 고 유비에게 갔다. 보통 사람이라면 평생 후회했을 결정이지만 관우는 남은 삶을 유비를 위해 조조와 싸우는 데 바쳤다. 그가 남긴 마지막 일 화도 이들의 우정을 보여준다.

훗날 한중왕으로 즉위한 유비는 황충을 후장군으로 임명하려 했다. 후한에는 사방장군이라는 관직이 있었다. 좌우전후, 즉 좌장군, 우장 군, 전장군, 후장군으로 무사가 올라갈 수 있는 가장 높은 자리였다. 유 비는 좌장군 마초, 우장군 장비, 전장군 관우에 이어 후장군에 황충을 올리려 한 것이다. 그러자 제갈량이 걱정했다.

"황충은 이제 겨우 1년 활약한 신예이고 관우는 오랫동안 주군(유비) 을 섬긴 사람입니다. 두 사람이 같은 서열이 된다면 관우가 기분이 상할 것입니다."

당시 관우는 형주에 있었고 독립 세력처럼 활동하고 있었다. 이때 손 권이 관우에게 혼담을 제안했다. 자신은 유비와 관우를 동격으로 본다는 암시였다. 만일 관우가 이 제안을 받아들인다면 유비에겐 큰 위협이 될 것이다. 권력의 세계가 얼마나 냉혹한지 잘 알고 있던 제갈량은 관우가 소외감을 느끼게 해서는 안 된다고 판단해 위와 같이 말한 것이다. 관우의 관직을 높여주거나 다른 방법을 써서라도 관우가 서운해하지 않도록 하라는 의미였다. 제갈량의 충고를 들은 유비는 이렇게 말했다.

"내가 직접 그에게 설명하겠습니다."

말은 이렇게 했지만 유비가 직접 형주로 갈 수는 없었다. 유비는 문신 비시費詩를 관우에게 보내 전장군에 임명한다는 내용을 알렸다. 아니나 다를까 관우는 화를 내며 관직을 받으려 하지 않았다. 유비에 대한 노골적인 저항이었다. 이 이야기는 관우의 오만한 성격을 드러내는 대표적인 사례로 알려져 있다. 그러나 우리가 주목해야 할 부분은 그다음 비시가 관우를 설득하는 내용이다.

"국왕에게 관직이란 정치적인 수단입니다. 겉으로 드러나는 관직으로 사람에 대한 진심을 판단해서는 안 됩니다. 한중왕(유비)과 당신(관우)은 한 몸처럼 기쁨과 슬픔을 함께하고 화와 복도 같이해 왔습니다. 당신이 관직을 거부했다는 말을 들으면 왕은 분명 애석해할 것입니다."

이 말을 들은 관우는 즉시 관직을 받았다. 유비와 관우, 장비의 관계가 사람들에게 감동을 주는 이유는 그들이 단순한 이해관계로 엮인 사이가 아니기 때문이다. 그 위에 충의가, 충의 위에 인간적인 교감이 존재한다. 그러니 세 사람이 복숭아밭에서 만난 것이 사실인지 아닌지, 그들이 실제로 의형제를 맺었는지는 중요하지 않다. 도원결의는 역사적 사실이 아니지만 실재한 것 이상의 의미를 지닌다.

중국 탁현에는 세 사람이 도원결의를 했다는 장소가 복원되어 있다.

명청시대에 삼국지 독자들이 도원을 찾아 유비, 관우, 장비의 목상을 만들어 기부하면서 도원결의를 상징하는 곳이 되었다고 한다. 이곳은 문화혁명 때 홍위병의 방화로 불탔으나 최근에 복원되었다는 이야기가 있다.

도원결의가 소설적 설정이라는 사실은 이미 널리 알려졌다. 그럼에도 수많은 사람들이 도원결의에 열광하는 이유는 세 사람의 우정이 보여주는 감동 때문이다. 소설이나 영화는 비록 현실이 아니지만 냉혹한 세상, 빡빡한 삶에서 우리에게 청량제 역할을 한다. 하극상과 배신이 난무하던 난세에 세 사람의 우정과 의리는 대중에게 로망이자 감동이었다. 오랜 시간이 지나 지금을 살고 있는 우리도 수많은 배신과 실망을 경험한다. 오랜 우정이라 해도 이해관계가 개입하면 물거품이 되기 쉽고, 믿었던 사람에게 상처받기도 한다. 그런데 유비, 관우, 장비의 의리는 그 모든 것을 뛰어넘었다. 살아갈수록 고독을 느끼는 우리에게 도원결의가 전하는 위로와 소망은 소중하다.

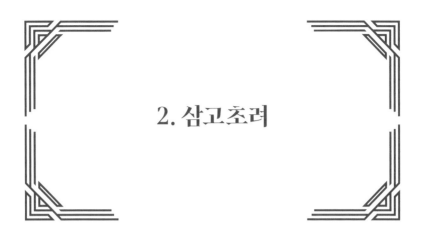

2. 삼고초려

때로는 나를 버려야
소중한 사람을 얻을 수 있다

헛된 명성 문필의 재주를 어디에 쓰리요 虛名文墨才何用

칼과 거문고는 병들어도 멀리하지 말지어다 劍匣琴張病不疎

영웅의 공업은 한순간의 결정이니 功業英雄當磊落

명도 당일에 초려에서 일어나지 않았던가 孔明當日起茅廬

삼고초려三顧草廬는 유비가 제갈량을 등용하기 위해 직접 세 번이나 찾아간 데서 유래한 말이다. 소설 《삼국지연의》에서는 수경선생 사마휘가 유비에게 "당신에겐 관우, 장비와 같은 맹장과 미축, 손건 같은 행정

관료는 있지만 천재 모사가는 없다"라고 말하며 '와룡과 봉추'가 필요하다고 조언한다. 그때부터 유비는 와룡을 수소문하기 시작하는데 그가 바로 제갈량이다.

실제 정사에서 유비에게 와룡의 존재를 처음 알려준 사람은 사마휘가 아니라 서서徐庶다. 그는 요즘으로 치면 제갈량의 기숙사 친구였다. 역사가 배송지가 정사《삼국지》에 단 주석에는 사마휘가 제갈량(와룡)과 방통(봉추)을 추천했다는 내용이 있다. 이는 양양군(지금의 중국 상양시)에서 발행한 지방 소식지인《양양기》에서 인용한 것이나, 제갈량전이나 방통전에는 이 같은 내용이 없는 것을 보면 사실 여부가 명확하지 않다.

정사에 따르면 유비가 서서에게 제갈량을 불러와 달라고 부탁하자 서서는 유비가 직접 가야만 그를 설득할 수 있을 것이라 말한다. 이를 들은 유비는 노여워하는 기색 없이 제갈량의 집을 찾았다. 소설에서는 세 번의 방문 끝에 간신히 제갈량을 만나는 것으로 이야기가 전개된다. 특히 마지막 세 번째 방문에서는 제갈량이 낮잠을 자고 있다는 말에 그가 잠이 깰 때까지 기다리기도 한다.

소설《삼국지연의》는 대중뿐 아니라 귀족, 관료, 사대부도 매우 좋아했는데 재야의 선비들이 가장 좋아하고 감동했던 장면이 바로 삼고초려다. 사회생활을 하는 사람들이 공통적으로 한탄하는 것은 자신을 알아주는 사람, 이끌어주는 사람이 없다는 것이다. 한탄은 불만이 된다. 즉 모든 사회인에게 유비의 삼고초려는 로망에 가까운 장면이다. 세상 어딘가에 내가 가진 재능을 알아보고 더 넓은 세상으로 이끌어줄 누군가가 있다는 것은 고단한 삶에 커다란 희망이다.

삼고초려는 사실일까? 그러하다. 정사 《삼국지》도 유비가 제갈량을 세 번 찾아간 끝에 만날 수 있었다고 기록했다. 다만 관우와 장비가 투덜거리며 제갈량을 못마땅해 하거나, 제갈량이 낮잠에서 깨어날 때까지 기다렸다는 등의 구체적인 이야기는 모두 소설의 설정이다. 유비가 혼자 제갈량을 찾아갔는지 관우, 장비와 함께 갔는지 확실하지 않다. 유비를 호위하던 두 사람의 위치를 보면 같이 갔을 것 같지만 세 사람이 동시에 성을 비우는 것은 위험하지 않았을까 하는 생각도 든다.

또한 훗날 제갈량이 북벌을 시도하면서 황제 유선에게 올린 글인 '출사표'를 보면 유비가 제갈량을 세 번 찾아간 것이 만나지 못해서가 아니라, 세 번 찾아가 대화를 나누었다는 의미로 해석할 수도 있다. 정사 《삼국지》의 기록에 의하면 제갈량은 유비와의 세 번째 만남에서 천하삼분지계를 거론했다고 한다. 이는 소설처럼 세 번째 방문에서 유비가 제갈량을 마주할 수 있었다는 의미로 해석할 수도 있고, 세 번째 대화에서 이 주제를 꺼냈다는 의미도 될 수 있다. 나는 후자가 더 가능성이 높다고 생각한다.

두 사람의 대화는 면접이자 탐색전에 가까웠다. 틀에 박힌 관료사회로의 진입을 거부하던 제갈량은 자신을 등용할 주군이 도전과 변화의 가치를 알고 받아들일 수 있는 인물이길 원했다. 당시 유비는 사마휘의 조언이 아니었어도 자신에게 부족한 것이 무엇인지를 뼈저리게 깨닫고 있었다. 짧은 기간이지만 서주를 통치한 그는 인재의 중요성을 깨달았다. 그에게는 두 사람이 필요했다. 자기 조직을 살려줄 천재 경영자와 탁월한 군사 전략가였다. 정사 《삼국지》 속 제갈량은 천재 경영자에 가깝고 소설 《삼국지연의》 속 제갈량은 군사 전략가에 가깝다.

유비의 라이벌인 조조와 손권은 확고한 영토와 조직을 갖췄다. 두 사람을 상대하려면 빠르게 영토를 확보하고 조직 기반을 다져야 한다. 압축 성장을 해야 하는 유비로서는 평범한 인재로 조조와 손권을 상대할 수 없었다. 이런 상황에서 만난 제갈량이 자신에게 필요한 인재임을 직감한 것이다. 나라를 맡길 사람을 찾던 유비와 인생을 맡길 사람을 찾던 제갈량이 만났다. 이들은 뜻을 함께하기로 했다.

삼고초려에서 유비가 주는 삶의 지혜는 인재를 알아보는 안목과 그를 소중히 여기는 자세다. 뻔한 교훈이지만 인재를 찾고 등용할 때 갖추기 힘든 소양이 겸손과 존중이다. 인재를 알아본다는 것은 무슨 뜻일까? 3할 타자와 1할 타자를 판정하는 것은 기록표만 보면 단숨에 알 수 있다. 그보다 힘든 일이 기록이 좋은 선수 중에서 내 팀에 필요한 선수를 선택하는 것이다. 포지션마다 최고 기록의 선수로 채운다고 그 팀의 우승을 보장할 수 없다. 그리고 이보다 어려운 일이 내게 필요한 인재의 가치를 확정하고 투자하는 것이다. 이것이 삼고초려의 진정한 교훈이다.

시가 1억 원짜리 다이아몬드가 있다. 이것을 100만 원에 사라고 한다면 누구든 당장 필요하지 않아도 구매할 것이다. 반대로 다이아몬드 주인은 10억 원에 팔겠다고 하고, 그것이 나에게는 그 이상의 역할을 할 것임을 알고 있다. 그렇다고 해서 과연 10억 원을 지불할 사람은 얼마나 될까? 유비에겐 제갈량이 그런 인물이었고 그는 과감하게 그 값을 지불했다. 제갈량의 결정을 보증하는 평생의 신뢰가 그 값이다. 두 사람이 함께하는 동안 유비가 제갈량의 부탁을 거절한 적도 있었다. 하지만 어떠한 상황에도 제갈량의 진의를 의심하거나 불신을 보이지 않았다. 유비는 평생 제갈량에게 신뢰를 넘어서 존중을 보였다.

제갈량의 입장에서 보면 세상은 공정하지 않고 편견과 부조리로 가득한 곳이었다. 이런 상황에서 원하는 것을 이루는 방법은 두 가지 중 하나다. 수단을 가리지 않고 자기 PR을 하며 널리 알리는 것과 올바른 판단과 신념을 가지고 자신을 갈고닦는 것이다. 제갈량이 선택한 방법은 후자다. 역사 속 제갈량은 엽관(관직을 얻으려 갖은 방법으로 노력하는 것)을 멈추고 밭을 갈았던 것으로 기록되어 있다. 이는 은유적 표현이다. 자신을 알아주는 자가 없다고 세상을 탓하며 밭만 갈았다면 유비가 찾아올 일은 없었을 것이다. 비록 속세를 벗어났으나 세상을 구제할 새로운 방법을 끊임없이 고민하고 검증하며 시간을 보냈다. 초야에 있으면서도 현실의 방법을 모색한 것이다. 이러한 노력은 역사가 증명한 제갈량의 업적만으로도 충분히 검증되었다.

3. 금낭지계

이기주의를 활용하라

관도대전, 이릉대전과 더불어 삼국지 3대 전투로 꼽히는 적벽대전. 상대적으로 열악했던 유비와 손권이 연합해 압도적으로 우세한 조조를 격파한 전투다. 조조의 천하통일 염원이 박살나고 천하 삼분지계가 시작된 매우 중요한 사건이다. 적벽대전의 승리로 오나라는 형주의 절반을 차지했다. 형주를 완전히 차지하고 싶었던 손권과 주유는 유비에게 손권의 누이동생과의 혼담을 제안했다. 오나라의 속셈을 간파한 유비가 머뭇거리자 제갈량은 안심하고 혼인을 치르고 올 것을 권했다. 그리고 호위 장수로 조운을 임명하고 그에게 세 개의 비단 주머니(금낭)를 주며 이렇게 말했다.

"만일 무슨 일이 생기면 이 주머니를 열어보고 그 안에 있는 대책을 따르라."

조운은 위기에 봉착할 때마다 제갈량의 말 대로 비단 주머니를 열어 문제를 해결했다. 덕분에 유비는 무사히 혼인을 치르고 촉으로 귀환했다. 여기서 탄생한 고사성어가 금낭지계金囊之計다. 말 그대로 '비단 주머니 속의 계책'을 뜻한다.

금낭지계는 제갈량의 신통함을 강조하는 일화로 소설 속 이야기일 뿐이다. 사실 삼국지 속 금낭지계의 주인공은 조조다. 215년, 한중을 점령한 조조는 합비를 장료와 이전, 악진에게 맡기고 한중으로 떠났다. 합비는 양주 공략의 주요 길목으로 오나라는 이곳을 끊임없이 확보하려 했다. 조조는 한중으로 떠나기 전 호군 설제薛悌에게 (비단 주머니는 아니지만) 밀봉한 봉투를 하나 남기며 말했다.

"만약 손권이 합비에 온다면 뜯어보아라."

얼마 후 손권은 10만 대군을 이끌고 합비를 포위했다. 이때 설제가 장군들 앞에서 조조가 건넨 봉투를 열었다. 교지에는 이런 글이 쓰여 있었다.

"손권이 공격한다면 장료와 이전은 나가서 싸우고, 악진을 성을 지킨다. 그리고 호군 설제는 전투에 개입하지 말라."

장료는 조조의 계책을 따라 대담한 공격을 했고, 손권에게 평생 기억에 남을 치욕적인 패배를 남겨 주었다.

비단 주머니에 넣었든 봉투에 넣었든 금낭지계는 소설에서 묘사하는 신비의 지혜가 아니다. 일종의 플랜 B라 할 수 있다. 조조의 지시는 마치 미래에서 전투 상황을 보고 온 사람이 앞날을 예측하는 세밀한 내용을 담은 것이 아니라, 대략적인 전략을 지시하는 내용일 뿐이었다.

그렇다면 조조는 왜 플랜 B를 일부러 봉투에 넣어 밀봉해 남겨둔 것일까? 조조가 한중으로 떠나면서 장수와 병력을 잔뜩 끌고 가는 바람에 합비 방어선은 위험할 정도로 약화됐다. 손권이 이 틈을 노리고 공격해 오면 조조는 비상 수단을 써서 방어해야 한다. 실제로 나중에 벌어진 합비 전투는 장료의 맹활약 덕분에 쉽게 이긴 전투처럼 보이지만 사실은 장료가 목숨을 걸고 있는 힘을 다해 싸워 어렵게 얻은 승리였다. 누가 봐도 위나라가 불리한 상황에서 조조의 전략을 미리 공개하고 생사를 건 돌격전을 요구한다면 불안감이 조성될 것이 뻔했다. 게다가 위기감을 느끼면 합비의 토호 중에서 오나라와 내통하는 자가 나올 수도 있다. 조조의 전략이 손권에게 미리 노출될 가능성이 생기는 것이다. 가장 큰 문제는 조조가 남긴 전략을 두고 장수들 사이에서 논쟁과 분란이 발생해 계획대로 공격하기 어려워진다는 것이다.

조조가 합비 전투에 장료와 이전, 악진을 배치한 것은 병력에 여유가 없는 만큼 양보다는 질로 승부를 걸어야 했기 때문이다. 소수의 군사로 대군을 상대하려면 전술력과 전투력이 모두 뛰어나야 한다. 이런 장수는 흔치 않은데 장료는 여포의 전투력에 뛰어난 전술적 직감까지 갖춘 사람이었다. 악진 역시 장료와 비슷한 스타일의 장수였다. 두 사람 모두 합비 전투에는 최적격이었다. 이전은 장료, 악진과는 조금 다른 스타일의 장수다. 용맹함보다는 전략과 전술적 판단이 우수했다. 소설은 지력이 뛰어나면 신중하나 용기가 부족하다는 대중들의 편견에 맞춰 이전을 그러한 장수로 묘사했다. 하지만 실제 이전은 합리적인 전술과 빠른 판단력에 대담함까지 갖춘 능력자였다.

세 사람의 개성을 정리해 보면 장료와 악진이 앞장서 싸우고 이전이 성을 수비하는 것이 옳을 듯하다. 병력이 압도적으로 열세한 상황에서 수성전을 벌일 때는 공격적이고 전투적인 장수가 필요하다. 문제는 악진과 장료를 함께 엮으면 서로 돌진하다가 고립될 수 있다는 것이다. 따라서 장료가 먼저 돌진하고 이전이 보이지 않게 적을 견제하고 후원해 주어야 한다. 조조가 남긴 편지 속 전략에는 그의 사려 깊은 배치가 담겨 있다.

조조가 플랜 B를 미리 공개하지 않은 또 다른 이유는 장료와 이전의 관계 때문이기도 했다. 두 사람은 평소 사이가 좋지 않았다. 장료는 여포와 같은 서북 변방 출신이고 이전은 연주의 호족 출신이다. 여포와 진궁의 반란 때 이전과 장료는 서로 상대편 군인으로 출전했다. 때문에 두 사람은 서로를 라이벌로 여기며 견제했다. 서로가 완전히 다른 개성을 가지면 맞수가 되지 않는다. 반대로 각자의 장점이 적당히 겹칠 때 라이벌이 된다. 손권의 동향을 알 수 없는 상황에서 조조가 플랜 B를 탁상에 풀어 놓았다면 라이벌이었던 두 사람은 다투었을 것이고, 싸우기도 전에 사이가 크게 틀어졌을 가능성이 높다.

여기에는 조직 운영에 대한 중요한 교훈이 숨어 있다. 어느 나라든 전쟁이 벌어지면 육군과 해군이 전략을 두고 크게 다툰다. 각자 잘 싸울 수 있는 분야가 다르기 때문이다. 좋게 말하면 전문성에 따른 정보와 견해의 차이고, 나쁘게 말하면 이기주의다. 이는 구분이 쉽지 않으며 인간의 행동에서 인위적으로 이기주의를 배제할 수도 없다. 그러므로 이런 상황에서는 이기주의를 탓해서는 안 된다.

기업에서 자주 들리는 말 중 하나가 '부서 이기주의'다. 가장 높은 곳에 있는 회사의 대표나 CEO는 임원들을 모아놓고 "각 부서의 이익만 앞세우지 말고 회사 전체를 위해 올바른 방법을 찾아라"라고 말한다. 이는 뼈는 사용하지 말고 근육만 이용해 움직이라는 말과 같다. 우리 몸은 뼈와 근육을 함께 사용해야 움직일 수 있다. 기업이나 조직도 마찬가지다. 사람의 능력은 이기적인 열정이 폭발할 때 절정에 달한다. 이기심이라는 뼈를 사용하지 않으면 얻을 수 있는 것이 매우 적다는 뜻이다. 인재를 적재적소에 배치한다는 것은 이기심에서 만들어진 절정의 능력을 갖춘 사람을 그때그때의 목적에 맞춰 알맞은 자리에 배정하는 것이다. 그렇게 구성한 조직 안에서 각자 자신의 역할과 위치, 이해관계를 잘 조절해 나가도록 도와야 한다. 이때 열정과 능력을 분출하는 조직이나 인력이 서로 대치할 때 이 갈등을 얼마나 효과적이고 미세하게 해결하느냐에 따라 더욱 큰 성과를 얻을 수 있다.

조조는 자신의 휘하에 있는 장수들의 이익과 열정을 거세하지 않으면서도 분란을 최소화하기 위해 금낭지계를 사용했다. 그의 결정은 1만 명도 되지 않는 병력으로 10만 대군이라는 손권을 격파하는 성과를 가져왔다.

4. 계륵

의심은 모든 실패의 근원이다

계륵鷄肋은 닭의 갈비라는 뜻이다. 갈비는 가장 맛있는 부위지만 닭의 경우는 너무 작아서 먹자니 힘만 들고 버리자니 아까운 그런 부위다. 일상에서 가지고 있자니 별로 도움은 안 되고 버리기엔 아쉬운 물건이나 상황을 의미한다. 삼국지 속 고사성어 중 우리 삶에 밀접하고 활용도가 높은 고사성어가 '계륵'일 것이다. 이 말의 주인공은 조조와 그의 모사였던 양수楊修다. 소설에서 계륵이 등장하는 내용은 다음과 같다.

219년, 조조와 유비가 맞대결을 벌인 한중 전투에서 조조는 처음으로 유비에게 쓴맛을 보았다. 유비군의 각오와 방어는 단단했고 조조군은 지쳐 있었다. 조조는 고민스러웠다. 공격하자니 승산이 없고, 돌아가자니 유비에게 날개를 달아주는 격이었다. 이때 조조가 무심코 '계륵'이라는 군호를 내렸다. 사람들이 무슨 뜻인지 몰라 어리둥절해 있는데 양수가 이를 해석했다.

"계륵은 먹자니 먹을 게 없고, 버리자니 아까운 물건을 뜻한다. 이 전쟁이 계륵이다. 승상이 철군하려는 뜻이다."

이 말을 들은 조조는 자신의 속마음을 꿰뚫는 양수가 두려웠고 즉시 그를 불러들여 죽였다.

소설 《삼국지연의》는 조조를 종횡무진 씹는다. 그중에서도 이 이야기는 조조의 사악한 인간성을 드러내는 최고의 장면이다. 실제 역사는 소설과 판이하다. 계륵 일화는 사실이지만 조조는 이 일 때문에 양수를 죽이지 않았다. 양수는 재기 넘치고 똑똑한 사람이었으나 위험할 만큼 자신감이 넘쳤다. 《후한서》 양수 열전에는 다음과 같은 기록이 있다.

어느 날 누군가가 조조에게 우유를 바쳤다. 조조는 한 모금 마신 뒤에 병뚜껑 위에 '합슴'이라고 써놓았다. 다들 무슨 뜻인지 몰라 전전긍긍하는데 양수가 오더니 병을 들어 한 모금 마셨다. 그러고는 사람들에게 말했다.

"대왕께서 우리 모두 맛보라고 하신 거요. 다들 안 마시고 뭣들 하는 거요."

이 일화는 양수의 성격을 그대로 보여준다. 주군이 말하기도 전에, 심지어는 본인이 미처 의식조차 하지 못하는 속마음까지 미리 알아차리고는 당당하게 대처하는 능력 말이다. 소설에서는 제갈량이 이런 능력을 발휘한다. 하지만 현실에서 제갈량의 삶의 철칙은 매사에 조심하고,

유비가 그를 선생처럼 존중해 주어도 주군 앞에서 절대 자만하지 않는 것이다.

양수는 이런 겸손함이 없었다. 명성이 높아질수록 그의 자만심은 하늘 높은 줄을 몰랐다. 하루는 외출하면서 하인에게 쪽지를 건넸다. 만약 자기가 집에 없을 때 조조가 자신을 부르려 사자를 보내면 이 쪽지를 주라는 것이었다. 여기에는 조조가 어떤 일로 자신을 부를지 예측한 양수의 대답이 적혀 있었다. 이런 일이 세 번이나 발생하자 조조는 양수를 죽였다고 한다. 소설과 정사의 사연은 조금 다르지만 결론은 같다.

어린 시절 삼국지를 읽고 난 뒤 가장 이해하기 힘든 일화가 계륵 사건과 양수의 죽음이었다. 조조가 양수를 죽인 이유가 납득되지 않았다. 말을 꺼내기도 전에 알아서 척척 준비해 놓은 부하는 모든 리더의 로망일 텐데 왜 소설은 조조를 폭군으로 묘사하면서까지 양수를 죽였을까? 그의 행동은 같은 이유로 제갈량을 총애하는 유비와 대비된다. 《후한서》도 폭군은 부하의 재능을 시기하고 성군은 재능 있는 부하를 발굴해 키운다고 말한다.

이는 꽤 중요한 지적이다. 입으로는 조직의 발전과 성장을 외치면서도 유능한 부하를 시기하는 상사는 의외로 많다. 특히 양수처럼 자신이 잘난 것을 아는 경우는 더욱 그러하다. 그가 우리에게 알려준 것은 자신감이 지나쳐 자만이 되면 의심을 만들어내고, 의심은 모든 실패의 근원이라는 것이다. 의심의 사전적 의미는 '확실히 알 수 없어서 믿지 못하는 마음'이며 유의어는 불신, 의혹, 의아, 혐의, 의구 등이다. 즉 의심의 불씨가 피어나는 순간 상대와의 관계는 예전으로 되돌릴 수 없다. 이것이 양수전의 교훈이다.

그러나 양수의 비극에는 다른 이유가 있다. 의심을 초래한 사람은 양수 자신이었다. 양수는 원술의 조카였다. 원술이 패망한 뒤 그의 아들들은 오나라로 망명했는데, 손권은 이들을 받아주고 사돈까지 맺었다. 옛정 때문은 아니고 원술의 땅과 원소의 땅까지 손에 넣겠다는 오나라의 북진 전략을 위해서였다.

원술은 망했지만 그의 영향력은 아직 남아 있었다. 그럼에도 양수는 전혀 조심하지 않았다. 예리한 지력을 갖췄으나 그의 행동은 도가 지나쳤고 이는 사람들의 의심을 사게 만들었다. 서진의 역사학자 사마표司馬彪가 지은 《속한서》에 양수의 이러한 행동을 기록해 놓았다.

양수는 똑똑했지만 현명한 인물은 아니었다. 넓게 보고 치밀하게 생각해 앞날을 예측하지 못했기 때문이다. 도무지 정치적 조심성이라고는 없던 그는 조비와 후계자를 두고 경쟁하던 조식과 친한 사이였다. 그는 힘만 셀 뿐 머리는 비었다는 이유로 조창을 비난했고, 궁전의 사마문을 마음대로 드나들었다. 그곳은 신하들이 함부로 들어올 수 없고 출입할 때는 모든 관료가 수레에서 내려 직접 걸어 들어가야 하는 곳이었다. 그의 철없는 행동은 비극이 되어 돌아왔다.

조조의 속마음을 꿰뚫어 본다고 소문난 재주 많은 모사가 후계자 후보 중 조식의 편을 들고, 마치 최고 권력자라도 된 것마냥 안하무인으로 행동한다. 사람들은 이를 어떤 메시지로 받아들일까? 조조가 후계자로 조식을 점찍은 것은 아닐까 하고 짐작했고 이는 곧 의심으로 번졌다. 지금은 조비가 왕위 계승이 유력한 것처럼 보여도 이는 눈속임일 뿐 후계자를 결정해야 할 때가 오면 조식을 밀지도 모른다는 의심 말이다. 그렇게 되면 조비와 그를 따르던 사람들을 모두 숙청할지도 모른다. 평소 조조의 행동을 보면 그러고도 남을 사람이 분명했다. 의심을 품은 사람들이 수군거리기 시작하면 왕위 계승이 위태로워지고 정국은 혼란을 초래할 수 있었다. 이것이 양수가 죽은 진짜 이유다.

여기서 끝이 아니었다. 조비는 즉위하자 양수처럼 조식과 어울리던 사람들을 모두 죽였다. 조조가 양수를 미리 죽이지 않았어도 양수는 조비에게 처형당했을 것이다. 조식은 겨우 목숨을 건졌지만 아내가 처형당했다. 그는 지방으로 물러나 살다가 41세에 사망했다.

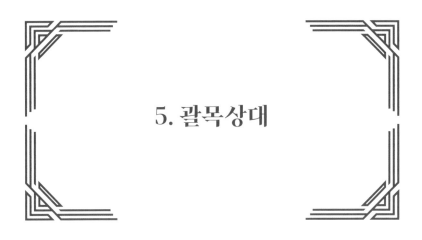

5. 괄목상대

호랑이를 잡으려면
호랑이 굴에 들어가야 한다

　괄목상대刮目相對의 주인공은 여몽이다. 여몽은 오나라의 장수 주유가 요절하면서 이루지 못한 일을 대신 해낸 인물로, 손권이 가장 아낀 장수다. 수많은 오나라 장수 중에서도 최고의 재능과 전략적 분석, 전술적 판단력, 전황을 보는 눈을 갖췄다. 여기에 삼국지 독자들이 좋아하는 계략과 모략 실력까지 탁월한 만능에 가까운 인재였다. 하지만 미천한 집에서 험하게 자라 경전을 배울 기회가 없었다. 정식 교육을 받지 않아도 타고난 실력이 탁월해 문제가 될 것은 없었다. 그러던 중 손권이 여몽과 손책 휘하에 있던 장수 장흠蔣欽을 불러 학문을 익힐 것을 권했다. 군중에 있어 공부할 여력이 없다는 여몽의 대답에 손권이 정색하고 배움의 중요성에 대해 설교했다. 이는 아마도 손권이 여몽을 크게 키우고 싶다는 암시였을 것 같다. 여몽의 재능이 장수로는 충분하지만 그보다 높은 정승이 되려면 학문을 배워야 한다고 생각한 것이다. 전술가가 되는 데 배움이 꼭 필요한 것은 아니다. 하지만 배움은 뛰어난 전술가를 더 크게 성장시킬 수 있다.

손권의 말에 깨달음을 얻은 여몽은 곧바로 공부를 시작했다. '조조에게 순욱이 있고, 유비에게 제갈량이 있다면, 손권에게는 노숙이 있다'라는 말로 유명한 손권 휘하의 장수 노숙은 평소 여몽을 하찮게 여겼다. 어느 날 여몽과 대화를 나누던 노숙은 여몽의 학식이 크게 높아진 것에 감탄했다. 그러자 여몽이 이렇게 대답했다.

"선비와 헤어지고 3일이 지나면 깜짝 놀라 눈을 비비고 다시 볼 만큼(괄목상대) 변해 있어야 합니다."

여기서 괄목상대라는 고사성어가 나왔다.

이 일화는 정사 《삼국지》에는 없고 송나라의 역사학자 배송지가 주석을 단 〈강표전〉에 수록되어 있다. 때문에 사실 여부는 확인할 길이 없다. 다만 여몽의 일생 자체가 괄목상대였던 것은 분명하다.

여몽은 여남 출신으로 그의 매부 등당鄧當이 손책의 부장이었다. 전쟁에 뛰어들고 싶었던 여몽은 15세에 몰래 등당의 부대에 숨어들어 참전했다. 병사들 틈에서 여몽을 발견한 등당이 놀라 여몽의 어머니에게 이 사실을 알렸다. 노발대발하는 어머니에게 여몽은 "우리처럼 미천한 집안은 공을 세워야 출세할 수 있습니다. 호랑이를 잡으려면 호랑이 굴에 들어가야 합니다(공을 세우려면 목숨을 걸어야 합니다)"라며 설득했다고 한다. 이 말은 여몽의 패기를 보여준다.

하지만 패기만으로 호랑이를 잡을 수는 없다. 호랑이 굴에 들어가려면 호랑이와 싸울 능력이 있어야 한다. 여몽은 능력도 있었고 자신감과 의욕도 넘쳤다. 이때 등당의 부하가 이런 여몽을 우습게 여기며 조롱했다. 화가 난 여몽은 그를 죽이고 말았다. 절대로 그냥 넘어갈 수 없는 잘못이지만 여몽은 난세의 덕을 보았다. 잘못보다 그의 실력을 높이 평가한 교위 원웅袁雄이 변호해준 것이다. 게다가 손책이 이 소문을 듣고 여몽을 자신의 휘하에 두었다.

시간이 흘러 등당이 사망하자 여몽은 그의 부하를 흡수했다. 그만큼 여몽의 실력을 믿고 따른 사람이 많았다. 200년에 손책이 죽고 그의 동생인 손권이 뒤를 이었다. 여몽군의 실력을 파악한 손권은 그를 인정하며 병사를 늘려주었다. 208년, 손권은 손견의 복수를 위해 형주의 강하를 공격했다. 유표의 밑에서 강하태수를 지낸 황조黃祖는 진취陳就라는 수군 장수를 내보냈다. 이때 선봉을 맡은 여몽은 보기 좋게 진취를 격파하고 목을 베었다. 야심에 찬 여몽은 본대를 기다리지 않고 곧바로 강하성을 공격했다. 깜짝 놀란 황조는 성을 버리고 달아나다가 붙잡혀 죽었다. 여몽 덕분에 강하를 차지한 손권은 여몽의 공적이 으뜸이라며 횡야중랑장으로 임명하고 1천만 전을 상금으로 하사했다.

얼마 후 벌어진 적벽대전에서는 두 번의 큰 전투가 있었다. 첫 번째는 손권군의 황개가 적벽에 주둔한 조조의 함대를 공격한 것이다. 두 번째는 손권과 유비 연합군이 조조의 지상군과 격돌한 오림 전투다. 소설에서는 연합군이 도망치는 조조군을 습격해 패잔병을 소탕한 것처럼 묘사했지만 사실은 병력을 수습한 조조군과의 2차 전투에 가까웠다. 여몽은 대담한 판단력으로 소수임에도 다수를 격파하며 오림 전투에서 큰 공을 세웠다.

그 후로도 오나라의 결정적인 전투에서 여몽이 빠지는 법이 없었다. 합비 전투에서는 손권의 굴욕을 막지 못했지만 능통과 함께 손권을 구했다. 그리고 조조의 구원 부대가 도착해 오나라로 치고 들어오자 유수에서 조조를 격파하고 장료를 막았다. 그다음에는 형주를 지키고 있던 관우를 공격했고 끝내 그의 목숨을 끊었다. 사실 여몽은 관우의 형주를 공략할 때 이미 회복 불가능한 병에 걸린 상태였다. 형주를 차지한 지 얼마 지나지 않아 여몽도 세상을 떠났다.

신분제 사회에서 여몽은 비루한 가문 때문에 10대에 충동적인 살인을 했다. 그것으로 인생이 끝날 뻔했으나 재능으로 위기를 극복했다. 그가 살았던 시대가 난세였기에 가능한 일이다. 여몽은 스스로에게 말했던 "호랑이를 잡으려면 호랑이 굴로 들어가야 한다"라는 말 그대로 전선에서 선봉대로 먼저 뛰어들고 적은 병력으로 강한 적을 상대하고 모험을 거듭했다. 목숨을 건 투지로 오나라 최고의 장수가 되었고, 어느새 가문이라는 핸디캡은 그의 독보적 장점이 되었다. 그의 삶 자체가 괄목상대라 불리는 이유가 여기에 있다.

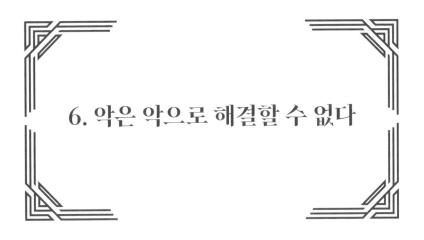

6. 악은 악으로 해결할 수 없다

빛의 총량을 늘리려면
그늘을 빛으로 바꿔야 한다

삼국시대는 난세였다. 일본 동양사학계의 원로인 미야자키 이치사다 宮崎 市定는 기나긴 계엄령의 시대라고 표현했다. 전쟁은 비상시국이고, 예사롭지 않은 이 시기에 법은 가혹해지고 형벌은 점점 더 엄해졌다. 난세는 어떤 형태로든 실용주의를 확산했다. 문제는 실용이란 탈을 쓴 새로운 위험이 발생하는 것이다. 국가는 점차 즉효가 있는 법, 더 강한 법, 더 가혹한 처벌을 찾게 됐고 그 과정에서 약탈, 학살, 포로 살해, 이민족 탄압 등이 자행되었다. 어느새 악으로 악을 제거한다는 논리가 자연스럽게 자리 잡았다. 정사 《삼국지》〈위서〉 고유전에 따르면 조조는 "혼란을 제거하려면 통치 수단으로 (교화가 아닌) 형법을 우선시해야 한다"라고 말했다.

이러한 조조의 의견에 반기를 든 인물이 위나라의 정치가였던 고유高柔다. 한때 원소의 밑에서 일한 고유는 조조에게 귀순한 뒤 간현의 수령이 되었다. 청렴결백한 관리로 명성이 높았던 그가 부임한다고 하자 평소 부정부패를 저질러 온 관리들이 도주했다. 이 사실을 알게 된 고유는 이렇게 말했다.

"그들은 내 휘하에서 일한 적이 없다. 따라서 내 밑에서 부정을 저지른 적도 없다. 그러니 모두를 복직시켜라."

이 말을 듣고 돌아온 사람들은 반성하고 모두 훌륭한 관리가 되었다. 고유는 빛의 총량을 늘리려면 그늘을 제거할 게 아니라, 그늘을 빛으로 바꿔야 한다고 생각했다. 이 시기에는 군대에서 도망치는 사람이 많았는데 당시 법률에 따르면 탈영병의 처자식은 사형에 처했다고 한다. 그럼에도 탈영병이 줄지 않자 조조는 처벌을 더욱 강화했다. 그러자 고유는 다음과 같이 말했다.

"군인이 도망치는 것은 한탄할 일이나, 그들도 도망친 뒤에는 후회할 것입니다. 여기서 그들의 처자식을 관대하게 처리하면 우리에게 이득이 될 것이 세 가지 있습니다. 첫째는 적이 그들을 믿지 않는 것이며, 둘째는 그들에게 돌아오려는 마음을 유발하는 것이고, 셋째는 지금의 법대로 그들의 처자식을 사형에 처하면 그들 주변 사람들마저 도망간다는 것입니다. 그러니 형벌을 무겁게 하는 것은 결코 도망을 막을 방법이 될 수 없습니다."

조조는 고유의 의견을 받아들였고, 덕분에 많은 사람이 목숨을 건졌다고 한다.

어느 날은 조조가 감찰을 강화하기 위해 교사라는 새로운 감찰관을 만들었다. 이 직책은 어떤 사람을 채용하기 위해 일부러 벼슬자리를 마련한 전형적인 위인설관爲人設官이었다. 조조는 이 자리에 노홍盧洪과 조달趙達을 임명했다. 이들은 한마디로 악질 관료였다. 자신에게 잘보이면 도와주고 잘못 보이면 괴롭히는 것으로 악명 높았다.

조조는 이 사실을 뻔히 알면서도 임명했다. 비상시국에는 악을 악으로 다스려야 한다는 마음이 여전했기 때문이다. 많은 사람이 착한 관리자는 무능한 관리자라고 여긴다. 조조도 이 같은 함정에 빠졌다. 고유는 노홍과 조달의 임명을 강력히 만류했지만 조조는 듣지 않았다. 두 사람은 끊임없이 악행을 저질렀고 끝내 적발되었다. 조조는 그들을 처형하고 고유에게 사과했다.

고유는 악을 선으로 바꾸는 노력은 지지했지만 악으로 악을 제거한다는 방법에는 동의하지 않았다. 그는 무한한 관용주의자도, 엄벌주의자도 아니었다. 그저 평생을 법과 관용의 적절한 사용을 위해 노력했을 뿐이다. 권력자의 권력 남용에는 법과 원칙을 들어 직언을 아끼지 않았고, 정치적인 상황에 따라 법에 걸려들어 날벼락을 맞는 백성들에게는 유연한 법 해석으로 최대한 화를 피하도록 노력했다. 90세까지 장수하며 위나라의 시작과 끝을 거의 같이한 고유는 신하가 올라갈 수 있는 최고의 직위인 삼공을 지냈다.

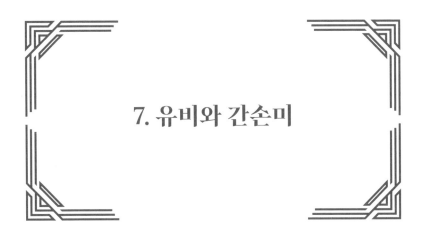

7. 유비와 간손미

계륵도 필요할 때가 있다

언제부터인가 삼국지 팬들 사이에서 '간손미'라는 단어가 유행하기 시작했다. 유비의 세 부하 간옹, 손건, 미축 세 사람을 지칭하는 말로 능력이 어중간해 위치가 애매한 문관을 뜻한다. 이런 잔혹한 평가의 근원을 찾자면 사마휘가 유비에게 고난의 세월을 겪는 이유를 인재를 만나지 못한 탓이라고 말한 것이다. 이 말을 들은 유비는 자신에겐 무장으로 관우, 장비, 조운이 있고, 문관으로는 간옹, 손건, 미축이 있다고 대답한다. 그러자 사마휘는 고개를 저으며 말한다.

"관우와 장비를 제대로 부릴 인물이 없소. 간옹, 손건, 미축은 글이나 읽은 선비이지 나라를 다스릴 인물이 아닙니다."

틀린 지적은 아니다. 세 사람은 제갈량 같은 승상감이 아니기 때문이다. 여기에 삼국지 게임에서도 세 사람이 전세를 역전시키는 A급 인재가 아닌 별다른 활용도가 없는 B급 캐릭터로 등장하면서 '간손미'라는 용어가 탄생한 듯하다.

미축은 서주 동해군에 살았다. 그는 억만금의 재산을 가진 거부였다. 그가 고용한 인력만 1만 명이 넘었다고 하니 재력의 규모는 상상을 초월할 정도로 거대했을 것이다. 영향력과 재력은 비례하는 법. 지방관들은 그를 존중했으며 관직을 임명할 권리도 주었다. 어느 날 서주자사 도겸이 사망하자 미축은 여론을 조성해 소패의 유비를 도겸의 후계로 추대했다. 유비에겐 인생의 은인이나 다름없다.

그런데 유비는 여포를 받아들였다가 서주를 잃고 말았다. 관우와 장비는 여포를 받아들이는 것을 반대했으나 유비가 고집을 부렸다. 기록에는 없으나 미축도 반대했을 것이라 짐작된다. 여포에게 배신당한 유비는 가족이 포로로 끌려갔고 갈 곳조차 없는 처지가 됐다. 이 소식을 들은 미축은 자비로 병사 2천 명을 보내고 군자금까지 지원했다. 더해서 자신의 여동생을 유비와 결혼시켜 힘을 실어주었다. 그만큼 미축은 유비의 가능성을 절대적으로 신뢰했다.

훗날 조조는 유비와 서주 세력을 이간하기 위해 미축과 그의 동생 미방에게 관직을 제안했다. 미축을 영군태수로, 미방을 팽성의 상으로 삼겠다는 것이다. 그러자 미축과 미방은 관직과 재산을 버리고 유비를 따라 방랑의 길에 동참했다. 이에 화답하듯 유비도 평생 미축의 은혜를 잊지 않았다. 익주에 들어간 미축의 지위는 최고 서열로 제갈량보다 높았다. 미축은 훌륭한 인격자였고 말타기와 활쏘기도 실력도 출중했다.

하지만 지휘 통솔력이 부족해 군을 지휘하지는 않았다. 그가 직접 정치에 나서지 않고 유비를 발탁해 밀어준 것도 이런 이유 때문인 듯하다. 그만큼 미축은 자신을 잘 알았고, 과도한 지위를 탐내기보다 자신의 역할을 정확히 찾아가는 인물이었다.

미축이 촉에서 어떤 일을 했는지는 알 수 없으나 유비는 그를 최고로 예우하고 대우했다. 미축은 유비의 영원한 후원자로서 살았다. 삼국지의 등장인물을 분석할 때 각자가 가진 지위와 임무 등 드러나는 부분에만 주목하는 경우가 많다. 하지만 왕조 시대에는 세력가와 귀족들의 존재도 중요하다. 더욱이 촉처럼 인구 구성이 다양하고 내부 알력이 심한 환경이라면, 확실한 신뢰를 주는 미축과 같은 세력은 안정적인 국가 운영을 위해 반드시 필요한 존재다.

안타깝게도 미축의 만년은 불행했다. 남군태수로 있던 미방이 결정적 순간에 관우를 지원하지 않아 관우의 죽음을 초래한 것이다. 미축은 스스로 결박한 뒤 유비에게 자신을 처벌해 달라고 요청했다. 미축의 진심을 누구보다 잘 알았던 유비는 그를 이전과 똑같이 대우했다. 하지만 관우의 패망은 치명타였다. 미축의 입장에선 평생 아낌없이 투자한 세력이 자신의 일가로 인해 무너진 셈이었다. 충격과 분노를 이기지 못한 미축은 1년 후 끝내 사망한다.

손건은 북해 출신으로 유비가 서주를 다스릴 때 그를 맞이해 관리로 삼았다. 소설 속 손건은 외교 무대에서 많이 활약하는데 실제로 유비가 유표에게 망명할 때 손건을 파견하기도 했다. 유표는 손건을 존중해서 유비의 부하였음에도 외부 정세를 손건과 의논했다고 한다. 손건은 미축과 달리 국정에 참여했고 평생 유비의 비서실장과 정보 관리 업무를 담담한 것으로 보인다. 하지만 불행하게도 촉에 입성한 지 얼마 되지 않아 죽고 말았다.

간옹은 유비의 친구로 그의 역할은 미축, 손건과는 완전히 달랐다. 유비가 처음 봉기했을 때부터 그를 따라다녔던 간옹은 특별한 직책을 맡지는 않았다. 열전에서는 간옹을 '세객'이라 묘사하는데, 말재주가 뛰어난 사람을 가리킨다. 역사 속 간옹은 세객을 넘어 유비의 대화 상대이자 상담역이었으며, 복심이자 대변인이었다. 성도를 포위하고 유장에게 항복을 요구할 때 성도로 들어간 사람도 간옹이었다.

간옹의 가장 중요한 역할은 유비에게 간언하는 것이었다. 유비가 아무리 사람이 좋고 귀가 크다고 해도 그는 군주다. 유비가 무한히 신뢰하고 존중하는 제갈량도 군주에게 모든 이야기를 허심탄회하게 털어놓지는 못했다. 제갈량도 하지 못하는 격한 충고를 해주는 사람이 간옹이었다. 그는 유비에게 간언할 때도 흥분하거나 다그치지 않고 적절한 유머와 톡 쏘는 확실한 비유로 유비에게 깨우침을 주었다. 한번은 유비가 금주령을 내렸는데 제대로 지키지 않자 관리들의 집에 술잔만 있어도 금주령 위반으로 처벌하도록 명령을 강화한 일이 있었다. 어느 날 간옹은 유비와 산책을 하던 중 길을 가는 남녀 한 쌍을 보며 말했다.

"저들이 (조금 있다가) 음탕한 행위를 하려고 하는데 어째서 결박하지 않습니까?"

유비가 물었다.

"저들이 음란 행위를 할지 안 할지 그대가 어찌 아시오?"

"저들이 몸에 음란한 기구(생식기)를 달고 있으니 집에 술그릇이 있는 사람과 같습니다."

유비는 크게 웃으며 금주령 처벌법을 철회했다.

군주에게 간옹과 같은 인물은 절대적으로 중요하다. 군주는 고독한 자리다. 아무리 마음을 잡고 초심을 떠올려도 꼭대기까지 올라가면 올바른 판단을 하기 힘들다. 모두를 의심해야 하고 누구에게도 완벽한 믿음을 주어서는 안 된다. 상소나 법안이 올라오면 배후에 누군가의 이권이 있지는 않은지, 음모가 숨어 있지는 않은지 의심해야 한다. 간옹은 관료들과 상종도 하지 않고, 관직도 맡지 않으며 군주 유비의 친구로 살았다. 그랬기에 유비는 간옹을 더욱 신뢰했고 점차 현실과 멀어지는 군중 속의 권력자가 가진 숙명을 조금씩 이겨낼 수 있었다.

이처럼 계륵 같은 존재로 여겨지는 간손미는 사실 유비에게 누구보다 필요한 인물들이었다.

세상의 모든 전략은
삼국지에서 탄생했다

초판 1쇄 발행 2022년 4월 29일
초판 5쇄 발행 2023년 12월 20일

지은이 임용한
펴낸이 안병현 김상훈
본부장 이승은 **총괄** 박동옥 **편집장** 임세미
책임편집 정혜림 **마케팅** 신대섭 배태욱 김수연 **제작** 조화연

펴낸곳 주식회사 교보문고
등록 제406-2008-000090호(2008년 12월 5일)
주소 경기도 파주시 문발로 249
전화 대표전화 1544-1900 **주문** 02)3156-3665 **팩스** 0502)987-5725

ISBN 979-11-5909-943-4 (03320)
책값은 표지에 있습니다.